DU MÊME AUTEUR

Aux Éditions Gallimard

LE DON DES MORTS.

PASSAGES DE L'EST.

LE PRINCIPE DE RUINE (« L'un et l'autre »).

LES TROIS MINUTES DU DIABLE (« Folio », *n° 2879*).

VIOL (« Folio », *n° 3189*).

D'AMOUR (« Folio », *n° 4188*).

DIEU.COM (« Hors-série Littérature »).

LA FRAGA (« Folio », *n° 4517*).

QUAND MÊME (« Le Manteau d'Arlequin »).

CASTOR DE GUERRE (« Folio », *n° 4930*).

NOUS, ON N'AIME PAS LIRE (« Hors-série Connaissance »).

LA VIE ÉCLAIRCIE.

Aux Éditions Flammarion

PAYSAGE DE RUINES AVEC PERSONNAGES.

LE VOYAGE D'AMSTERDAM OU LES RÈGLES DE LA CONVERSATION.

Aux Éditions Hachette (P.O.L)

LES PORTES DE GUBBIO (repris dans « Folio », *n° 2758*).

Aux Éditions P.O.L

UN PRINTEMPS FROID (repris dans « Folio », *n° 4424*).

LA VIE FANTÔME (repris dans « Folio », *n° 4187*).

CONVERSATIONS CONJUGALES.

ADIEU.

Aux Éditions Autrement (« Les Villes rêvées »)

ROME.

SIBIR

pour Romano, qui
connaît sûrement la
Russie aussi bien
que moi, et même
mieux !
avec amitié et
encouragements.

DANIÈLE SALLENAVE
de l'Académie française

SIBIR

MOSCOU-VLADIVOSTOK
mai-juin 2010

nrf

GALLIMARD

Hormis celles des pages 199 et 260,
qui sont de Hugo Natowicz (D.R.),
toutes les photographies sont de l'auteur.

À la mémoire d'Antoine Vitez

Trop souvent la vérité sur [la Russie] est dite avec haine et le mensonge avec amour.

ANDRÉ GIDE, Avant-Propos
au *Retour de l'URSS* (1937)

Jeudi 27 mai 2010

À cause de son passé, de son histoire, de *mon* histoire, la Russie n'a jamais été et ne sera jamais pour moi une destination ordinaire. Dans l'avion pour Moscou, ce 27 mai 2010 en fin de matinée, au milieu d'un groupe d'écrivains français, je voudrais lire, travailler, me préparer, mais je n'y parviens pas, je me sens comme une enfant, figée d'excitation, de terreur et de joie. En dehors de Moscou, de Saint-Pétersbourg et de leurs environs, je ne connais la Russie que par les livres, je ne suis allée qu'à Nijni Novgorod qui m'avait alors paru très loin à l'est, peut-être à cause de la nuit passée dans le train. Mais cette fois, il s'agit de beaucoup plus : de prendre le Transsibérien jusqu'à la mer du Japon...

Trois semaines vers l'est à travers la steppe, la taïga, d'immenses étendues dépeuplées, des forêts, des grands fleuves, avec un arrêt dans neuf villes sur le parcours, Nijni Novgorod, Kazan, Ekaterinbourg, Novossibirsk, Krasnoïarsk, Irkoutsk, Oulan-Oude, Vladivostok, villes fermées pour la plupart jusqu'en 1991. J'ai l'esprit rempli de lectures, d'images, de réminiscences historiques, la Sibérie est cet abîme dont ont surgi les Huns et ces peuples barbares que l'Empire romain défait n'a pas pu empêcher de déferler... Un synonyme de froid inhumain, de déportation, de goulag, de mort. Rien ne me permet alors d'imaginer l'explosion bouleversante du printemps sur ces terres dépeuplées.

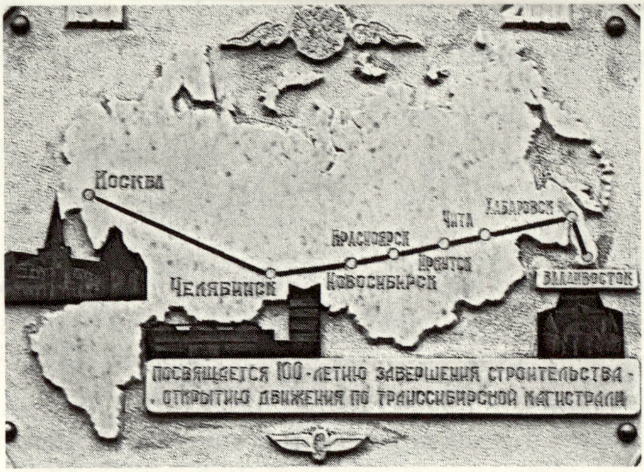

En gare de Vladivostok.
Plaque de marbre avec le nom des principales villes reliées par le Transsibérien

Après l'Oural, en effet, à 700 kilomètres de Moscou, c'est la Sibérie qui se déroule sur 13 millions de kilomètres carrés et neuf fuseaux horaires. En russe, Sibérie se dit *Sibir*, dont l'origine est incertaine : mot turco-mongol signifiant « le vide » ? ou dérivé du mot russe, *siever*, « le nord » ? « Sibir » est au départ le nom donné par les Russes à un khanat tatar conquis en 1581 par le Cosaque Iermak sur l'ordre d'Ivan le Terrible, le khanat de Touran. Dominée par l'Asie durant trois siècles, la Russie a entrepris à son tour la conquête de l'Est. La dernière ville de Russie est un port, Vladivostok, terminus du Transsibérien sur la mer du Japon.

Dernière ville de Russie, ou dernière ville d'Europe ? Dans l'avion qui nous mène à Moscou, la question ne m'effleure même pas, je pense comme beaucoup de gens (et comme le général De Gaulle !) : l'Europe va de l'Atlantique à l'Oural. Le voyage va ébranler cette certitude. Au fur et à mesure que nous progressons vers l'est, le Transsibérien m'apparaît comme une espèce de grand chasse-neige, poussant l'Europe devant lui. Et le 14 juin, sur le quai de Vladivostok, face au soleil levant, je n'avais plus aucun doute : j'avais côtoyé l'Asie, l'Asie s'était à plusieurs reprises invitée sur mon parcours, mais je n'avais jamais quitté l'Europe. Ce n'était pas le but de mon voyage, c'en a été le résultat, la conclusion paradoxale de cette longue traversée de la Sibérie. La Russie est de part en part un pays européen. À partir de ce petit noyau « Sibir » conquis à la fin du XVIe siècle.

Sous mes yeux, l'Europe s'est étirée tout au long de la voie interminable d'un train mythique, chaque tour de roue scandant, au rythme de ces syllabes étranges « sibir ! sibir ! », les étapes plus souvent sauvages que pacifiques d'une progression vers l'est et d'une conquête.

Je me suis endormie. Quand je me réveille, nous amorçons notre descente. Progressivement, la brume remplace le soleil éclatant de l'altitude.

J'avais oublié que l'aéroport de Cheremetievo était si moderne et si vaste. Nous gagnons Moscou assez vite, à travers une forêt qui s'est beaucoup réduite depuis mon premier voyage (décidément, c'est lui qui m'obsède). Un incident typique de l'époque avait marqué notre arrivée : on avait sur-le-champ réexpédié vers Paris un passager, un garçon maigre et barbu, dans les bagages duquel on avait découvert une collection de bibles. Par la fenêtre, je regardais les premières isbas, des maisons de bois au cœur d'une forêt épaisse dont les chemins n'étaient pas encore dégelés.

Après ce premier voyage en pleine ère brejnévienne, le deuxième avait eu lieu en décembre 1989, en pleine perestroïka. Le troisième, quelques mois plus tard, pour un court séjour à Leningrad, récemment redevenue Saint-Pétersbourg, dans le prolongement d'un séjour à Helsinki. J'avais emprunté pour m'y rendre un avion chargé de Finlandais qui venaient uniquement se procurer de l'alcool et en consommer : durant le week-end, les couloirs et les ascenseurs étaient remplis de gaillards à la carrure de bûcherons, affreusement ivres... Et les deux derniers au début des années quatre-vingt-dix, en pleine décomposition postsoviétique. Que me reste-t-il de ces voyages ? Quelques détails précis, et surtout une impression générale indélébile. Des objets, un porte-verre de métal de l'hôtel Astoria à Leningrad, une broche en bois peint de Khokhloma, reçue à Nijni Novgorod. Quant aux premières photos, celles de 1977, faites avec un excellent petit Kodak Retinette que mon père m'avait offert pour un de mes premiers voyages lointains, les tirages ne sont plus bons, les couleurs ont viré, il ne reste que des verts éteints, des bordeaux pâles, des reflets cuivrés ou sépia.

En arrivant à Moscou, en ce début d'après-midi de mai 2010, j'éprouve dès les premiers instants une espèce de commotion, un mélange d'enthousiasme, de reconnaissance, d'élan, à quoi s'ajoute une inquiétude dont je ne perçois pas bien les causes. Je ne m'attendais pas à un pareil bouleversement. « Quelque chose » se révèle d'emblée, mais je ne peux encore en dire le nom : une immense promesse ou, au contraire, une fragilité, une menace ? Une renaissance, un bouleversement, un dernier sursaut ? Stigmates du passé, difficile émergence de l'avenir, présent troublé ? Cela serre le cœur, de nostalgie, d'amour, d'une espèce de compassion positive, d'une compréhension intime, presque sans mots. Entre ce moment du 27 mai où nous débarquons à Moscou, et notre retour à Paris le 16 juin, j'entendrai continuellement ces mots, cette admonition : « Il faut sauver tout ça. » Ça, quoi ? La Russie ? Mais c'est quoi, la Russie ? Je ne suis même pas sûre, à ce moment-là de mon voyage, je l'ai dit, de pouvoir répondre à la question : la Russie fait-elle partie de l'Europe ? Si oui, jusqu'où ? L'Oural ? Au-delà ? Je ne crois pas à la Russie éternelle, encore moins à la Sainte Russie, et pas bien davantage à l'âme russe. Mais l'évidence est là, dans les rues, sur les visages, c'est comme un appel auquel il n'est pas question de se soustraire.

En un sens, pourtant, dès le premier regard, tout devrait me rassurer : ce n'est plus la Russie que j'avais connue lors de mes premiers voyages, l'atmosphère sinistre de l'époque brejnévienne, ni celle, plus heureuse, de la perestroïka. Encore moins la décomposition générale qui régnait dans les années quatre-vingt-dix, ce grand chaos confus, cette misère visible, ces vieilles femmes faisant la queue, ces chantiers et ces ruines, cette refonte colossale… La Russie d'aujourd'hui n'est plus aussi dégradée, elle paraît immédiatement plus riante, partout surgissent des constructions et un certain air d'aisance — relatif — semble régner. Cependant une ombre plane, se pose. Le discours de l'Occident, constamment et extrêmement négatif, n'en est-il pas responsable ? Mais que dire de sa vie, quotidienne, sociale, politique ? Est-ce qu'on lui en voudrait encore d'avoir été communiste ? Ou d'avoir cessé de l'être ? « Trop souvent la vérité sur l'URSS est dite avec haine et le mensonge avec amour », écrivait Gide en 1937. Comme cette phrase de Gide est vraie ! Il suffit de mettre Russie à la place d'URSS.

19 heures. Moscou, long débarquement des bagages à l'hôtel Younost. Son architecture extérieure est proprement affreuse, il a sans doute été bâti au début des années soixante et, comme son nom l'indique (« Jeunesse »), en rapport avec l'organisation des jeunes communistes (le Komsomol) et l'accueil de délégations étrangères. Le hall est moderne, mais aux étages l'illusion est complète, les chambres sont restées totalement soviétiques, c'est exactement l'hôtel où j'étais descendue il y a plus de trente ans, sur la rive droite de la Moskova. Il s'appelait le Bucuresti, je ne l'ai pas retrouvé. Ses longs couloirs étaient couverts d'un plancher à très larges lattes ; à leur intersection, à chaque étage, régnait une surveillante en uniforme (il y en a encore dans quelques hôtels de Russie, sans uniforme, mais peut-être pas sans mission policière). À l'époque, la *gornitchanaïa* gardait la clef de votre chambre dans un tiroir et ne la donnait que sur présentation de la *propiska*, ce passeport intérieur dont tout le monde devait être muni, y compris les Soviétiques.

Ma chambre au Younost est étroite et vétuste — un lit-divan, des meubles de faux acajou écaillé, un tapis plus qu'usé et, dans la salle de bains, ce système que je n'ai vu qu'en URSS : un long tuyau unique, orientable au choix vers le lavabo ou la baignoire… Mes bagages m'encombrent, je n'ai pourtant qu'une valise et ce type de sac avec lequel nous descendrons aux étapes, laissant l'essentiel dans le train, mais la chambre est si petite qu'on peut à peine se retourner, et elle n'a qu'une longue fenêtre étroite. Naturellement, ce qui m'encombre aussi, ce sont les souvenirs de 1977, qui sont ineffaçables. En 1977, Antoine Vitez répétait *Le Tar-*

tuffe en russe pour le théâtre de la Satire et il m'avait proposé de venir voir ses répétitions comme je le faisais presque toujours à Paris ou à Ivry. À cette époque, il était très difficile de voyager en Russie ou même d'y aller seul. Je suis donc partie avec France-URSS. Ce n'était pas mon premier voyage dans les pays du communisme réel. L'automne précédent (décembre 1976), j'avais séjourné à Berlin, et de là j'étais passée chaque jour à Berlin-Est *Hauptstadt der DDR*, « capitale de la RDA ». J'y avais enregistré des images saisissantes du Mur, du passage des check-points, de l'eau noire de la Spree autour de l'île des Musées, et de la juxtaposition de ces deux Allemagnes que tout séparait jusqu'à la caricature.

Mais c'était autre chose d'arriver à Moscou. Bien que libérée (en partie seulement à l'époque) de mes illusions sur le socialisme et les pays qui l'incarnaient, j'étais pénétrée d'un mélange de révérence et de terreur. Le spectacle indéniable d'une grandeur historique, fût-elle criminelle, a toujours quelque chose de fascinant. Ce qui sautait aux yeux, cependant, c'était la grisaille générale, la pénurie, les queues devant les magasins, le délabrement des bâtiments. Presque partout les ascenseurs étaient à l'arrêt, au rez-de-chaussée la pancarte *Na remont!* (« En réparation ! ») se balançait tristement à la poignée de la porte. *Ne rabotaiet!* était une phrase qu'on entendait aussi très souvent : « Ça ne marche pas ! » « En panne ! »

En cette soirée du 27 mai 2010, levée tôt à Paris, je me sens fatiguée, et pourtant la journée est loin d'être terminée, une promenade est prévue vers 11 heures du soir sur la place Rouge…

Mais, d'abord, soirée inaugurale de notre voyage à l'ambassade de France, l'ancien palais Igoumnov, du nom du riche marchand qui le fit construire. Il y a une chose que je n'ai pas pu vérifier, même à mon retour : si le marchand Nikolaï Igoumnov était ou non un « vieux-croyant ». Cette question du reste ne me tourmentait pas à l'orée de ce voyage : j'ignorais alors la place que les vieux-croyants ont tenue dans les cercles des marchands et des industriels russes. Vue du dehors, l'architecture de l'ambassade me paraît plus frappante que jamais. Barbare, civilisée, asiatique, européenne ? L'incertitude quant à l'avenir de la Russie vous replonge en permanence dans ces questions. Le style d'un bâtiment comme celui-ci, massif, oriental, visiblement d'un néo-archaïsme médité, en dit long sur ces tentations récurrentes qu'a connues la Russie pour se réancrer dans une histoire et un passé peut-être plus mythiques que réels. C'est le même style architectural que celui du grand magasin Goum sur la place Rouge, avec ses toits en forme de tente comme ceux des anciens « térems » ou de Saint-Basile-le-Bienheureux.

À l'intérieur, le rez-de-chaussée de la maison Igoumnov prolonge l'atmosphère « pseudo-russe » de l'extérieur : or sombre des voûtes, murs parés de couleurs plus sombres encore, cuivre, rouge éteint, vert presque noir. Tout est somptueux, barbare, coloré comme pour une représentation de *Boris Godounov*. Ces architectures puissantes, encore nombreuses à Moscou, datent du règne d'Alexandre III, monté sur le trône en 1881. Lourdeur, couleurs archaïques, toits en térem (gynécée protorusse) sont le symbole même de la politique du nouveau souverain : une politique de réaction, en réponse à l'assassinat de son père, le « tsar libérateur ». Autocratisme, russification, durcissement envers les populations allogènes, création en 1882 d'une Section de protection de l'ordre et de la sécurité publique, l'Okhrana, ancêtre des terribles polices politiques du temps de Lénine et de Staline. Mais aussi, essor économique, développement de la Russie avec notamment, en 1891, la décision de construire le Transsibérien.

Comme tout se tient, comme les choses à venir sont déjà présentes, jusque dans le style, et même dès la façade du palais Igoumnov ! Les révolutions de 1905 et 1917 sont en germe… Lénine, le Transsibérien, le style pseudo-russe cher aux slavophiles, tous ces drames ébauchés… En 1887, deux cents militants des cercles populistes de Moscou sont arrêtés ainsi qu'un petit groupe d'étudiants à Saint-Pétersbourg qui préparait un attentat contre le tsar. Ces apprentis terroristes, dont le frère de Lénine, Alexandre Ilitch Oulianov, seront condamnés à être pendus. Tout est là, replié, comme dans les fleurs d'un origami japonais, mais pour qu'elles se déploient il faut un travail intense de remémoration et de lecture. Un voyage se dédouble toujours entre le voyage vécu qui éveille la curiosité, réveille la mémoire et le voyage raconté qui tente d'y répondre.

23 heures, la soirée se termine au palais Igoumnov. L'accueil de nos hôtes officiels, leur intérêt pour notre petite délégation, tout est fait pour augmenter notre impatience de commencer le voyage. Il est près de minuit quand nous nous arrêtons en bas de la place Rouge. C'est à peu près l'heure où j'y étais entrée pour la première fois en 1977, avec A. V., fortement émue. Mais que s'est-il passé ? Le grand théâtre est mort, la place semble ouverte aux quatre vents, elle a perdu son centre, son unité. En fait elle n'existe tout simplement plus, sous cette lumière artificielle, ses monuments paraissent disposés au hasard. Des jeunes en petites troupes

joyeuses, quelques touristes, une rangée d'autocars tournant au ralenti : une photo de voyage, un clip vidéo, rien d'autre. Le Goum et le musée d'Histoire sont décorés de guirlandes d'ampoules (même chose à Pékin sur la muraille extérieure de la Cité interdite). Le mausolée de Lénine n'attire pas un regard.

L'histoire s'est retirée. La place rouge n'a plus de majuscule à son nom, elle ne suscite plus que de l'indifférence. Immense déconvenue.

La première fois que je l'ai vue, il faisait nuit aussi, A. V. était passé me chercher à mon hôtel, nous avons traversé le fleuve, il faisait froid, je n'avais pas de vêtements adaptés, pourtant le dégel avait commencé, la Moskova était libre, alors qu'une semaine plus tard, à Leningrad, la Neva charriait encore des blocs gros comme des voitures à bras. Nous parlions, et soudain, au bout d'une rue courte et étroite, j'ai vu s'ouvrir un espace brillamment éclairé, des murailles de brique rouge crénelées et, sur les tours du Kremlin, ces étoiles géantes en rubis rouge du Caucase qui avaient, en 1937, remplacé les aigles à deux têtes. Il y avait une garde devant le mausolée de Lénine, bunker de marbre façon Art déco, près du mur du Kremlin. Le dessus formait tribune. Aujourd'hui, le mausolée est la plupart du temps fermé. Qu'a-t-on fait de la momie ? Était-ce elle, du reste, dans la crypte, dépouille momifiée, plongée pendant des années chaque mois dans un bain hautement toxique destiné à la raffermir ? Ou un moulage cireux cent fois rafistolé ?

En ce soir de mars 1977, je me sentais transie d'histoire, d'inquiétude et de froid. Tout ce que je voyais me semblait exaltant, lourd de sens et dangereux. Cela est bien fini. Ai-je raison d'être déçue ? Mais qu'est-ce qu'il me faut donc ? L'histoire grandiose, tragique ? La terreur, ou du moins ses traces ?

À l'évidence non. Lorsqu'en 1991 j'avais écrit que la fin de l'Union soviétique n'était pas forcément une bonne chose, Adam Michnik m'avait dit : Qu'est-ce que tu veux donc ? Une utopie, encore ? Mais tu en as une, en France, tu as Le Pen ! Tu ne comprends donc pas que nous voulons vivre une vie, une histoire *ordinaires* ? Il avait en partie raison, et j'ai fait de grands progrès dans ce sens depuis : vingt ans après, je vois bien que la vie quotidienne, la vie démocratique dans l'Europe d'aujourd'hui, s'accompagne nécessairement d'un désenchantement… Mais je n'avais pas totalement tort non plus : celle d'une utopie comme le communisme n'est pas tout à fait la même chose que la fin d'une dictature ordinaire. C'est celle d'un immense espoir. Et au soulagement se mêlent la douleur d'avoir été trompé et la crainte de voir s'ouvrir de nouvelles tyrannies, plus insidieuses.

… Cet espoir, le partageaient encore ceux qui, en 1977, faisaient partie de mon groupe France-URSS. Quelques professeurs, des sympathisants et des membres du Parti (à l'époque on disait encore « le parti » et chacun savait de quoi on parlait), des ouvriers communistes à la retraite, en visite révérencieuse dans « la patrie des travailleurs »… Le jour de notre arrivée à Leningrad, c'était un samedi, l'un d'entre eux, plus très jeune, disparut. Il avait été happé par des jeunes gens, dans la rue, pour participer à un « samedi socialiste », cette journée de travail bénévole (?) au service de la communauté. Les travailleurs ainsi réquisitionnés portaient le nom de *subbotniki* (de *subbota*, « samedi »). On lui avait collé une pelle dans les mains, et il avait toute la journée déblayé des feuilles mortes qui, en Russie, ne sont retirées qu'à la fonte des neiges. Il avait oublié le nom de notre hôtel, et n'avait pas sur lui sa *propiska*, ce fut la milice qui le ramena, épuisé, mais fier comme tout.

En 2003, sur la place qui vit les grands défilés militaires et Staline saluant d'un petit geste de la main le passage des bataillons de komsomols, au pied du mur où en 1945 les soldats allemands vaincus vinrent jeter leurs drapeaux ornés de l'aigle et du svastika, cent mille jeunes Russes « en larmes », disent les journaux, sont venus applaudir Paul McCartney.

Magnet de Saint-Basile-le-Bienheureux.

... Nous faisons rapidement demi-tour. Rien ne nous retient vraiment dans la vision de ces restes glorieux, rebuts d'une histoire devenue inoffensive, disposés de façon disparate sur cet immense espace désaffecté. De simples objets, erratiques, parfois magnifiques encore, et éclatants, comme l'est le monument le plus célèbre peut-être de la Russie : l'église de Saint-Basile-le-Bienheureux, voulue par Ivan le Terrible pour commémorer sa victoire sur les Tatars. Sa splendeur éclipse tout et dissipe toute morosité. Elle résiste, beaucoup mieux que tout le reste, avec ses coupoles polychromes et son toit dans le style du « térem » que copiera Pozoev pour la maison Igoumnov !

Plus tard, somnolant dans le bus qui nous ramène au Younost, je suis traversée de visions confuses, peut-être destinées à corriger ma déception, j'essaie d'imaginer la place Rouge au milieu du XVIe siècle — le Kremlin est alors une île, la muraille actuelle a déjà été construite sur le tracé des anciennes fortifications en bois, les tours sont achevées, j'entrevois l'affairement sur les pentes herbues de la Moskova, les bateaux, les cris des marchands, les mugissements du bétail... Mais j'ai hâte de dormir.

C'est à mon retour en France que je rassemblerai des éléments épars, pour l'heure un peu imprécis dans ma mémoire qui tâche d'entrevoir les linéaments d'une histoire aux conséquences infinies. Le long siège d'Ivan le Terrible devant Kazan. Sa victoire sur les Tatars le 1er octobre 1552, jour de la fête religieuse orthodoxe de l'Intercession de la Vierge, d'où le nom de l'église édifiée entre 1555 et 1561 pour le commémorer : *Pokrovski sobor na rvou*... Le nom de Vassili le Bienheureux qu'on lui donnera ensuite est celui d'un *yourodivy* ou « fol en Christ » (de *yourodstvo*, « folie religieuse »), un de ces innombrables moines errants, prophètes et thaumaturges qui parcouraient la Russie. (J'ai vu leur équivalent en Inde, les *sâdhus*.) L'histoire y est mêlée de légende : Ivan le Terrible aurait fait crever les yeux de ses architectes Barma et Postnik — en admettant qu'ils aient été deux, ce qui n'est pas sûr —, pour qu'ils ne puissent pas refaire un pareil chef-d'œuvre, mais au fait pourquoi Ivan n'aurait-il pas fait crever les yeux de ses architectes ? À cause du film d'Eisenstein et de celui de Pavel Lounguine, son nom seul fait trembler, ne serait-ce que par sa sonorité en russe : *Grozny*, « le Terrible » — qui est le nom aussi de la capitale de la Tchétchénie. Quel prétendant pour Élisabeth, la reine Vierge, après le pâle François d'Anjou, fils de Catherine de Médicis ! Interviewé le 9 janvier 2010 dans *La Vie* par Frédéric Théobald, « à cause d'Ivan, dit Lounguine, la Russie est restée au Moyen Âge, elle n'a pas connu de Renaissance ». Un historien le décrit d'une manière qui glace le sang : « Ivan passe son enfance dans une ambiance de haine et de mort, dans la crainte perpétuelle d'être assassiné. Ses loisirs se partagent entre la torture d'animaux, la chasse, la maltraitance des villageois alentour. »

Barbarie, sauvagerie, précarité de la vie encore — et pour longtemps. Le décalage entre la Russie et le reste de l'Europe s'accroît. Un symbole : sur les icônes, un fond d'or, quand Giotto y a renoncé il y a déjà trois siècles. Comme il est tentant et peut-être trop arbitraire d'établir des parallèles historiques ! Mais comment ne pas le faire ? Dans toute l'Europe, c'est l'apogée de la Renaissance, en France, cependant, le début des guerres de Religion qui vont l'ensanglanter pendant quarante ans. Montaigne rencontre La Boétie — rencontre d'où naîtront les *Essais*. En Inde, l'empereur moghol Humayun, qui lui non plus n'était pas un tendre, tombe de l'observatoire d'où il contemplait les étoiles. Trois formes de la conquête : la conquête de l'espace politique, la conquête de l'espace intérieur, la conquête de l'espace céleste.

Ces rapprochements sont une source inépuisable pour

cette « mélancolie historique » dont parle Flaubert. Les voyages se prolongent ainsi durant des mois. Voyager dans l'espace et le temps d'aujourd'hui, c'est aussi voyager dans l'espace et le temps d'hier. C'est un parcours d'attention et d'éveil, de sollicitations constantes, d'où naît une forme de compassion pour les choses et les êtres des temps révolus, une sollicitude... On n'en finit donc jamais : Saint-Basile-le-Bienheureux est l'occasion d'évoquer la figure d'un bolchevique étrange, bien oublié : Lounatcharski. En 1917 il avait été décidé de bombarder l'église, Lounatcharski s'y opposa. Marxiste et mystique, inventeur de l'« empiriocriticisme » (qui ne se souvient, dans nos jeunesses marxistes des années soixante - soixante-dix d'avoir buté sur le texte de Lénine, *Matérialisme et empiriocriticisme* ?), fondateur de la revue *Vperiod !*, « *En avant !* », maxime qui fit couler beaucoup de sang, puis de *Novaia Jizn*, « *Vie nouvelle* », qui n'en fit pas couler moins... Ses préoccupations religieuses ne l'empêchent pas d'inventer la notion de « culture prolétarienne ». C'est un spécialiste des questions d'éducation et aussi un esthète : à l'opposé de Lénine, on ne peut plus conservateur en la matière. Lounatcharski soutient Malevitch, Eisenstein et les débuts du constructivisme... Il a la chance, et ce n'est pas une boutade, de mourir d'une infection lors d'un voyage en France en 1933 : on imagine assez quel aurait pu être son sort en 1937, au moment des grandes purges...

Allons dormir.

Quelques mois plus tard, consultant un livre de la fin du XIXe siècle intitulé *La Sainte Russie*, je tombe sur une belle gravure ancienne; on y voit Saint-Basile, élégamment silhouettée à la plume, et, devant l'église, le monument édifié sur la place Rouge pour perpétuer le souvenir des héros nationaux Kouzma Minine et Dmitri Pojarski, vainqueurs des Polonais en 1612. Pojarski est surtout connu pour une recette, celle de la « côtelette Pojarski », une préparation de boulettes de viande. En russe, boulette se dit côtelette.

Vendredi 28 mai

« Au Kremlin, Staline veille sur nous. »

9 heures du matin, hôtel Younost. Après le petit déjeuner, au moment de rejoindre le groupe qui se rend à une conférence de presse sur notre voyage, j'erre quelques instants dans le hall. Au mur, sur le côté droit du *lobby*, des repro-

ductions de tableaux soviétiques : l'un est connu, et même classique, il montre Staline « veillant sur nous », tard dans la nuit, à son bureau du Kremlin. Derrière lui, l'horloge indique qu'il est une heure... Sur d'autres tableaux plus petits, on voit Lénine au milieu d'une foule ou écoutant avec bienveillance de jeunes komsomols au foulard rouge. Il y a encore, un peu plus loin, surmontant une vitrine, un grand portrait de Brejnev au large torse constellé de médailles. Pas très difficile à comprendre, ce que dit la légende du portrait. En gros : « Marchons en avant sans peur sur le chemin du communisme ! » Il me manque un mot, je ne prends pas la peine de sortir mon dictionnaire.

La conférence de presse se tient à la bibliothèque de littérature étrangère. Dans la cour, des statues d'écrivains, dont un beau buste d'Attila Josezf... M'écartant un moment du groupe pour fouiller dans les rayons de la bibliothèque, je parcours le gros livre de Tomasz Kizny sur le goulag, avec des photographies et un plan raisonné, le nom et la carte des implantations. En tête, cette citation de Chalamov que je recopie aussitôt dans mon carnet : « Ce que j'ai vu, personne ne devrait le voir ni même le savoir. Mais lorsqu'on l'a vu, mieux vaudrait mourir vite. »

J'ai juste le temps de regarder la carte : elle fait frémir. Sur tout le territoire de l'URSS depuis l'est de la Russie jusqu'à la Sibérie orientale, ce ne sont que chapelets de points blancs plus ou moins gros. Les plus tristement célèbres : ceux de l'extrême Nord (Solovki, Magadan) sont connus par des récits et nous ne nous y rendrons pas. Mais les camps ne manquent pas, loin de là, ils sont même très nombreux, sur notre trajet : Krasnoïarsk et Irkoutsk étaient des centres importants de l'administration des goulags. Sur un site Internet que je viens de trouver début janvier 2011, je découvre des photos prises aujourd'hui : on y voit une voie ferrée construite à mille kilomètres au nord de Krasnoïarsk entre les villes d'Igarka et de Salechard par des détenus entre 1949 et 1953, date de la mort de Staline. La plupart d'entre eux sont morts, dit le commentaire, pour construire une voie, qui, « comme beaucoup d'autres, ne mène nulle part ». Aussi meurtrière et inutile que le Belomorkanal, ensablé et trop peu profond. Tout est en ruine, tout va disparaître, baraques, machines forestières, ponts.

Tout cela dort-il avec les décombres d'un temps définitivement révolu ? La question des camps va me hanter pendant tout le voyage, mais je n'ose pas en parler à mes interlocuteurs russes d'un jour, je ne sais pas comment ils prendraient ma curiosité à ce sujet. Que faire ? Je ne veux ni les ramener à un passé qu'ils s'efforcent peut-être d'oublier, ni leur faire croire par mon silence que la question me laisse indifférente.

En tout cas, moi, je ne peux pas l'oublier : cela fait partie de notre histoire, de mon histoire, c'est là qu'ont achoppé nos discours et nos illusions sur le communisme réel. Les années du communisme font ainsi comme une sorte d'ombre parallèle à notre joyeux voyage, elle l'accompagne partout et ne se dissipe pas, c'est comme un discours muet et obsédant, qui le double en permanence.

Un peu plus tard, en prélude à notre voyage, une conférence sur « la littérature russe et l'espace » donnée par Igor Volguine, grand spécialiste de Dostoïevski et de Gogol. Je ne peux malheureusement pas fixer mon attention, mon esprit vagabonde, je ne retiens que des anecdotes... Par exemple, la formule attribuée à Gogol : le problème de la Russie, ce sont les imbéciles (*douraki*) et les routes (*dorogui*). Et cela encore fait rêver… On imagine quelle épreuve c'était jusqu'à la fin du XIXe siècle que de voyager à travers cet immense continent sur de mauvaises routes, parfois sans routes du tout. Voir le témoignage de Tchekhov se rendant à Sakhaline quelques années avant le début du Transsibérien : « La Sibérie est un pays froid, tout en longueur. J'avance, j'avance et n'en vois pas la fin », écrit-il. Il fallait des mois pour se rendre en Sibérie orientale. On attendait le gel pour traverser les fleuves. Durant le trajet, des enfants avaient le temps de naître, de grandir. Cela compliquait encore l'exil des condamnés politiques envoyés en Sibérie.

Le retard, puis le développement de la Russie, c'est l'histoire des communications internes à cet immense pays : pendant longtemps, les deux seules voies sont la Volga du nord au sud, et d'est en ouest, à travers la Sibérie, la piste des caravanes apportant le thé. On a donc une idée de ce qu'a pu signifier la construction du Transsibérien : une nouveauté radicale, un projet pharaonique, par la grandeur et les drames de sa réalisation… C'est aussi une forme de la modernité telle qu'on la concevait au XIXe siècle, le siècle de Jules Verne et de la tour Eiffel : la machine à vapeur et la poutrelle en acier (les rails et les ponts). Le chemin de fer égale : la modernisation des pays d'Europe, leur développement, le désenclavement des régions isolées. La première voie ferrée entre Saint-Pétersbourg et Tsarskoïe Selo, avec une locomotive tractée par des chevaux, est exactement contemporaine de la première ligne française, qui sous la monarchie de Juillet va de Paris à Saint-Germain-en-Laye : « Au-delà de 30 km à l'heure, la sensation de vitesse devient vertigineuse », écrit un journaliste de l'époque (1837). Puis on passe aux choses sérieuses : Nicolas Ier décide de construire une ligne de Moscou à Saint-Pétersbourg. Le tracé en est parfaitement rectiligne sauf, dit la légende, un petit crochet, aujourd'hui rectifié, dû au doigt de l'empereur qui tenait la règle. Pas de toilettes ni de chauffage. Et on descendait à chaque pont. Le musée du Rail de Novossibirsk — voir ce journal en date du 4 juin — conserve les locomotives et quelques wagons de cette époque... Bribes restées de la conférence, quelques recherches ensuite. La construction du Transsibérien se fera en un temps record, moins de vingt-cinq ans, mais au prix de milliers de morts. Le « Magistral » commencé par les deux bouts peut enfin relier les deux extrémités de l'empire sur plus de 9 000 kilomètres. Et unifier le pays : sur le livre dont j'ai parlé tout à l'heure, intitulé *La Sainte Russie*, et paru en 1890, il n'est tout simplement pas fait mention de la Sibérie. La Russie s'arrête encore à l'Oural.

Après la conférence, nous nous rendons à la gare de Iaroslav, elle aussi bâtie en style « néo-russe » : façades massives, colonnes. Et un toit en « térem » ! Dans la salle des VIP, une réception nous attend, ainsi qu'une bande d'enfants habillés en costumes traditionnels, dans un tissu un peu trop brillant. Aux fenêtres pendent ces rideaux de nylon jaune pâle, dans le style bouillonné qu'affectionnait l'époque soviétique et qu'on trouvait un peu partout en Europe de l'Est.

Nous passons sur le quai, emmenés chacun par un enfant qui tient des ballons rouge et bleu. J'ai juste le temps de photographier un panneau électronique qui donne le vertige : « *Marchrout*, "Destinations" : Vorkouta, Arkhangelsk, Irkoutsk, Vladivostok, Pékin ». Et sur notre wagon, ces mots incroyables, que je relis plusieurs fois : « Moscou-Vladivostok ». Les deux wagons qui nous sont réservés sont décorés d'inscriptions en bleu, blanc et rouge, couleurs communes au drapeau russe et au drapeau français. Translittéré en cyrillique, le nom du train : *Blaise Cendrars*. Une foule nous attend, des photographes, un orchestre, nous montons enfin, une intense émotion me gagne et c'est le premier tour de roue, le train lentement s'ébranle, les enfants agitent de petits drapeaux, la musique de l'orchestre s'éloigne, devant nous près de dix mille kilomètres de terres, de fleuves, de villes, de forêts inconnus... Mais est-ce que je ne suis pas un peu chez moi sur le Transsibérien ? Est-ce que même le Transsibérien ne m'appartient pas un peu, comme à beaucoup de Français ? Les 500 millions de dollars qu'a coûtés sa construction, ma famille en a payé un peu, ayant été convaincue de souscrire à l'un des nombreux emprunts d'État lancés par la Russie après son alliance avec la France en 1892. Notamment pour financer sa construction. On sait ce qu'il en est advenu : un tiers de l'épargne française y passa. J'ai connu à Angers une famille qui s'était amusée à tapisser entièrement un vaste grenier avec les titres jamais honorés.

Москва-Владивосток (Moscou-Vladivostok)

Il est presque 17 heures, le temps est gris, doux, couvert, avec l'aide de Kr. j'affiche dans le couloir la carte du Transsibérien que j'ai imprimée à Paris, je dois à la vérité d'ajouter que, la voyant se décoller le lendemain, je glisse derrière un bout de chewing-gum qui la fera tenir jusqu'à notre départ... Puis je me fraie un chemin entre mes sacs, m'étends sur ma couchette, la tête sous le filet hamac qui pend en dessous du miroir, encadré d'un beau motif Art déco, et je bois mon premier jus Iabloko-Vichnia (Pomme-Cerise), un peu déçue de ne pas passer la nuit dans le train, parce que l'impression d'éloignement s'accroît toujours quand on a dormi en wagon et qu'on arrive au petit matin. Tout m'avait enchantée dans ce premier voyage à Nijni Novgorod : le départ tardif dans la soirée, les couchettes, un samovar dans chaque compartiment, la foule massée sur le quai, une foule bien plus pittoresque qu'aujourd'hui, beaucoup de visages ouzbeks ou kazakhs, et même des Chinois en manteau bleu. Cependant, tout me plaît aussi dans le train où nous nous installons : son confort un peu spartiate, ce n'est en rien un Trans Europe Express, fort heureusement, la fontaine d'eau bouillante est à l'extrémité du wagon... Pas de douche, et les toilettes sont fermées avant chaque halte et longtemps après. Des rideaux (les fameux bouillonnés !) pendent aux fenêtres de nos compartiments de première classe à deux couchettes, la seconde en a quatre par compartiment, et la troisième n'a pas de compartiment. Les wagons sont toutefois moins rudimentaires que ceux du train que j'avais pris en Chine en 1994 : de simples châlits de bois, et une mince natte piquée. Mon voisin était un moribond qu'on ramenait chez lui, on avait fait passer son brancard par la fenêtre, et toute la nuit une perfusion était restée attachée à son bras.

Nous nous hâtons de rouler ou de retirer les rideaux pour voir le paysage ou prendre des photos. Les compartiments sont minuscules, nous casons tant bien que mal nos affaires. Dans une cabine voisine, j'entends G. G. se plaindre de la taille monumentale de sa valise, un monstre de métal brillant… De nouveau me reviennent les images des séjours à Nijni Novgorod, l'arrivée au petit jour, les eaux immenses de la Volga et, derrière, les horizons immenses de la steppe, une promenade le long du fleuve gelé avec Andréi, l'étudiant, les pêcheurs assis sur leur tabouret près d'un trou foré dans la glace avec un vilebrequin. C'était l'époque du grand chambardement, Viktor Tchernomyrdine était alors Premier ministre, accusé plus tard d'avoir été un oligarque et de s'être considérablement enrichi. Cependant son décès est passé pratiquement inaperçu en novembre 2010. À ses obsèques le président Medvedev a déclaré : « La plus grande épreuve pour lui a été de diriger le gouvernement lors des années quatre-vingt-dix, qui ont été les années les plus difficiles. » C'est un euphémisme : multiplication des prix par cinq, inflation atteignant 2 600 % à la fin de 1992, ruine des plus modestes, désespoir général…

On nous avait aussitôt emmenés voir le petit appartement où Sakharov et sa femme Elena Bonner avaient été relégués. Dans un quartier plutôt ordinaire leur logement était plutôt confortable pour un appartement soviétique ; mais le symbole était énorme : avoir obligé Sakharov à y séjourner, loin de toute communication et dans une ville interdite aux étrangers.

Au moment de sa mort, le 14 décembre 1989, j'étais à Moscou pour une semaine organisée par France-Culture. Autre coïncidence singulière, Antoine Vitez y était aussi pour préparer la mise en scène de *Phèdre* — que sa mort le

1er mai 1990 l'empêcha de réaliser. Vers la fin de notre mission, c'était un dimanche, Vitez m'appela au Belgrade pour me proposer de faire une promenade vers l'Arbat, il était dans un hôtel où, comme dans le nôtre, régnait une chaleur suffocante, il fait au moins 90° dans ma chambre ! me dit-il. Moi-même, j'avais dû laisser toute la nuit la fenêtre ouverte, impossible de régler le radiateur : au matin, un manchon de glace obstruait l'ouverture, il avait fait – 20° pendant la nuit. C'était aussi ça, le socialisme : un gâchis constant, un mépris total de la chose publique, du bien commun. Dans les mêmes années, à Cracovie, comme je demandais qu'on règle le ventilateur de ma salle de bains, trop bruyant, un employé s'était contenté d'y enfoncer avec un tournevis une des serviettes de toilette. Ce traitement l'avait radicalement fait taire au bout de quelques minutes…

J'avais un autre rendez-vous, j'ai décliné la proposition d'Antoine qui partait le jour même, je ne l'ai jamais revu vivant. C'est à lui pourtant que je dois le goût et la compréhension du monde soviétique, sur lequel il avait autant de doutes que de connaissances. Et, plus généralement, de la Russie, de sa langue, de ses poètes. Le lendemain, je me suis rendue au théâtre de la Taganka, où Lioubimov nous avait conviés à une répétition de *Crime et châtiment*. Dans l'entrée, une grande photographie de Sakharov était barrée d'un crêpe noir, sur lequel étaient écrits ces mots : *Umert Andreï Dmitrievich*, « Andreï Dmitrievitch est mort ». Averti de l'événement, et consulté, Bertrand Poirot-Delpech, qui faisait partie de la même délégation, décida de prolonger lui aussi son séjour d'une semaine, et de réquisitionner les services de Tatiana, notre interprète, pour suivre les obsèques de Sakharov. Je guidai B.P.-D. sur un marché en plein air pour lui trouver une chapka. Nous sommes restés trois jours supplémentaires au Belgrade. C'était un de ces hôtels immenses, plus ou moins bien tenus, à l'époque, par de grosses bonnes femmes en galoches blanches, toujours occupées à torchonner vaguement dans les couloirs. On y avait pleine vue sur l'une des « sept sœurs », l'hôtel Ukrainia, devenu un hôtel de luxe à 1 000 euros la nuit sous le nom de Radisson Hotel. Devant l'entrée, un portier galonné tassait du pied avec indifférence une serpillière gorgée d'eau sale et de neige fondue. Le soir, les femmes de chambre me poursuivaient pour échanger des objets d'artisanat russe contre des pièces de lingerie ou des chaussures. Le restaurant était extrêmement médiocre : deux plats seulement étaient disponibles sur la carte pourtant longue et fournie, le poulet Kievski (ce filet de poulet roulé et pané d'où jaillit un flot de beurre brûlant dès qu'on y porte le couteau) et la salade Belgrade. Poirot-Delpech et moi y prenions tous nos repas. Un jour, je remarque un petit éclat de bois qui dépassait de ma salade : J'ai trouvé un cure-dents, dis-je. Un instant plus tard, Bertrand fait une grimace, il a mordu dans quelque chose de très dur : Je crois que j'ai trouvé la dent, dit-il.

Le lendemain, avec l'aide de Tatiana, nous avons rejoint une interminable file de Moscovites de tout âge, et piétiné pendant près de huit heures dans la neige fondue pour arriver à la Maison des komsomols, où Sakharov était exposé sur un catafalque dans un cercueil ouvert, à la russe. Les circonstances de sa mort nous avaient particulièrement frappés : revenu à Moscou après des années de confinement à Gorki, il avait participé à une séance du Parlement au cours de laquelle Gorbatchev, irrité par ses propos, lui avait fait fermer le micro; dans la nuit, il mourait d'une crise cardiaque. C'était, à nos yeux, une personnalité morale incontestable, d'abord comme savant — les Soviétiques aimaient les savants —, et nous avions tous lu dans le milieu des années soixante son livre sur le désarmement nucléaire : il était incompréhensible que Gorbatchev se soit si vivement opposé à lui. Mais depuis on est obligé de prendre un peu de distance envers une figure plus controversée : fortement orientée par les Américains et par leur soutien à Israël (Sakharov n'a-t-il pas dit : « Toutes les guerres menées par Israël ont été justes et lui ont été imposées par l'irresponsabilité des dirigeants arabes » ?), l'action de Sakharov et de sa femme, Elena Bonner, a eu pour l'URSS, et, après la chute de celle-ci, pour la Russie, des conséquences fatales à sa puissance.

J'ai photographié avec un appareil jetable quelques figures de ce long défilé. Certains avaient épinglé sur leur manteau leurs décorations de la Grande Guerre patriotique. Beaucoup portaient des pancartes. Sur l'une d'elles on peut lire : *Andreï Dmitrievitch, prostite !*, ce qui, d'après mes maigres connaissances de russe, peut signifier « Adieu ! » ou « Pardonne-nous ! ». Que célébraient-ils, ces anonymes entourant le cercueil de Sakharov ? Leur propre douleur, leurs désillusions, la catastrophe encore à venir, et dont on ne savait encore rien : dans deux ans, il n'y aurait plus d'Union soviétique ?

Un peu plus tard, toujours dans le train pour Nijni Novgorod

En dehors du souvenir que j'en ai, Nijni Novgorod, c'est aussi pour moi le voyage d'Alexandre Dumas en 1858, comme l'Ienisseï c'est Jules Verne et Michel Strogoff. Le récit de son voyage de Moscou à Kazan a été republié par les éditions Hermann en 1960, avec une préface d'André Maurois qui cite un mot de Lamartine : « On avait cherché le mouvement perpétuel; vous avez fait mieux : vous avez trouvé l'étonnement perpétuel. » Dumas s'est embarqué le Ier octobre 1858, il arrive à Nijni le 3, en plein milieu d'une immense foire où se rencontrent tous les peuples de l'Asie et de l'Europe, il y restera trois jours, le temps de rencontrer chez le gouverneur le prince et la princesse Annenkoff, célèbre couple de décembristes, dont il a fait, sans les connaître, les héros de son roman *Le Maître d'armes.* Il y a raconté à sa manière leur histoire dramatique, leur exil en Sibérie, leur remise en liberté au bout de vingt-deux ans, à l'occasion de l'amnistie décrétée par le nouvel empereur, Alexandre II, le 26 août 1856…

Ce livre et cette rencontre ne leur plaisent pas plus que ça. Dumas n'en dit rien dans le récit de son voyage, mais qu'importe… C'est dans l'ensemble un récit très vivant, un peu verbeux, mais la description « du » Volga couvert de voiles bariolées donne de la nostalgie. Au fait, « le » Volga ? Oui. C'est ce que donnent tous les dictionnaires du XIXe siècle, ainsi que le Larousse en huit volumes (éditions de 1895-1902), signalant toutefois que « Volga » est en russe du genre féminin. C'est *mat'Volga*, « mère Volga », un grand fleuve qui gronde dans l'ancienne, l'immense, l'archaïque Russie, comme aussi est féminin le dieu Gange, « Ganga » la déesse, l'épouse de Shiva qui la porte dans sa chevelure, comme l'est aussi la Loire, le plus long et le plus beau fleuve de France, dont le nom dérive du gaulois *liga*, « le limon »...

Je ne sais pourquoi les formes anciennes des noms de lieux, de villes, de pays, ont tellement de charme, tel cet « aller à la Chine » qu'on trouve chez Voltaire. Jules Verne dit, lui aussi, « le Volga ». Exemples : « Le Volga, le Rha des anciens, est considéré comme le fleuve le plus considérable de toute l'Europe, et son cours n'est pas inférieur à quatre mille verstes (4 300 kilomètres). » Ou encore : « Michel Strogoff, une fois arrivé à Nijni Novgorod, prendrait, suivant les circonstances, soit la route de terre, soit les bateaux à vapeur du Volga, afin d'atteindre au plus tôt les montagnes de l'Oural. » À l'époque, la voie ferrée vers l'est s'arrête à Nijni ; le prosaïsme de la remarque n'atténue en rien la poésie des lieux.

Les eaux « du » Volga, dit encore Jules Verne... on ne se lasse pas de le citer, il est un des premiers à nous avoir fait aimer ce pays... « assez insalubres dans sa partie supérieure, sont modifiées à Nijni Novgorod par celles de l'Oka, affluent rapide qui s'échappe des provinces centrales de la Russie ». Et il ajoute : « On a assez justement comparé l'ensemble des canaux et fleuves russes à un arbre gigantesque dont les branches se ramifient sur toutes les parties de l'empire. C'est le Volga qui forme le tronc de cet arbre, et il a pour racines soixante-dix embouchures qui s'épanouissent sur le littoral de la mer Caspienne. »

Ô beauté du monde reflété dans les livres ! Comme la vue d'un tel fleuve se fait attendre quand le souvenir des livres l'appelle… Est-ce qu'on mesure bien ce que c'est : dans quelques heures, ou demain au petit matin, « le Volga » ! Dans sa splendeur et son étendue, l'odeur d'herbe et de poisson de ses eaux !

Nijni Novgorod, 11 heures et demie du soir. Nos wagons sont décrochés, ils seront à chaque fois raccrochés le lendemain ou le surlendemain à un nouveau train, et nous descendons avec seulement un petit bagage à main. À l'hôtel Tsentralnyi, je me hâte d'ouvrir ma fenêtre, je cherche à voir dans la nuit le confluent des deux cours d'eau, la Volga et l'Oka, où je situe d'ailleurs faussement le kremlin, juste entre les deux bras, alors qu'il domine la Volga. (Les kremlins sont des citadelles fortifiées au cœur des anciennes villes russes.) J'ai seulement le temps d'apercevoir la statue monumentale de Lénine sur la place de la grande foire… C'est la première mais non la dernière de mon voyage : toutes les villes en ont encore une. Lors de ma première visite à Nijni Novgorod, il y avait juste deux ans que la ville avait été rouverte, je n'avais pas vu la statue de Lénine, elle venait de retrouver son ancien nom : « La nouvelle ville (*novgorod*) d'en bas (*nijni*) » (du cours inférieur de la Volga). Le socialisme n'était pas seulement en Russie un régime politique, économique, social : c'était aussi une géographie entièrement artificielle et soumise à l'histoire. Le nouvel ordre des choses obligeait à tout changer, tout devait subir une nouvelle nomination, les fleuves, les villes, les hommes.

Pendant près de soixante ans, elle avait été appelée Gorki, du nom de l'écrivain, qui s'appelait en fait Pechkov, l'Amer (Gorki) était son pseudonyme. Amer, inquiet, déçu, frustré, on avait beaucoup de raisons de le demeurer, en 1993. Le changement dépassait alors largement la reconstruction nécessaire : c'était plutôt une déconstruction. Sciemment, savamment orchestrée. C'est ce qu'écrit Jean-Marie Chauvier dans un numéro de novembre 2003 de la revue *Mondialisation* : « La désindustrialisation, résultant du démantèlement du complexe militaro-industriel et de la recherche scientifique, l'orientation accentuée vers les exportations de matières premières, l'ouverture du marché intérieur à des produits qui allaient forcément ruiner les industries et l'agriculture locales, tout cela figurait dans le mémorandum et les conseils d'experts avisés. » La place de la Russie dans l'économie en voie de globalisation ? « Celle d'une réserve de matières premières. » En 1993, à Nijni Novgorod, tout le monde me parlait d'un épisode récent, moins grave mais tout aussi significatif. Le clergé avait réclamé une église convertie dans les années trente en bibliothèque. C'était mieux que d'en avoir fait un garage ou une écurie ; mais, pour la rendre au culte, on venait de la vider de ses livres qui avaient fini à la décharge publique.

... Le temps a passé, et c'est bien. Je n'ai même pas envie de revoir l'appartement où Sakharov et Elena Bonner avaient été assignés à résidence pendant cinq ans, ni la jolie maison de bois qui aurait abrité les amours de Lénine. Je sais que je ne reverrai pas Zoria, qui m'avait offert une broche, ni Andreï, venu d'Irkoutsk, qui avait déçu ses professeurs en partant faire carrière dans les affaires et m'avait raconté ses voyages dans les wagons sans compartiments du Transsibérien. Il avait des citations de Lénine pour chaque occasion plaisante. Par exemple, quand nous avions dû quitter un chemin trop embourbé, il avait lancé la phrase célèbre : « Passons par une autre voie ! » (« *Paidiom na drugi putim !* » — est-ce exact ? Je me ferai corriger.) Cela m'avait rappelé vaguement quelque chose, je n'en sais pas plus aujourd'hui : la voie pacifique ? la voie réformiste ?

Tout arrive sans ordre, amené par des liaisons ou des rapprochements secrets : par exemple, je me souviens au même moment que le prophète Avvakoum était né à Grigorovo, à 24 kilomètres de Nijni, je viens de relire sa vie à Paris juste avant mon départ.

... Un dernier regard sur la place de la grande foire, vide et violemment éclairée dans la nuit. Pas âme qui vive. Il me semble sentir au loin la présence du grand fleuve, son odeur dans la fraîcheur de la nuit. Je ferme mes rideaux. Mais je ne me sens pas très calme, la grande statue de Lénine me poursuit jusque dans mon sommeil.

— Réglage sur mon portable de l'heure du réveil, cachet pour dormir, discipline de fer, que je vais respecter durant tout le voyage : quand je me réveille, vers 2 heures, je m'intime l'ordre de me rendormir afin de reconstituer mes forces. Et le plus beau, c'est que j'y parviens.

Samedi 29 mai : Nijni Novgorod

À mon réveil, la grande place est à peine plus animée que la veille. De nouveau, on ne peut guère la manquer, la grande statue de Lénine. On en dénombre encore 16 500 en Russie, mais il en reste encore beaucoup en Europe, dans les anciens « pays de l'Est », et dans le monde. À Hanoi. Ou à Seattle, rapportée là par un habitant de la ville qui l'avait découverte en 1989 chez un ferrailleur dans une ville de Slovaquie... L'omniprésence de Lénine est une énigme : retirer ou détruire ses statues serait-il une dépense insurmontable ? Ou bien demeure-t-il le symbole de la grandeur russe, de la certitude partagée par tous les Russes que la Russie est dotée d'une puissance invincible ? D'une unité mystérieuse et profonde, dont on ne sait dire le nom mais dont on possède, en soi, les preuves irréfutables ? Déjà Gorki, au tournant du XXe siècle, dans un récit étrange, *Tempête sur la ville*, met dans la bouche de deux de ses personnages une conversation sur la Russie : Il y a deux capitales, dit l'un, mais partout ailleurs, les provinces isolées vivent de leur vie propre. Non, dit l'autre, il y a quelque chose qui les unit. Quoi donc ? Un principe. Le bien, le mal ? Impossible de le dire, mais il existe.

Nijni Novgorod, statue de Lénine.

Après un petit déjeuner de crêpes succulentes, je rejoins mes camarades, dont F. F., déjà en train de photographier Lénine, tandis que quelques autres font les cent pas sur l'esplanade. Lénine, la tête nue, étend le bras droit, main ouverte, tendue vers le haut, de la main gauche il tient le revers de son pardessus. À Pétersbourg, devant la gare de Finlande, il est debout sur le train blindé qui l'a conduit en Russie. Son bras droit se tend vers les ouvriers de Petrograd venus l'accueillir, il a glissé son pouce gauche dans l'échancrure de son gilet. Une blague de l'époque soviétique lui faisait dire : « Beau tissu, hein ? Je l'ai acheté en Allemagne. »

La statue vient d'être replacée après restauration, une bombe l'avait endommagée en avril 2009, elle avait un trou énorme dans le derrière... Je m'avance vers le quai. À droite, c'est l'Oka, pas « le » Volga. Derrière moi, je sens le geste théâtral de Lénine. Au loin, un vaste caravansérail avec un toit d'argent. Le temps est gris, frais, agréablement venteux.

Les départs collectifs sont toujours un peu longs. J'attends avec impatience de revoir le kremlin, la vaste étendue du fleuve sur la plaine, et les grandes « chaussées », ces rues larges et plates bordées de maisons de bois. Tandis que le bus ronronne comme une bête au repos, je feuillette mes notes. Nijni Novgorod, 1382115 habitants, cinquième ville de Russie, capitale de l'oblast de Nijni Novgorod. (Petit rappel utile sur la différence entre république, oblast, kraï : lors de l'éclatement de l'Union soviétique, la Confédération des États indépendants (CEI) a été créée ; la Russie en fait partie, considérée cependant comme « État continuateur de l'Union soviétique » ; elle-même constitue une fédération de *républiques* (le Tatarstan, la Tchétchénie, la Bouriatie), de *kraïs* (territoires), comme le kraï de Krasnoïarsk, d'*oblasts* (régions) comme l'oblast de Nijni Novgorod, de *villes à statut fédéral* (Moscou et Saint-Pétersbourg) et d'*okrougs* (districts autonomes) à dominante ethnique.

Administrativement, sept grandes régions fédérales la gouvernent.

Voilà. C'est un peu long, pardon, on n'y reviendra pas, mais ça peut aider à y voir clair.)

10 heures-13 heures. Enfin ! Enfin, le bus est plein, notre guide est là, nous partons ! La visite commence du reste étrangement : elle fait arrêter l'autocar le long d'un talus herbeux et commence à nous décrire longuement ce que

nous avons hâte de voir. Mais, au fait, pourquoi revenir ? Pourquoi ne pas garder les images précieuses d'un unique voyage, et se contenter de les revoir, de les réécrire ?

Les éclats d'une protestation collective m'arrachent à ma rêverie : nous voici repartis. La ville moderne livre d'autant plus facilement ses traits anciens que les rues sont vides, il fait très beau, tout le monde est parti dans sa datcha. Les anciennes maisons de bois font peine à voir, on sent bien qu'elles n'intéressent plus et qu'elles vont disparaître l'une après l'autre. Elles donnent pourtant un charme inexprimable à ces grandes rues qu'on appelle « chaussées » en russe. Plus loin, des maisons de marchands. Dont la maison Galitsyne : grosse fortune, dans le sel. Est-il de cette famille, le gouverneur général de Moscou, dont la mère, Nathalie Petrovna, avait, disait-on, obtenu du comte de Saint-Germain un secret pour gagner au jeu ? Et servi de modèle à Pouchkine pour *La Dame de pique* ? La famille Galitsyne compte aussi parmi ses membres un décembriste envoyé en exil en 1836 à Kirensk dans l'oblast d'Irkoutsk. Et un Galitsyne est enterré au cimetière russe de Sainte-Geneviève-des-Bois… Durant son séjour à Nijni Novgorod, fort court au demeurant, c'est chez les Galitsyne que Custine passe son temps. Il n'en bouge guère, je ne suis pas sûre qu'il ait vu grand-chose. Et pourtant la vision de Custine imprègne encore notre façon d'appréhender la Russie. À ses yeux, tout tient en un mot : « La vie des Russes est plus triste que celle d'aucun des autres peuples de l'Europe. »

Encore quelques maisons de bois, et beaucoup de cours délabrées, envahies d'une belle végétation. Sur les trottoirs, à l'ombre de grands arbres, de grands tonneaux d'un kvas très frais, absolument délicieux.

Les églises ne m'émeuvent pas beaucoup, celle de la Nativité me semble trop ornée, comme un palais baroque autrichien ou mexicain. Et je ne parviens pas très bien à comprendre comment elles s'organisent dans l'espace de manière à former un plan en croix, de l'Annonciation à la Nativité et de la Dormition à l'Assomption. La seule qui m'impressionne, un peu plus tard, malgré ses airs de forteresse, c'est la première cathédrale de Nijni Novgorod, la cathédrale de l'Archange-Saint-Michel.

Nous continuons vers le kremlin : tout est calme, il fait beau, la chaleur et le pollen des arbres se répandent partout. Avec douze de ses quatorze tours primitives et sa situation admirable au-dessus « du » Volga, le kremlin de Nijni Novgorod, construit en briques rouges entre 1508 et 1511, est un des mieux préservés de Russie. Il y a de nombreux kremlins en Russie, même si tous ne sont pas aussi beaux, puissants et redoutables que ceux de Moscou, de Nijni Novgorod ou de Kazan. (Au fait que sont devenus les « kremlinologues », ces spécialistes des arcanes du pouvoir soviétique ? En quoi se sont-ils reconvertis ?) Ce sont des forteresses édifiées dès le Moyen Âge contre les fréquentes incursions des Mongols puis des Tatars. 1223 : invasion mongole, Nijni Novgorod est épargnée. En 1377, la ville est attaquée par les « hordes » tatares et incendiée. Elle est reconstruite, et de nouveau détruite en 1408. Ivan le Terrible en fait un point d'appui important dans sa guerre contre les Tatars de Kazan (qui sont en fait des « Bulgares » de la Volga). Au fur et à mesure que nous avancerons vers l'est, nous ne sommes encore qu'au tout début, je commencerai à comprendre comment ce pays s'est construit : la Russie est une ligne de front face au soleil levant d'où viennent toutes les invasions. Tournée vers l'est, se défendant, s'armant, se fortifiant, attaquant, conquérant, colonisant sans cesse de nouvelles terres.

Et c'est sur ce chemin que nous marchons, le soleil dans les yeux : la Russie est une base avancée non pas de « la » civilisation, mais d'une certaine civilisation, européenne, chrétienne, en l'occurrence slave et byzantine. Contre l'Asie, contre les Mongols, de religion chamanique puis bouddhiste, contre les Tatares, ensuite, de religion musulmane… Europe, alors, là-bas, c'est chrétienté. Byzantine, quand « chez nous », en Italie, en France, c'est la Renaissance, la Réforme et le retour à l'Antiquité, les premiers développements du rationalisme scientifique.

Coupure durable, responsable de ce qu'on appellera plus tard le « retard russe ». La longue présence mongole a cependant laissé en Russie « plus que des traces », écrit Jean-Paul Roux dans une conférence publiée sur le site de Clio. « C'est grâce à elle, ou à cause d'elle, que l'aristocratie et le clergé tiendront dans la Russie une place privilégiée. C'est elle qui a enseigné au peuple le respect de l'autorité, les nécessaires vertus de l'obéissance et de la soumission qui n'étaient pas dans le génie de la race et, en même temps, une sorte de fatalisme, de résignation orientale ; qui a permis que s'établissent des gouvernements autocratiques, voire despotiques. » Et cependant si la domination mongole a coupé la Russie de l'Europe, « en un temps où celle-ci connaissait un grand essor », la Russie lui doit, ajoute l'article, sa « culture si originale » puisée « largement dans les traditions et l'art de vivre des steppes ».

On est loin de la « barbarie asiatique » commodément attribuée à la Russie chaque fois qu'on cherche à expliquer la violence de son histoire.

… Le temps est superbe, les jardins aussi. Un grand calme règne sur tout cela, qui n'est plus l'objet d'enjeux violents. Mais si l'histoire ancienne est devenue une image figée, l'histoire récente ne l'est pas tout à fait encore : par une logique implacable, les jardins du kremlin ont été transformés en un musée à ciel ouvert de la résistance à l'invasion allemande. La flamme du monument au soldat inconnu brûle au milieu d'un bassin. Au loin, la vue s'étend sur la Volga, chargée de lourdes barges. Son cours a été modifié, assagi, élargi, et je sais que ses rives en ont été modifiées ; mais sa majesté, à travers un paysage que la littérature nous a rendu familier, est absolument bouleversante. On a le sentiment de saisir l'« essence » de la Russie, et c'est probablement vrai… Et c'est bien cela que j'attends, depuis que sur la couverture du livre de Georges Sokoloff, *La Démesure russe*, un des seuls ouvrages que j'ai emportés, j'ai vu un tableau de Levitan, *La Paix éternelle*, de 1894 : une immense étendue plate, un grand fleuve gelé et, sur la rive, une église de bois et son bulbe d'or éteint. Le tableau est inversé, et amputé de toute une large vue sur le fleuve et le ciel. Dans sa version intégrale, l'eau et les nuages occupent bien plus d'espace, la terre au confluent des deux fleuves est réduite à un banc herbu planté de quelques arbres. Tchekhov admirait Levitan pour la capacité que le peintre se reconnaissait à lui-même de rendre « les traits intimes, troublants et souvent tristes qui caractérisent le paysage russe ». Tchekhov avait dans sa maison de Yalta un tableau de Levitan, *Les Meules de foin*. Il écrit à Olga, le 2 janvier 1900 : « Un pré, des meules, au loin une forêt, et sur tout cela règne la lune. » Levitan a passé la dernière année de sa vie dans la maison de Tchekhov en Crimée. Tchekhov et lui sont morts tous deux de la tuberculose, Levitan à quarante ans, en 1900, Tchekhov quatre ans plus tard.

... Naturellement, de telles songeries ne préparent pas à l'expérience d'une Russie moderne, mondialisée... Encore que. Je ne vois pas pourquoi il faudrait oublier ce qui est toujours là, masqué peut-être mais vivant, derrière la Russie d'aujourd'hui saturée de publicités pour l'Internet, en proie à une rage de développement presque anarchique. Au contraire. C'est probablement le seul moyen de rendre humain ce moment où une modernité dévorante entre en conflit avec un passé qui se dérobe. Du reste, tout Russe le porte en lui, même s'il ne le sait pas. Il est fait de ces tableaux, de ces livres, de ces fleuves. Et moi aussi, j'ai en moi les livres que j'aime et qui m'ont formée, et l'image d'un grand fleuve, la Loire, débordant de ses rives...

Il nous reste un peu de temps avant le déjeuner pour visiter la maison où Gorki a passé une partie de sa jeunesse. Il l'a quittée très tôt, cette maison, c'était celle de son grand-père, mais il y est revenu un temps à la mort de ses parents, pour la quitter de nouveau et, après quelques expériences malheureuses, s'y réinstaller jusqu'à la mort de son grand-père en 1887. Il avait alors dix-neuf ans, il avait été matelot, apprenti boulanger... Le 20 juin 1936, prononçant à Moscou son éloge funèbre, Gide dit : « Il a connu l'oppression d'avant-hier, la lutte tragique d'hier ; il a puissamment aidé au triomphe calme et rayonnant d'aujourd'hui. » « Calme et rayonnant », c'est encore à voir : Gide ne tardera pas à s'apercevoir que c'était loin d'être le cas. Et il ignorait pourtant que Gorki, comme son fils deux ans plus tôt, avait probablement succombé aux méthodes d'« assassinat médical » de Yagoda.

Mais moi non plus je ne sais presque rien de Gorki. Un bon moment après notre visite à Ekaterinbourg, de retour à Paris, je tente d'éclairer le rôle joué dans l'exécution du tsar par le gouverneur de l'Oural, Jacob Sverdlov, l'un des proches de Lénine, possiblement son successeur s'il n'était mort en 1919 du typhus. À peine si je sais quelque chose de ce Sverdlov compagnon de Lénine : j'ignore tout en revanche du destin de sa famille, dont une partie reste en Union soviétique, tandis que l'autre s'exile en France et aux États-Unis. C'est alors que je découvre, dans l'ombre de Jacob Sverdlov, un personnage mystérieux dont l'action durera cependant beaucoup plus longtemps que la sienne : son frère aîné, Zinovi, né en 1884, protégé par Gorki, et qui prend le nom de Pechkov en 1902 quand celui-ci l'adopte. Établi en France, plénipotentiaire d'Aristide Briand, chargé de mission auprès de Lyautey, Zinovi Pechkov termine sa carrière comme diplomate gaulliste en 1944. Sa tombe se trouve au cimetière russe de Sainte-Geneviève-des-Bois, au milieu de celles des Russes blancs et des bolcheviques en disgrâce...

Maison-musée de Gorki.

Derrière sa palissade, au milieu d'une végétation luxuriante, cette maison-musée a conservé le charme d'une habitation d'autrefois et on imagine bien la petite entreprise qu'elle abritait : le grand-père Kachirine était teinturier. C'est une maison de bois — et non une isba, toujours faite de rondins —, une maison traditionnelle, mais relativement confortable pour l'époque. Les murs extérieurs en sont peints dans un marron rouillé chaleureux, il y a de beaux motifs sculptés sur la façade et autour des fenêtres. Dans la cuisine, des carreaux de Delft aux motifs simples, au salon, un papier de tapisserie rouille et bleu, des objets, et le « beau coin » — celui des icônes, protégé par une grande serviette brodée. Je n'ai pas le temps d'identifier les personnages sur les photographies pendues au mur, et à peine celui de photographier une vaisselle de terre vernissée.

Tout va tellement vite ! Il faut déjà partir. Et sur une image probablement fausse, ou arrangée ; le soin qu'on met à préserver des lieux chargés d'histoire gomme la vérité des temps disparus, faits de sévérité, de dureté. Mais aussi de poésie. Relisez *Enfance*, le plus beau livre de Gorki : soudain, entre les murs étroits de la petite maison sous les acacias surgit la « stupide tribu » qu'était la famille de sa mère, ses oncles cupides et brutaux, la dureté du grand-père marqué par l'époque où il était haleur sur la Volga… Mais dominant tout, il y a sa grand-mère, sa bonté, sa sérénité, sa vivacité, au milieu des pires orages, des coups, des insultes. Enroulé dans l'épais édredon, l'enfant écoute le soir la conversation qu'elle mène avec Dieu, et il est le témoin de ses délicates attentions envers les icônes. Elle les essuie une à une, elle leur parle : « Elle a pris la poussière et la fumée, ah ! mère pleine de sollicitude, joie inépuisable ! » Où cette femme simple a-t-elle pris ce langage qui soudain s'élève, cette poésie fruste et haute ? Dans le malheur, la douleur, la nécessité ? Elle a eu dix-huit enfants, le grand-père la battait parfois des après-midi entières, et elle dit : « Comme c'est bien, comme tout est bien, non, mais regardez-moi ça, comme tout est bien ! » Il lui arrive même de danser quand elle a bu un petit coup de vodka les soirs où le grand-père est à vigiles ou invité au-dehors. « Bande d'enflés ! » crie-t-elle un jour à une portée de diables, noirs, velus et chauds comme des petits chats, qui l'ont assaillie aux bains. Ils disparaissent.

Encore une fois ces mots d'un autre temps, où vivaient d'autres âmes, singulières et fortes, engagées dans un dialogue avec l'invisible : « Ah ! mère pleine de sollicitude, joie inépuisable ! » « Source de joie ! beauté très pure ! Pommier en fleur ! » « Cher cœur pur et céleste, beau soleil d'or ! » Où est le peuple, où sont les gens qui peuvent encore parler comme on pouvait parler alors, du sein de la plus profonde ignorance, au cœur de la plus grande dureté ?

... Et tout en m'éloignant de la maison, je me souviens imparfaitement d'une phrase de lui que Staline, dit-on, aimait à citer : « L'homme ! Cela sonne fier ! » Humour glaçant, quand on songe aux milliers de morts dans les goulags, en Ukraine. Je la complète en rentrant. Je vois le visage grêlé, jaune, menaçant qui profère ces mots : « L'homme ! C'est magnifique ! Cela sonne... fier ! L'homme ! Il faut respecter l'homme, ne pas en avoir pitié, ne pas l'abaisser par la pitié » (*Les Bas-Fonds,* 1902). J'ai toujours eu pour la figure et l'œuvre de Gorki un immense intérêt, je sais que son statut d'écrivain officiel, de fondateur du « réalisme socialiste » le faisait détester des dissidents. Est-ce que ce n'est pas une profonde, une tragique erreur sur son compte ? Quelques mois après la révolution il avait déjà tenté de prendre ses distances avec le régime. Mais avant 1991 personne n'avait pu lire ses *Pensées intimes* et ces mots impitoyables : « Lénine et Trotsky n'ont aucune idée de la liberté et des droits de l'homme. Ils sont déjà corrompus par le sale poison du pouvoir… » Il s'exile alors, aussi pour se soigner, et c'est Staline qui le rappelle en 1924. Là, il va accepter de se faire le chantre du nouveau régime. Ce qu'il écrit lors d'une visite aux îles Solovki lui a probablement été imposé. Mais il affirme tout de même, après une brève visite sur le terrible chantier du Belomorkanal, que c'est le lieu d'une « réhabilitation réussie des anciens ennemis du prolétariat »…

On nous offre en partant un fac-similé de l'édition originale de *Destvo*, « *Enfance* ». Je vais tout relire en rentrant, me dis-je. Je viens de commencer (janvier 2011), avec une admiration intense, la lecture de ses courts récits autobiographiques, *Mon compagnon, Konovalov, Malva*. Je bute, définitivement, sur *La Mère*, sur son pathos soviétique insupportable. Le film de Poudovkine est racheté par ses images, alors que le style de Gorki, dans *La Mère*, aggrave plutôt le poids de la rhétorique politique.

…

Quelques pas encore en direction du restaurant où nous allons déjeuner : silence, soleil, air printanier doux et tiède, partout de la végétation drue et foisonnante, entre les maisons de bois ou derrière les belles maisons de pierre. Notre guide évoque l'amitié de Chaliapine et de Gorki, sujet de beaucoup d'anecdotes, notamment sur toute la partie de leur vie où ils travaillèrent à Saratov comme portefaix dans des conditions assez misérables. Une fois ils essayèrent de se faire engager par un théâtre. Et c'est Gorki qui fut choisi, et non Chaliapine dont la voix avait mué. (Je ne peux m'empêcher de penser à P. chantant « Le veau d'or est toujours debout »… et de le chanter moi-même.) L'amitié de Gorki et de Chaliapine fut profonde, durable, c'est à Chaliapine que Gorki dédie *Confession* en 1908, mais en 1911, il se fâche, traite Chaliapine sans ménagement. « Pour une augmentation de salaire, les choristes et Chaliapine lui-même se sont agenouillés devant Nicolas II ! Ce scélérat ! Cet assassin ! La bévue de cet imbécile de Fiodor m'a proprement anéanti ! Quelle servilité ! Je ne dédierai plus des livres à des vivants, mieux vaut le faire à des morts, car les morts sont hors d'état de commettre une infamie ! »

Plus tard, à Capri, ils se réconcilient.

13 h 30 : saut brutal, et nécessaire, dans le monde d'aujourd'hui. C'est toujours un réveil assez amer, le restaurant Tiffany est hyperactuel, à mille lieues de tout cela, et probablement de la vie quotidienne de la majorité des habitants de Nijni. Quant à ceux qui le fréquentent, le moins qu'on puisse dire, c'est que je n'éprouve pas beaucoup de sympathie pour eux (pas davantage à Paris pour des jeunes arrogants, riches et branchés sur quelques terrasses à la mode). La « déco » comme il faut absolument dire dans ce genre d'endroit, est sûrement au top de ce qu'on aime actuellement en Russie : tout en noir et doré. Les serveuses portent des tabliers ouverts par-derrière sur leurs collants d'une façon terriblement audacieuse, pour ne pas dire obscène : comme elles sont très jolies, l'obscénité et l'élégance se mêlent et se corrigent réciproquement. Mais pas que de bonnes choses sur certains visages, et le fric coule à flots, c'est clair. Ah, oui, Satan conduit le bal !

À 15 h 30 : bibliothèque. On nous offre du café, des gâteaux, des livres. Beaucoup de livres. Quelqu'un se souvient de ma venue en 1993. Mais aujourd'hui est un autre monde, j'ai pu le constater sur la place Rouge le soir même de notre arrivée. Elles ne me servent plus à rien, les clefs du temps d'avant, où le communisme était omniprésent, même si en 1977, évidemment, rien n'était déjà plus comme du temps de Staline. C'était cependant des années dures, les années de « regel » après la toute relative libéralisation du régime sous Khrouchtchev, et cela se sentait partout. Cependant, et je l'ignorais alors, les choses craquaient souterrainement, çà et là. À Prague, la même année, les dissidents signaient une charte pour demander le respect des accords d'Helsinki, signés en 1975, au nom desquels étaient reconnus aux Russes l'exercice de libertés fondamentales, et le droit de libre circulation. Puis un doute me vient. Oui, en apparence, tout a changé, mais on sent parfois quelque chose qui rôde silencieusement. L'ombre de Lénine ?…

Le déjeuner est bon, le soleil gai, et la végétation fraîche est celle de mai, jeune, fragile, que j'aime particulièrement. Les ombres se dissipent.

17 heures. Tandis que nous nous hâtons vers une rencontre avec les étudiants de l'université de linguistique, je note dans les couloirs ces mots sous un portrait : *Ich bin nicht auf Erde um ein Amt zu haben*, « Je ne suis pas sur terre pour avoir un office (une fonction). » Bruits familiers, tapage au loin, des portes se referment, et derrière monte la voix paisible d'un professeur, est-ce que par hasard quelque chose ne se serait pas conservé, ici, de ce que nous avons perdu ? La confiance dans le savoir, la certitude qu'il ouvre sur un monde plus humain ? La présence dans ce couloir d'un portrait de l'auteur de *L'Homme sans postérité* me réconforte, tout n'a pas été oublié des anciens temps, de leur foi dans la culture, même à l'époque soviétique, qui combinait pourtant le plus grand respect envers la culture avec le plus grand mépris pour ceux qui l'incarnaient…

... De plus Stifter est né dans une région que je connais bien, très poétique et très vide, en Bohême du Sud, près de Česky Krumlov... Et soudain (9 janvier 2011), me souvenant de cette belle ville et de son château fortifié, je me dis : mais est-ce que « Krumlov », ça n'aurait pas à voir avec « Kremlin » ? Gagné ! Un internaute a fait le travail pour moi : « Krumlov », c'est « Kruml », un mot tatare !! Du temps où la Bohême du Sud appartenait au khanat de Bulgarie (IXe siècle)...

J'entre dans la salle de conférences étroite et longue où des étudiants nous attendent. Les fenêtres donnent sur de la verdure. Beaux jeunes gens, garçons et filles calmes, qui nous accueillent avec un air plutôt bienveillant. Je pense toujours à Stifter. Est-ce que son étrange et rigoureuse leçon peut encore être entendue ? Que signifie aujourd'hui cet « esprit de solitude » que le vieil homme essaie d'inculquer à un neveu qu'il ne connaît pas en lui imposant une dure épreuve ? Je doute que cela puisse avoir un écho dans les universités où un peu partout les étudiants ne rêvent que de faire des études de commerce et de « management ». (C'est probablement vrai aussi en Russie, avec un peu de retard.) J'aimerais en parler avec eux, mais comment faire ? Oui, ici comme ailleurs, comment faire ? Comment échapper au discours convenu, qu'on attend de nous, sur les beautés comparées de nos deux littératures, russe et française, et sur la nature de notre travail d'écrivains ?

Pourtant jamais peut-être on n'en a eu davantage besoin. Au reste, Stifter était lui-même tellement convaincu de l'inutilité de l'entreprise qu'il se trancha la gorge à Linz, en 1868, à l'âge de soixante-trois ans.

... Plus nous parlons, plus le public se fait chaleureux, attentif. Pourtant le discours de la présidente avait eu quelque chose d'un peu artificiel et, pour tout dire, de parfaitement soviétique : « Les étudiants étudient avec courage et joie la belle littérature française. » L'ombre de Lénine, vous dis-je ! Mais ça n'a pas l'air de les gêner plus que ça, ce qu'ils veulent, c'est nous entendre, et montrer qu'ils maîtrisent suffisamment le français pour nous questionner. En les regardant, ce qui me frappe — comme dans les rues depuis le début de ce voyage — et finirait même par me gêner tant je suis habituée à autre chose, c'est l'incroyable homogénéité ethnique des visages. Rien que des Blancs aux joues roses, aux cheveux blonds ou châtain clair, à peine sur un ou deux visages des traits asiatiques sous des cheveux noirs. Rien à voir avec la France, où il est clair que l'intégration de ce que les Russes appellent des « populations allogènes » est en marche, où, plus ou moins paisiblement, une société nouvelle est en train de naître. Où en est la Russie ? On dit qu'à Moscou, depuis la guerre de Tchétchénie et avec celle de Géorgie, les cheveux noirs et les visages basanés des « Caucasiens » suscitent rejet et violence. (Dans les romans américains et les fiches de la police fédérale, caucasien veut dire blanc, on s'y perd.)

À Kazan, on me l'assurera : tout se passe bien entre Tatares et Russes.

... Qu'est-ce qu'écrire ? demande un étudiant. Est-ce que vous pouvez le dire, le définir ? Ah, ça ! Les réponses fusent : « Même quand on jette, on écrit », dit M. V. T. Ma propre définition de l'écrivain : un état plutôt qu'une action, une forme aiguë d'attention au monde, de vigilance. Comme celui d'un chat la nuit dans un jardin. Celle de F. F. : l'art comme chemin qui va de l'expérience sensible au sens. Je fais confiance aux traducteurs, j'espère qu'on nous comprend bien. En tout cas, nous nous comprenons parfaitement entre nous, le groupe (la fraction qui est là) est soudé sur l'essentiel. Pas de surestimation narcissique de l'acte d'écrire : c'est rare.

Dîner rapide avant de nous engouffrer dans le train, qui s'arrêtera à 6 heures du matin à Kazan. Première nuit à bord, enfin ! Après avoir introduit non sans mal la couverture repliée dans la housse, et fourré les grosses valises sous la banquette, nous abaissons le store. Nuit. Quand le train ralentit aux approches d'une gare, les lumières du quai font glisser une fine ligne brillante tout au long de la banquette et de son dossier, on entend des voix juste derrière la vitre froide. J'enfonce un peu plus mes boules Quiès, le train repart, je me rendors. Je ne sais presque rien de notre deuxième étape, Kazan est seulement pour moi la ville où a vécu et où a été arrêtée Evguenia Guinzbourg, la mère de Vassili Axionov, qu'A. V. m'avait fait connaître. J'essaie de me souvenir plus précisément de son livre, *Le Ciel de la Kolyma*, il va falloir que je le relise à mon retour. Me revient seulement cette anecdote : une vieille paysanne, arrêtée et condamnée comme « trotskiste », mot qu'elle ne connaît pas, répète : « Comment ça, traktiste ? Les bonnes femmes, chez nous, on les met pas sur des tracteurs ! »

Mais dors donc.

10 janvier 2011, pause

J'ai souvent le sentiment durant le voyage que la réalité extérieure est une pure illusion, une brume alors m'empêche parfois de marcher au milieu des autres comme dans un groupe de touristes insouciants, apaisés. Puis elle se dissipe. Tout est si vif, si présent, si nouveau ! Les bruits et l'odeur de métal de la gare, les visages, les corps des gens, si proches de nous et cependant si différents, les objets, les paquets ficelés, des soldats qui passent en petite troupe, le soleil, de petits drapeaux qui flottent sur un mât et les beaux caractères de la langue russe qui toujours m'émeuvent si profondément…

Mais à mon retour, mes lectures ne font que confirmer cette impression persistante : oui, derrière ce que nous avons vu toutes sortes de choses dangereuses, inquiétantes, se dissimulaient. Par exemple : est-ce qu'on nous a dit (mais pouvait-on nous le dire ? pourquoi nous l'aurait-on dit ?) qu'à une dizaine de kilomètres de Nijni Novgorod, il y avait la ville de Dzerjinsk, du nom du créateur de la Tcheka ? Et pourquoi a-t-on laissé son nom à la ville ? La ville ne vaut pas mieux que son nom : grand site de production d'armes chimiques du temps de l'URSS, donc fermée pour des raisons stratégiques aux visiteurs étrangers, capitale de l'industrie chimique, et l'une des villes les plus polluées d'Europe... On y a produit des gaz de combat durant toute la guerre et les déchets sont enterrés sur place. L'espérance de vie y est de quarante-deux ans pour les hommes et quarante-sept pour les femmes. (Je me souviens de la statue de Dzerjinski devant la Loubianka. Elle y était en 1989, en 1991, lors de mon voyage suivant, elle avait été déplacée. Une association rêve de la restaurer.)

Tout cela caché, tapi, enfoui, rayonne dans l'ombre d'une lumière maléfique. Le même soir de janvier 2011, je retrouve la même interrogation en reprenant la lecture des récits d'Evguenia Guinzbourg, *Le Vertige* et *Le Ciel de la Kolyma*, parus au Seuil en 1990, mais écrits beaucoup plus tôt, à partir de 1959. Citation de Guinzbourg : « Il n'est pas possible qu'une *chose semblable* soit liquidée *simplement* comme cela. » Justement. Cette « chose-là », ai-je pu savoir, durant ce voyage, ce qu'il en était advenu ? Liquidée ? Ou non ? Il aurait fallu parler longtemps avec une ou deux personnes, savoir mieux le russe, oser des questions. Que s'est-il passé ? Qu'en pensez-vous ? Qu'est-ce que vous allez faire de tout cela ? Est-ce que vous allez oublier ? Est-ce que c'est déjà fait ? Est-ce qu'on peut sans mémoire construire un monde nouveau, édifier une nouvelle vie sur l'oubli ? Sur l'oubli d'une chose aussi colossale, qui a concerné tant de gens, changé l'histoire du monde et duré si longtemps ?

Je n'y peux rien : l'histoire du communisme, de son triomphe, de sa chute, la nécessité de l'oubli, mais aussi le danger d'oublier, tout cela me taraude. Mais je ne peux imposer à personne l'ordre de mes propres préoccupations. Ni aux plus anciens, ni, encore moins, aux jeunes que je croise, les écouteurs aux oreilles, le portable à la main.

Innombrables sont ceux que cela dérange, irrite, ou laisse indifférents. J'imagine si je leur parlais de Staline, la tête que feraient les serveuses au petit derrière moulé portant leurs plateaux de bruschetta au Tiffany !

Janvier 2011... La nuit est déjà bien avancée, je poursuis ma lecture de Guinzbourg. De son livre, même au cœur des circonstances les plus affreuses, il émane la même lumière que des récits de Chalamov ou Soljenitsyne. La lumière d'une pensée qui ne cesse de s'exercer, de chercher à comprendre.

Dimanche 30 mai : Kazan

Me réveillant au cœur de la nuit, je me suis demandé si nous n'étions pas en train de traverser la république de Tchouvachie. C'est un pur hasard si je connais le nom de cette petite république sortie du Moyen Âge quand on y a découvert du pétrole, et si je la situe sur la carte, c'est à cause des récits du poète Guennadi Aïgui, que j'avais rencontré à Moscou en 1977. Descendant des Huns comme tous ceux de son village, poète et traducteur de Mallarmé en tchouvache ! Petite silhouette surmontée d'une chevelure en bataille, visage ravagé par l'alcool. Je me souviens de sa petite maison de bois aujourd'hui détruite. Il y vivait dans une grande pauvreté. Le chat mangeait des restes sur un journal, il y avait au mur un portrait de Baudelaire, nous buvions de la vodka et un beau garçon brun était sorti dans le jardin arracher des oignons pour accompagner la vodka. C'est son père, un instituteur tué en 1943, qui lui avait appris le français en lisant avec lui *Les Misérables*. Il est mort en 2006.

J'ai toujours chez moi un dessin à la plume qu'il m'avait offert, un portrait de femme au visage mélancolique, je ne suis jamais parvenue à déchiffrer le nom de son auteur. Je me rendors.

6 heures du matin : arrivée à Kazan. Nous ne sommes qu'à 720 kilomètres à l'est de Moscou mais c'est vraiment le chemin vers l'est qui commence. Kazan (littéralement « chaudron » ou « foyer » en langue tatare), au confluent de la Volga et de la Kazanka, capitale du Tatarstan, centre religieux musulman de Russie… Toutes les villes où nous allons nous arrêter ont une population importante, avoisinant ou dépassant le million, en contraste, sur le territoire sibérien (où nous ne sommes pas encore), avec les vastes étendues à peine peuplées que nous traverserons. Porte de l'est depuis des siècles, point d'arrêt imposé par Ivan le Terrible à la présence tatare, Kazan est au XIXe siècle une étape importante sur l'axe Berlin-Moscou-Ekaterinbourg en direction de l'Extrême-Orient russe. D'où la construction particulièrement rapide de la gare du Transsibérien : moins de deux ans (1895-1896). Vastes dimensions des halls, succession infinie d'escaliers, de nombreuses ouvertures, de grandes portes, les gares du Transsibérien, monumentales, massives, ornées, sont toutes de style différent. Celle de Nijni Novgorod est colorée dedans et dehors, ornée de fresques, de statues, de mosaïques. Celle de Kazan est un bâtiment tout en longueur, réparti en deux ailes symétriques de part et d'autre d'une partie centrale majestueuse, surmontée d'une tour carrée à coupole. Quelques rares ornements de couleur blanche rompent la monotonie éclatante de la brique rouge.

Chacune de nos arrivées prend dès notre descente sur le quai un aspect solennel, dramatisé, cependant joyeux ; l'orchestre se déchaîne dès que le train s'arrête. Passent rapidement des soldats des Forces spéciales, les Spetsnaz, qui n'ont pas un regard pour nous. L'orchestre continue, on nous présente le pain et le sel, ici un monticule caramélisé de céréales soufflées au sucre qui collent aux doigts. Un internaute leur donne le nom de « chekchek », et les compare à juste titre à des Rice Krispies. Derrière le groupe en costume traditionnel, composé de jeunes femmes, une grande affiche de Pepsi Cola, grand rival du Coca, tous deux honnis du temps de l'URSS. (Après 1991, la Russie en a été envahie, elle aussi soumise à la mondialisation des produits du marché américain : bientôt, comme l'Inde, et pour les mêmes raisons, elle va connaître une explosion des cas de diabète. Entre 1994 et 2005, le nombre d'obèses en Russie y est passé de 18 % à 23 % de la population. Et ce n'est sûrement pas dû seulement à l'abus de saucisson gras ou au manque de fruits — trop chers.)

Dans leur costume orné d'une collerette dorée particulièrement seyante (la coiffure est plus *cheap*), les jeunes femmes sont, elles, particulièrement minces, très belles. Leur air peu aimable me plaît bien plus que des sourires de commande. Tout voyage « officiel », même s'il n'est pas aussi marqué idéologiquement que dans les années trente, doit se plier à un ordre qui échappe à ses participants. Il est bien évident que cet accueil chaleureux, souvent plein d'humour, a été organisé par une de ces nouvelles agences de communication qui, un peu partout dans le monde, prennent en charge l'organisation d'« événements ». Accueil officiel, donc, mais rien à voir en tout cas, et c'est heureux, avec celui réservé, du temps de l'URSS, aux délégations d'« amis de l'Union soviétique »... À Gide et ses compagnons, par exemple, en 1936. Ou à Sartre et Beauvoir, dans les années soixante. Du temps de l'URSS, les voyages des « compagnons de route » étaient souvent des « voyages Potemkine » : tout était fait pour gommer les aspects négatifs du pays. Gide en a bien conscience. Dans son *Retour de l'URSS*, il décrit le très confortable wagon spécial, avec compartiment à couchettes et salon privé, qu'on leur a réservé pour se rendre à Ordjonikidze, l'ancien Vladikavkaz. Il ne leur est cependant pas possible de communiquer avec les autres voyageurs, de jeunes komsomols, avant l'intervention de leur accompagnateur. Gide pourtant brûle de faire leur connaissance... Mais est-ce que nous n'aurons pas de mal, nous aussi, un peu plus loin sur notre route, à faire passer des cigarettes à un groupe de jeunes soldats d'un wagon voisin ? Il nous faut longuement parlementer avec le sous-officier qui nous écarte impérieusement.

Les autres voyageurs cependant se montrent plutôt accueillants envers cette étrange équipée d'« écrivains français » à travers tout le territoire russe. On nous adresse des signes d'amitié, les enfants font le V de la victoire... Je me dis pourtant, à plusieurs reprises, qu'un tel voyage a quelque chose de choquant dans un pays où les difficultés économiques sont loin d'être résolues. C'était bien pire encore en 1936 : dans ses *Retouches à mon « Retour de l'URSS »*, Gide s'indigne du prix du moindre banquet qu'on leur offre : plus de 300 roubles par tête, quand un ouvrier n'en gagne pas 30 par mois ! Notre voyage aussi coûte cher et à plus d'une reprise, lors d'une rencontre, quelqu'un fait allusion à ce privilège sans réciprocité dont le gouvernement russe nous fait profiter.

Tout comme nous, malgré son extrême vigilance et l'acuité sans concession de son regard, Gide ne peut pas tout savoir : ce qu'on lui cache ou ce qu'il ne peut deviner est simplement sans commune mesure avec ce que nous vivons aujourd'hui... Quand il fait, quatre jours après son arrivée, l'éloge funèbre sur la place Rouge, il ignore tout des conditions exactes de la mort de Gorki. Encore moins évidemment peut-il deviner la mort violente qui attend le journaliste Mikhaïl Koltsov, chargé d'organiser son voyage : correspondant de la *Pravda* durant la guerre d'Espagne, Koltsov en est rappelé en 1938, est arrêté pour espionnage et activités antisoviétiques, fusillé en 1940 ou 1942, réhabilité après la mort de Staline. Répétition et monotonie tragiques ! Tels étaient les abîmes que côtoyaient Gide et les autres voyageurs de la mission française. La nôtre est moins risquée, en tout cas, notre délégation ne rencontre pas d'arêtes aussi vives de l'histoire. Mais elle côtoie sûrement d'autres abîmes. Le printemps, si printemps il y a, ce que je crois en Russie, est toujours une saison dangereuse, il ne fait pas oublier les blocs de glace énormes de la débâcle et que le temps du regel peut toujours revenir.

6 h 30. Comme à notre arrivée dans chaque ville, je suis frappée par l'ordre, la propreté des rues, leur air d'aisance. Il est vrai que, faute de temps, je m'aventure peu dans les faubourgs et les bas quartiers. Malgré l'heure matinale, les rues sont déjà sillonnées de grosses voitures, 4×4 et autres SUV : j'en ai rarement vu autant, d'aussi coûteuses, sur un aussi petit périmètre que dans ces villes russes.

L'hôtel Chaliapine où nous nous installons sur la rue Baouman est, dans sa partie la plus ancienne, de même facture que l'église de l'Épiphanie avec son grand clocher de briques rouges. Après avoir été un palace 1900, il était devenu l'hôtel Soviet ; tombé quasiment en ruine, il a été racheté en 2002 par une société privée, rénové pour un demi-milliard de roubles. Juste devant, une grande statue de Chaliapine et un peu sur la gauche, derrière un chantier, une coupole d'un or éclatant — et pas du tout « mielleux » comme l'écrit Cendrars, par une double impropriété (mielleux n'a jamais voulu dire « couleur miel » et « miel » n'est pas la couleur des coupoles orthodoxes…) De même, je suis gênée de le voir nommer « cunéiformes », par une autre impropriété choquante, les caractères de la langue russe. Nous voyageons sous le signe d'un poème que je n'aime pas beaucoup, et qui a beaucoup vieilli.

Statue de Chaliapine devant l'hôtel du même nom.

10 heures. Je n'ai sur Kazan que des idées vagues, sans doute fausses, puisque j'use de deux critères pour l'imaginer : sa distance de Moscou, qui me paraît très importante alors que 700 kilomètres ne sont rien dans le plus grand pays du monde, son peuplement, que je suppose presque uniquement tatar. Quant à mes lectures : les récits d'Evguenia Guinzbourg en font pour moi l'antichambre du goulag !

La ville, telle que je la découvre en 2010, ne correspond en rien à ces anticipations : même si aujourd'hui elle abrite une société à double culture, c'est d'abord une ville russe dans son fond, dans sa forme, dans son architecture, et même une ville européenne. Prenons garde toutefois, si nous sommes assez vigilants, à ne pas appeler « européennes » les marques d'une civilisation occidentale mondialisée : les publicités pour des smartphones, les clubs et cafés internet, une musique techno déboulant des magasins de fringues, nous avons appris à Prague ou à Budapest que ce n'est pas l'Europe, que c'est même l'exact opposé de l'« esprit européen ».

En tout cas, malgré beaucoup de visages au dessin asiatique, paupières tirées, cheveux très noirs, peau plus mate, Kazan n'est pas une ville « orientale » ou « tatare ». Tatar à presque 50 %, devenu en 1991 l'une des vingt et une républiques qui composent la fédération de Russie, après avoir été la « république de Tatarie », le Tatarstan est sur le plan politique un territoire mixte, mêlé, mélangé : accommodement séculaire succédant aux affrontements anciens avec le « khanat », du temps où la ville de Kazan symbolisait la séparation entre l'Occident et l'Orient. Les Tatars qui l'habitent depuis toujours ont été pendant longtemps des citoyens de seconde zone — dans leur vie quotidienne, dans leurs coutumes, dans l'opinion générale, leur langue n'étant que partiellement reconnue. Ne peut donc pas en avoir entièrement disparu la trace des affrontements autrefois guerriers qui s'y déroulèrent durant des siècles même si, depuis 1991, les revendications ethniques, religieuses, culturelles des Tatars ont été reconnues, ainsi que leur appartenance de droit à cette terre, de fait « colonisée » par les Russes.

Mais ce qu'on voit, ce sont en fait les résultats de la colonisation… Du reste, en Europe occidentale, en France, nous ne connaissons que ceux de ses enfants qui sont des Russes : Chaliapine, Axionov, ou Noureev. Et quand nous apprenons que la grande Akhmatova était, par sa grand-mère, d'origine tatare, nous nous étonnons. (Elle s'appelait en réalité Anna Andreïevna Gorenko. Akhmatova est le nom de sa grand-mère à qui elle fait dire dans un de ses poèmes : « Je n'aurais jamais dû être baptisée. »)

Nous nous installons rapidement et le bus nous emmène aussitôt vers le kremlin. Sur la colline où ses bâtiments s'étagent, blancs et massifs, masqués partiellement par une fortification sans ouvertures, il surgit comme dans un plan en noir et blanc d'Eisenstein. La vue violente de ses murailles est encore accentuée par la facture expressionniste du monument dressé sur l'esplanade, à la mémoire du résistant tatar, le poète Moussa Djalil, exécuté à Berlin, corps d'homme entouré de fil de fer barbelé.

Le temps de quelques photos et nous avançons en direction du kremlin. C'est le haut lieu, extrêmement symbolique, et raconté dans mille livres et films, du coup d'arrêt donné par la jeune puissance russe à l'ancienne puissance tatare. Telle est la ligne que nous n'avons pas encore franchie, mais que nous rencontrons aujourd'hui : non pas la barrière mythique de l'Oural, encore devant nous, et qui est censée marquer le passage de l'Europe à l'Asie, mais la barrière historique, culturelle, religieuse, qui a longtemps séparé l'Europe occidentale des confins orientaux d'une seule plaque continentale, l'Eurasie. Loin de moi le désir de réveiller d'anciennes querelles, encore moins de faire renaître un antagonisme civilisationnel entre ces deux mondes : mais on ne peut pas nier non plus qu'il ait existé et, plus encore, que l'Europe se soit définie en se distinguant de cet autre monde, en lui résistant, en lui opposant d'autres « valeurs ». Puis en colonisant à son tour le territoire d'où venaient ses envahisseurs. Là s'est jouée une part du destin de l'« Europe » : en garder la mémoire n'empêche pas de vouloir la définir autrement que par le réveil des anciens affrontements.

Entrée du kremlin de Kazan, monument à Moussa Djalil. On aperçoit à droite la tour de l'ancien fort.

— En tout cas Djalil, tout tatar qu'il était, n'en défendait pas moins les « valeurs » de l'Europe contre l'homme (Hitler) et le système (le nazisme) qui s'en réclamaient tout en les contredisant violemment ! Engagé volontaire dans l'Armée rouge en 1941, blessé en 1942, Djalil est fait prisonnier.

Enrôlé de force dans une légion de la Wehrmacht, il y organise un groupe de résistance antifasciste. Arrêté en août 1943, torturé, envoyé à la prison de Moabit à Berlin, il est guillotiné en août 44, à l'âge de trente-huit ans. C'est en prison qu'il a écrit ses *Cahiers de Moabit* (*Moabitckie tetradi*).

Le kremlin actuel a été édifié par Ivan le Terrible après sa victoire de 1552 et la destruction de l'ancienne forteresse, remplacée, on le voit au style de ses murailles, par une autre architecture militaire : quel décalage d'époque, quand on pense qu'en Europe occidentale, en France, en Italie, l'architecture civile et religieuse l'a déjà emporté sur l'architecture défensive. Que c'est en Italie le style du premier baroque, celui de la Contre-Réforme, celui à Rome de Saint-Louis-des-Français !

Au loin, devant nous, au-delà de la Volga, la grande plaine d'où venait la menace. Sur cet horizon qui ne présente aucun obstacle naturel, la ville de Kazan était pour les Russes la forteresse à prendre. Double symbole : celui d'une conquête pour les uns, les Russes, celui d'une défaite pour les autres, les Tatars. À Kazan, la « république des Tatars de la Volga », vaincue, est le premier territoire musulman annexé par la Russie. C'est ce que commémore à Moscou le grand jouet de bois peint qu'est la basilique de Basile-le-Bienheureux (que Napoléon, la découvrant en 1812, appelait « la mosquée »). Le khanat de Sibir est l'étape suivante : en 1582, le khan Koutchoum informé par ses tributaires de l'arrivée du Cosaque Iermak, l'homme d'Ivan le Terrible, envoie son fils Mahmetkoul tendre à l'envahisseur une embuscade en aval de la Toura. Iermak la déjoue : Koutchoum est vaincu. Il évacue Sibir et se replie dans les steppes de l'Ichim. Iermak s'installe dans la ville. Victoire provisoire, qui ne sera complète qu'en 1598 : Iermak a été assassiné en 1584.

Nous avons tendance aujourd'hui, et ce n'est que justice, à refuser le point de vue ethno- ou européocentré de l'histoire. On ne peut nier cependant ce qu'a été la victoire de 1552. Un pouvoir étranger a en effet pesé sur la Russie depuis la prise de Riazan en 1237 jusqu'au milieu du XVe siècle, quand les Mongols ont cédé la place aux Tatars. Et ensuite jusqu'à ce qu'Ivan le Terrible ait raison de ces derniers. Dans ce contexte, et parce que c'était le grand point de passage vers la Sibérie, Kazan a été durant trois siècles l'enjeu d'une lutte intense et impitoyable. Sur l'île de Sviajsk (où nous irons tout à l'heure) se trouve la forteresse d'où partit l'offensive contre le khanat en 1552. — Il est curieux d'observer que c'est sur la même île de Sviajsk que Trotski établira lui aussi une tête de pont de l'Armée rouge dans sa lutte contre les armées blanches...

Sur un photogramme tiré du film d'Eisenstein (j'en ai fait la couverture de l'un de mes livres), on voit Ivan le Terrible, sa longue et mince barbe recourbée accentuant son profil diabolique, surveiller la progression dans la plaine d'une longue colonne de soldats. Un étendard la précède, l'icône de la Sainte Face du Sauveur, un des avatars de l'image d'Éphèse, l'icône du Christ acheïropoïète, « non faite de main d'homme », directement imprimée sur le suaire... Dans l'Europe chrétienne d'alors, où la Russie représente le pôle byzantin face au pape de Rome mais surtout face à l'islam tatar, ces événements, ces conquêtes, l'établissement d'un pouvoir séculier aussi puissant que celui d'Ivan IV, dit le Terrible, se trouvent naturellement mêlés à la présence de symboles divins, telle cette icône, qu'il s'était réservée personnellement, ou telle cette autre, l'« icône miraculeuse de Notre-Dame-de-Kazan ».

Aujourd'hui encore, un site Internet nommé « Parlons

d'orthodoxie » n'a pas la moindre hésitation sur le rôle de l'intercession divine dans la victoire d'Ivan sur les Tatars : c'est leur bataille de Poitiers. Je ne résiste pas au plaisir d'en citer la prose guerrière, qu'aucun doute jamais n'a effleurée : « Sans nul doute, c'était la volonté de Dieu que la foi orthodoxe resplendisse sur la Russie après plusieurs siècles de sévices exercés par les Tatars sur les âmes de son peuple. Voilà pourquoi la campagne du Tsar Ivan le Terrible contre le royaume de Kazan fut bien moins une conquête territoriale qu'un triomphe religieux. Dans l'église de campagne, pendant la liturgie, à l'instant même où le diacre prononça les paroles : "Que soit soumis sous ses pieds tout ennemi et tout adversaire", la terre trembla et les bannières de l'église vacillèrent : les guerriers russes avaient fait exploser les murs de Kazan et pénétraient dans la ville. Ils se battirent comme des lions et le jour même ils prirent Kazan, capitale et rempart du royaume tatar. C'était la fête de la protection de la toute sainte Mère de Dieu. Ainsi se confirmait la foi inébranlable du peuple russe dans notre Mère céleste, la Mère de Dieu. Le Tsar Ivan considéra cette victoire comme un don de Dieu. Immédiatement après la prise de Kazan, il donna l'ordre de poser les fondations de la cathédrale principale, dédiée à la fête de l'Annonciation, pour la gloire de la Reine des cieux. Il précisa ensuite l'emplacement d'autres églises en divers endroits de la ville. Cela se passait en 1552. »

Ainsi commence une autre histoire miraculeuse — le miracle est selon certains un élément essentiel pour prouver la justesse d'une cause ! Poursuivons donc. Quelque temps a passé. En 1579, un incendie ravage Kazan. Bonne occasion pour la Reine des cieux de se manifester à nouveau : « Les musulmans en profitèrent pour répandre l'idée qu'il s'agissait là d'un jugement de Dieu contre les orthodoxes. Une petite fille de neuf ans, Matrona, eut alors une vision de la Mère de Dieu qui lui indiquait un endroit dans la ville où il fallait creuser pour trouver son icône. Les parents de l'enfant crurent à une fable mais la vision se répéta de manière terrifiante. Après cela, la petite fille dormant au milieu de la journée, elle se retrouva au milieu de la cour ; l'icône lui apparut en émettant des rayons menaçants, comme si elle allait la brûler. Une voix terrible en sortit et dit : si mes paroles ne sont pas rapportées, afin que mon icône soit sortie de terre, j'ai l'intention d'apparaître ailleurs. »

Quel temps ! Où les icônes parlaient ! Y a-t-il encore des Russes pour attacher du crédit à ce type de récit ? Sûrement... Car à la légende se mêle toujours de l'histoire, dans la mesure où les puissants ont compris l'avantage qu'ils pouvaient en tirer. D'Ivan à la Grande Catherine. Résumons-nous : apprenant la nouvelle, Ivan fait venir l'icône à Moscou, puis il la renvoie « richement ornée » à Kazan, dans le couvent spécialement fondé pour elle. Elle ne cesse d'être recouverte d'or, de pierres précieuses et de perles envoyés par le tsar puis, plus tard, de nouveaux revêtements furent faits par l'impératrice Catherine. Et tout « demeura calme dans cette partie de l'Orient ». Hélas ! dans la nuit du 29 juin 1904, quelques bandits pénètrent dans la cathédrale de Kazan et emportent l'icône miraculeuse. « Toute la Russie fut plongée dans l'affliction. »

Je n'ai pas trop bien compris les circonstances de sa réapparition et de sa restitution : toujours est-il que, le 28 août 2004, elle a été remise par le Vatican à la Russie. Ouf ! La Russie peut respirer et se reconstruire. Sous de bons auspices. Doubles d'ailleurs : car ne voulant pas être en reste, les Tatars ont entre-temps décidé d'édifier la plus grande mosquée d'Europe, la mosquée Kul Sharif.

On devine cependant qu'à cette version des faits d'autres versions s'opposent et que, pour l'avenir de la Russie, le règlement de la question musulmane se joue largement ici, à Kazan, avec une insistance politique non dissimulée. D'un côté, de manière récurrente, et en affirmant ne pas vouloir blesser la susceptibilité légitime des Tatars, des historiens rappellent l'importance du rôle d'Ivan dans la constitution d'une unité russe, précédant et préparant l'arrivée en 1613 de la dynastie des Romanov. De l'autre, les « Tatars » de Kazan, très chatouilleux sur l'histoire de leurs origines, relèvent les erreurs commises par l'historiographie russe officielle. Le royaume (« khanat ») qui sera détruit au XVIe siècle par le tsar Ivan le Terrible est en fait celui de la « Bulgarie volgienne », fondée au VIe siècle par des tribus bulgares venues de la mer d'Azov ayant adopté l'islam en 922.

Quoi qu'il en soit, après la chute du khanat (tatar ou bulgare de la Volga), la christianisation commence. Ivan fait détruire toutes les mosquées. C'est seulement de la Grande Catherine que viendra autorisation d'en construire de nouvelles.

Nous progressons lentement à l'intérieur du kremlin, le regard attiré par les coupoles et les minarets d'un bleu très vif de la grande mosquée Kul Sharif. Successions, destructions. Devant, le pavé est marqué par l'emplacement de l'ancien monastère dont le clocher a été détruit à l'époque soviétique. (Dans mon carnet, cette note : « Porte où Gorki a failli se suicider, quand il était apprenti boulanger. ») Une question me vient, que je me retiens de poser depuis le début et qui suscite quand enfin je la pose cette réponse… diplomatique de notre guide. Qu'en est-il aujourd'hui de la coexistence entre musulmans et orthodoxes. Excellente !

Point. J'insiste. Mais le réveil religieux ? (Je me fais l'avocat du diable.) Réponse : il est évident au Tatarstan, mais pas plus qu'ailleurs en Russie. (Vérification faite, c'est vrai : à peine 14 % de pratiquants, pas plus que chez les orthodoxes.) Le tout sur le fond d'un regret commun de l'époque soviétique. Donc rien à voir avec ce qui se passe en Tchétchénie, où les suites d'une guerre atroce se traduisent par une montée d'un islamisme radical ? Non, rien à voir ! Absolument rien ! Et la laïcité ? Je précise : à la française, séparation rigoureuse des Églises et de l'État, comment ça marche ? Cette fois, réponse évasive, embarrassée : vous savez, nous sortons d'une période qui était celle de l'athéisme d'État, alors. Je précise aussitôt que je ne l'approuve pas plus que ne le fait notre guide. Mais je voudrais en savoir plus. Cette fois, silence...

Par ma faute, notre guide et moi sommes restées un peu en arrière, le groupe s'est déjà un peu dispersé. Tout le monde se retrouve finalement devant la grande mosquée. Pour être grande, elle est grande. Il est vrai qu'il y a du terrain à reconquérir : en 1990, à l'époque de la perestroïka, il ne restait plus qu'une seule mosquée à Kazan. Il y en a aujourd'hui une cinquantaine, dont celle-ci, récemment édifiée au cœur même du symbole de la victoire russe, le kremlin fortifié de Kazan. Elle a été achevée en 2005, et nommée du nom de Kul Sharif, l'imam qui est mort en défendant la ville contre Ivan le Terrible. C'est dire. La mosquée est plus grande que la cathédrale de l'Annonciation construite, on l'a dit, pour commémorer la victoire d'Ivan le Terrible contre les Tatars. Je la regarde, j'essaie de la photographier. Avec ses huit minarets, elle entre difficilement dans le cadre. Malgré la profusion de marbre blanc de Tcheliabinsk, elle n'est pas vraiment belle, et il est clair que ses minarets, ne serait-ce que par leur couleur bleue, écrasent le reste du site... Symbole sur symbole, on étouffe un peu : la coupole extérieure ainsi que, à l'intérieur, celle du minbar (la chaire) rappellent la forme de la chapka des khans.

Toque tatare surmontant le minbar de la mosquée Kul Sharif.

Tout à l'extrémité du kremlin, la tour Soyembikè penche comme celle de Pise : d'après la légende, la princesse Soyembikè fut demandée en mariage par Ivan le Terrible après sa victoire. La tour, construite en moins de sept jours, condition posée par elle pour épouser Ivan, elle se précipita dans le vide... Je ne suis pas sûre d'avoir bien compris, mais j'en ai un peu assez des légendes, je me dirige vers le magasin de souvenirs où j'achète une ceinture rouge garnie de pièces dorées, dont je me fais un foulard de pionnier, heureux compromis russo-tatar, ainsi qu'un bonnet pour Kr. Nous retrouvons D.F. et F.F. qui sont allés voir une exposition des tableaux français de l'Ermitage, toujours dans l'enceinte du kremlin.

En sortant, un dernier regard à la fresque des compagnons de Djalil, avec leur beau visage de Tatars soviétisés.

Conclusion, tirée de ce que me dit encore notre guide et de ce que je lis à mon retour : le modèle du Tatarstan peut guider d'autres revendications, comme celles des Tatars de Saratov, et aussi de la république du Bachkortostan (ou Bachkirie ?). Peuplée à égalité de Russes et de non-Russes, c'est une des républiques les plus originales de Russie, et les Russes sont visiblement fiers de la présenter comme un modèle d'association réussie entre la Russie et les peuples allogènes, et de relever que son islam est un islam modéré. Différents facteurs sont ainsi officiellement mis en avant. Sur le plan des droits : tout à fait exceptionnels dans la fédération de Russie puisque la république du Tatarstan est considérée comme sujet de droit international et associée à la Russie sur la base d'un accord interétatique. Sur le plan de la langue : reconnue, enseignée, pratiquée selon le principe de la « souveraineté linguistique », liberté reconnue aux peuples et aux individus « de sauvegarder et de développer pleinement leur langue maternelle ».

Cependant, si l'on en croit Laisan Moukhariamov, de l'université de médecine d'État de Kazan, la mise en place de la « souveraineté linguistique » est très complexe et « le statut officiel de cette langue reste formellement déclaratif »... Je n'ai pas les éléments nécessaires pour trancher. Quoi qu'il en soit, on voit bien que, à l'heure où l'Europe est travaillée par des revendications identitaires, ethniques, religieuses, linguistiques, la Russie semble affronter des problèmes très proches des nôtres. Elle ne donne cependant jamais dans l'islamophobie qui parfois semble tenter d'autres États : l'émissaire du pouvoir russe au Moyen-Orient, expert de l'antiterrorisme, est en effet Evgueni Primakov, grand orientaliste, ancien haut responsable du KGB.

Déjeuner au « Village tatar » (*Tugan Avalym*), dans un petit bâtiment au sein d'un ensemble de maisons un peu artificiellement reconstitué. La salle est joyeusement décorée de motifs colorés, et pour une fois j'ai noté le menu : salade, soupe au poulet un peu trop grasse, manti (spécialité ouzbek) — sortes de pelmeni plus larges et farcis de viande épicée —, pâtisseries traditionnelles, et vin d'Espagne Jesus del Perdón.

À 14 h 30, nous nous divisons en plusieurs groupes, le plus petit, dont je suis, part pour la visite du musée Gabdullah Tuqaï. C'est dommage pour les autres, car c'est un de ces musées extraordinairement chaleureux où sont rassemblés des photographies, des tableaux, des objets, qui suffisent à donner une image vivante, presque douloureuse, de celui à qui il est consacré. En l'occurrence, un homme né en 1886, mort à vingt-sept ans de tuberculose, un poète issu du peuple tatar, attaché passionnément à la cause de sa langue et de sa culture. Je ne savais rien de lui, il m'est incroyablement proche aujourd'hui, peut-être aussi à cause du livre que H. N. m'a offert, où l'on voit deux photos de Tuqaï à peu d'années d'intervalle et qui disent sa double nature : sur la première il est coiffé d'une calotte tatare, sur l'autre, il porte une élégante chemise à rayures, le col serré dans une haute cravate « occidentale ». Au mur du musée, une autre image, qui serre le cœur : il est assis sur son lit, adossé à ses oreillers, émacié, le crâne tondu, et toute sa famille pose derrière lui, des hommes en costumes sombres, avec une expression accablée. Il y a déjà un air d'absence sur son visage. Mais malgré tout, il demeure pour moi assez énigmatique puisque je ne peux rien lire de lui, sinon ces quelques vers traduits par Akhmatova, dont voici le début : « Arrière, gel à la barbe blanche ! — *Sguin ! moroz beloborody* » (*Poème sur l'hiver*).

Le conservateur du musée lit des poèmes de Tuqaï devant le portrait de celui-ci.

Que m'évoquait, je l'avoue, pendant des années, le mot même de « tatar » ? Rien d'autre que des images de steppe et d'invasion — mongole ! La « grande » littérature russe ne nous aide guère, du reste : les Tatars y sont des cochers ou des bandits. Lorsque Evguenia Guinzbourg, en 1937, subit un de ses nombreux interrogatoires, on lui demande pourquoi, elle qui sait le français et l'allemand, elle a voulu apprendre le tatar, cette « langue sans finesse » ? Il n'y a que Gorki pour donner d'eux une image positive. « Ce qui me frappait surtout, c'était leur absence de méchanceté, leur inébranlable bonhomie, le ton attentif et sérieux de leurs rapports » (*Enfance*).

Rien que par le nom de son père, le mollah du village, on s'aventure dans les profondeurs d'une culture qui nous est largement étrangère. Le père de Gabdullah Tuqaï s'appelait Möxämmätğärif Möxämmätğälim ulı Tuqayıv — respectons la graphie, la figure des langues est à elle seule tout un monde, et n'oublions surtout pas d'*omettre* le point sur ce *i* typique des langues turques. On n'a évidemment aucune trace de ce moment-là, mais un tableau touchant, assez finement peint, le représente enfant, avec de grands yeux noirs, assis en chemise sur le seuil de la porte. Là, le drame, quotidien j'imagine à l'époque : à la mort de ses parents, il est confié à son grand-père Zinnätulla « qui était très pauvre » et qui, n'arrivant pas à nourrir ses propres enfants, charge un cocher de le conduire au marché de Kazan, le Peçän Bazaar (du nom de la mosquée actuellement nommée Nurullah), pour trouver quelqu'un qui l'adopterait.

C'est chose faite : en 1892, le garçon est pris en charge par un paysan du nom de Sagdi et envoyé au village de Kirlaï où il commence des études à l'école coranique — ce qui a pour résultat de le détourner de tout enseignement religieux. Il a treize ans quand on célèbre partout en Russie le centenaire de Pouchkine. La passion de la poésie le prend, mais sans lui faire oublier la langue et la culture tatares, réprimées ou ignorées de la Russie d'alors. Je regrette de ne pas avoir eu le temps de voir, devant les façades latérales du théâtre national d'opéra-ballet Moussa Djalil, les statues jumelles de Pouchkine et de Tuqaï sur des piédestaux en granit rouge de trois mètres de haut. Il n'est pas surprenant que Kazan ait particulièrement célébré l'anniversaire de Pouchkine : il y avait séjourné en septembre 1833, visitant la région dans le but de rencontrer des témoins oculaires concernant la révolte paysanne de Pougatchev (1773-1774) pour en raconter l'histoire (ce sera *La Fille du capitaine*). En 1906, Tuqaï écrit en l'honneur de Pouchkine son grand poème qui commence par ces mots : « Bravo, Alexandre Pouchkine, poète que rien ne surpasse ! »

Les débuts de Tuqaï passionnent, comme passionnent toujours l'éclosion d'un talent, d'un destin, mais aussi la prémonition de ce vers quoi la Russie doit nécessairement se diriger : la reconnaissance, sur son territoire et dans sa culture, d'une culture jusque-là négligée, méprisée, ignorée, et qui doit adopter les modèles dominants pour traduire une expérience différente. Dans les années de sa première jeunesse, Tuqaï fait divers métiers, cocher, typographe, rédacteur pour des périodiques, il commence à écrire des vers, tout en rejoignant temporairement la première troupe de théâtre tatare... Avec la révolution de 1905, les limitations qui frappent la langue tatare sont tombées et il devient possible d'écrire et de publier en tatar : Tuqaï, qui en sera le grand rénovateur, commence par fonder un journal. À l'époque, les opinions divergent violemment; l'extrême droite propose de déporter les Tatars vers l'Empire ottoman, l'islam traditionnel s'enferme dans le refus de la modernité et Tuqaï, qui se sent des sympathies socialistes, l'attaque de front. Il n'en continue pas moins, au contraire, de se consacrer à la culture tatare et tente de la faire émerger du néant : poète, critique littéraire, publiciste, traducteur, lecteur au

« Club oriental » (l'assemblée des marchands) et éditeur, il collecte la poésie populaire et s'en inspire, sans pour autant rejeter la culture russe. Pour se définir et définir son rôle, il écrit : « Si Pouchkine et Lermontov sont deux soleils qui brillent au firmament, alors je ne fais que réfléchir leur lumière comme le fait la Lune. »

« Aucun équivalent dans la littérature mondiale », dit sobrement de lui le conservateur de son petit musée. Il sera lu, estimé, célébré, traduit par les plus grands. Le régime soviétique mettra l'accent surtout sur sa poésie engagée, le Tatarstan d'aujourd'hui sur le réveil qu'on lui doit de la culture tatare. Nous sommes seuls dans le musée et, tout en écoutant les accents chantants de ses textes, je ne peux détacher mes yeux des terribles images de la fin, de son visage aux yeux creux. Son agonie a duré vingt-huit heures.

... Nous quittons rapidement le musée car, à 15 h 30, nous avons rendez-vous sur un bateau avec des journalistes et des écrivains de Kazan. Un dîner et un concert de musique tatare sont prévus à bord.

15 h 30, sur la Volga. Temps délicieux, vent léger et doux : le bateau offre de vastes rangées de tables et de bancs où nous prenons place.

Il y a dans ce type de promenade quelque chose qui donne envie de les prolonger pendant des jours : la fraîcheur de l'air, l'odeur de l'eau, le roulis du bateau et, par-delà les remous que fait la coque dans l'eau profonde et moirée, les rives qui se déroulent paisiblement : petits villages, maisons et cimetières, toits d'église peints en bleu. Enfin ! Enfin, la Russie profonde, *mat'Volga*, et au loin l'immensité de la terre russe, dans l'espace, dans le temps. La végétation est la plus belle de l'année, c'est celle de mai, foisonnante, fragile.

Pendant que l'un ou l'autre de nous répond à des questions, reçoit des petites plaquettes de vers d'un poète dont il retient mal le nom, F.F. s'est endormi au soleil : des jeunes filles viennent le photographier. Mais l'échange s'établit difficilement : je ne parviens pas à saisir ce qu'on attend de nous, ni à trouver, dans ce court laps de temps, les bonnes questions. Quelle est la situation de ces écrivains russes ? Sont-ils publiés ? Diffusés ? Comment les lit-on ? De quoi vivent-ils ? Rien de cela ne sera vraiment mis au jour, élucidé. Une espèce de vaste désillusion plane sur les propos, patiemment retraduits, de nos interlocuteurs.

Au débarcadère, des pêcheurs proposent des poissons, je voudrais avoir le temps d'en faire une soupe sur la rive même, dans un chaudron calé par des pierres au-dessus d'un feu de branches… J'aperçois quelques maisons en bois, anciennes, un peu déjetées, je rêve un moment de venir m'y installer et j'apprends avec douleur qu'un magnat du tourisme se propose d'y établir un genre de *resort* avec golf et installations de loisir. Il fait beau, doux, l'herbe est haute et verte, les branches déjà couvertes de petites feuilles pâles. Douceur du temps présent : mortelle douceur qui cache une destruction irrévocable, prévue, ou déjà en route, ou en cours d'achèvement.

Et, appelée au secours, la mémoire du temps révolu ne suggère que des images de violence, peu accordées au calme des lieux, si provisoire soit-il. Pourtant elle est nécessaire : pris entre un avenir incertain et un passé dont personne ne nous parle, le moment présent n'est qu'une fragile passerelle, sur quoi s'exercent de surcroît la pression et le formatage du « discours touristique ». D'où le travail qu'il faut faire après un voyage pour le compléter, le contredire parfois, et aussi pour s'y soustraire. Sur ce champ où des vaches broutent paisiblement devant une palissade bleue, Ivan le Terrible a établi son camp au milieu du XVIe siècle et Trotski disposé son artillerie dans ces journées de 1918 où Kazan était tombé aux mains de la Légion tchécoslovaque. Larissa Reissner, jeune communiste, combattante et agent de renseignements, compagne de Raskolnikov, commissaire politique sur la flottille de la Volga, a rapporté un reportage sur les événements de Sviajsk : « Avec Trotski, c'était le pathétique sacré de la lutte, mots et gestes rappelant les meilleures pages de la Grande Révolution française. » Kazan tombe, c'est le début de la défaite pour l'armée blanche. Nous la retrouverons dans sa fuite vers l'est, laissant ses cadavres sur les rives du Baïkal.

Un coup de vent balaie ces images, nous ramène à l'odeur des foins, au soleil éternellement jeune sur les petites maisons bancales, toutes de ce bleu russe passé, admirable, comme sur les clôtures, les tombes dans les cimetières, les murs des monastères. Dans une lettre à Flaubert, Tourgueniev en parle à propos de son manoir d'Orel (prononcer Ariol). Au loin, des coupoles ; silence, paix. Une paysanne donne à sa vache récalcitrante de grandes claques sur la croupe, un ivrogne dépenaillé vient à notre rencontre et nous croise sans un regard, c'est peut-être un « fou de dieu ». L'odeur du foin et de l'eau est partout. Tout au bout de l'île, une déception : désormais une route la raccorde à la terre ferme. Cependant il y a là un petit café, nous y prenons des bières au milieu de joyeux compagnons dont un pope, déjà très éméchés, qui mangent des brochettes. Une lumière mélancolique commence à descendre sur l'île, nous faisons demi-tour. Et nous remontons sur le bateau. Pendant notre promenade on a préparé les tables d'un vrai festin, poisson, vodka, et un petit groupe de musiciens et de danseurs se prépare.

Maintenant, l'eau file à pleine puissance, depuis les barrages, la Volga est moins dangereuse, mais bien plus large que du temps d'Alexandre Dumas. La musique nous enveloppe, rapidement nous oublions que c'est une composante tout à fait ordinaire d'un parcours touristique d'aujourd'hui. Le rythme, la qualité des voix, et cette nuit tombante, cette eau profonde qui change de couleur, devient grise, bleue puis vert bouteille... Les danses, le rituel chamanique sont saisissants. Je sais parfaitement aussi que je suis incapable de juger de leur authenticité, de leur vérité, mais les visages, leurs corps, ceux des garçons surtout, dégagent une telle énergie ! Plus tard, ayant repris leurs vêtements d'aujourd'hui, quelques-uns d'entre eux continuent de jouer et de chanter.

La perception de l'immensité qui nous entoure se fait de plus en plus prenante, jamais je ne l'avais encore ressentie à ce point, sauf parfois dans des lieux chargés d'une histoire profonde ou tragique, la place Saint-Pierre, la place Rouge. Mais jamais dans l'espace. L'immense, comme source inépuisable. Tous les Russes connaissent cela, Gorki en parle admirablement dans ses récits des débuts, *Foma Gordéïev*. Au deuxième chapitre du livre, Foma, encore petit garçon, accompagne son père, un riche marchand, sur la Volga. Il en reçoit une impression mystérieuse, ineffaçable : « Tout alentour est empreint de lenteur ; tout — la nature et les hommes — vit lourdement, paresseusement, mais on dirait que derrière cette paresse se cache une force énorme, une force invincible, quoique encore privée de conscience... » Plus tard, j'ai trouvé une citation de Marcel Conche, décrivant l'apeiron des Grecs, le « sans limites », comme l'*archè*, le commencement selon Anaximandre, « le fond d'où vient et où revient tout ce qui se déploie dans la lumière pour un temps ». Aujourd'hui, il me suffit de relire cette phrase pour retrouver ce puissant mouvement du bateau filant sur un fleuve qui file lui aussi. Je retrouverai quelque chose de semblable dans le compartiment du train, lorsque, en Sibérie, nous glisserons le long des fleuves ou à travers la taïga, tandis que s'ouvrent devant nous ces espaces sans frontières…

Et puis, comme on dit dans les livres, nous sommes légèrement gris, la nuit est presque tombée, et une lumière vient du fleuve chargé de remous électriques. Tout s'anime et nous rend heureux, chants, danses, livres, anecdotes, rires.

Lundi 31 mai : Kazan, suite

Beaucoup dormi. Au réveil, avec une sensation de fraîcheur et de joie, me reviennent des images du bateau, du fleuve, de la nuit sur l'eau, la belle émotion des voyages s'est durablement installée. Longue douche et shampooing. Quand je descends prendre le petit déjeuner, H. N., N., I. sont déjà là. Puis arrivent nos amis russes. Œufs, crêpes au saumon, petits pains, confiture.

J'ai un peu de temps, il fait très beau, même très chaud, je sors dans les rues piétonnes, tout de suite effarée par le niveau sonore qui y règne. De l'autre côté de la rue, le Goum est devenu un grand magasin d'aujourd'hui. Bruit infernal, chaque boutique émet à pleine puissance, toutes portes ouvertes. Cette violence affecte tout, je ne peux même plus regarder les façades, pourtant de belles maisons années vingt et trente. Toute identité s'efface dans un décor transnational, mondialisé. Tout se perd et se brouille dans des publicités pour des marques, des jeux vidéo, des vêtements. Mais qu'est-ce que je crois ? Qu'est-ce que j'attends ? Je le sais bien, pourtant, c'est cela, le monde d'aujourd'hui, que cela me plaise ou non, et la plupart du temps je l'accepte, au prix cependant d'un travail mental constant, de reviviscence du passé, de résurrection des images anciennes, qui dresse derrière tout ce que je vois comme un palimpseste mobile, fuyant. Mais ici je manque de connaissances historiques, je voudrais avoir plus d'images du Kazan d'autrefois, je manque cruellement de photographies de la Russie ancienne. Quelqu'un m'a parlé la veille du livre de Serge Prokudin-Gorskii, résultat d'une enquête commandée par Nicolas II dans toute la Russie. Je le cherche à mon retour. Son titre en anglais : *The empire that was Russia*. Il est introuvable mais, sur le site de la librairie du Congrès à Washington, je découvre une photographie en couleurs de la cathédrale de l'Assomption de Kazan — dans ses couleurs du début, rose, doré, pastel. C'est exactement ce dont j'avais besoin… Trop tard.

Je m'enfonce dans la ville pour retrouver un « petit buste de Goumiliev » qu'on m'a montré en passant hier. Quand je suis tout près je découvre cependant que ce n'est pas celui du poète, le mari d'Akhmatova, fusillé en 1921, mais celui de leur fils. L'histoire de ce buste est finalement intéressante elle aussi : on avait projeté d'installer là celui de Pierre le Grand, de deux mètres de haut, mais ç'a été très mal pris par les Tatars, pour qui c'est le « tsar génocidaire ». Deux siècles après Ivan le Terrible, Pierre le Grand avait en effet poursuivi sa politique de colonisation en soumettant les Tatars à toutes sortes de contributions. Catherine II fera de même, autorisant au passage quelques mosquées. Finalement, en lieu et place de Pierre le Grand, c'est le buste de Lev Goumiliev qu'on a posé sur une colonne, un buste d'une taille plus que modeste, à vrai dire, et au centre d'une placette à la forme géométrique hasardeuse. Les scénographies urbaines modernes, en Russie, sont assez surprenantes : des arbres artificiels, des sphères de marbre, des personnages de bronze dans des rues piétonnes…

Buste de Goumiliev.
Derrière lui on peut lire le mot « Koltso »,
nom aussi du boulevard. D'après Koltso, « Ring »,
« ceinture » ? Ou du nom d'Ivan Koltso,
bras droit du cosaque Iermak ?

Bon, ce buste d'un gros homme entre deux âges n'est pas celui que j'espérais, du poète fusillé à trente-cinq ans. Mais *felix culpa* ! mon erreur est une chance pour moi. Elle m'engage plus avant sur la piste où je tâtonne depuis le début : une réflexion sur la nature très particulière des rapports entre la population russe et les autres peuples. Historien et ethnologue, le fils de Nikolaï Goumiliev et d'Anna Akhmatova, est présenté à Kazan sous un angle étroitement nationaliste, comme un « grand défenseur du peuple tatar ». Qu'il a été. (Sur le piédestal de son monument, on peut lire ces mots : Я русский человек всю жизнь защищал татар от клеветы… « Moi, homme russe, j'ai toute ma vie défendu le

Tatar contre la calomnie… ») Mais il est bien davantage : il représente une antithèse à l'option « occidentaliste » à la Sakharov : un « atlantisme » déclaré qui l'a conduit à appuyer les initiatives séparatistes fatales à l'URSS. À l'opposé, Goumiliev avait élaboré une théorie historique nommée l'ethnogenèse, défendant l'idée que le salut de la Russie est dans l'« eurasisme » et qu'ainsi son alliance était naturelle avec des peuples non slaves. Et que son enracinement en Eurasie devait lui dicter les chemins de la puissance.

Européenne, la Russie ? Aux yeux de Goumiliev, eurasienne d'abord.

Fin de matinée : les étudiants. Expédiés. Car, après le déjeuner, nous devons nous ruer à un nouveau rendez-vous, cette fois avec la ministre de la Culture du Tatarstan. Assise à une longue table ornée de fleurs, je me crois revenue loin en arrière, à l'une de ces rencontres terriblement formelles des années soviétiques ou juste postsoviétiques. Par exemple, quand à Moscou de gros fonctionnaires en costume croisé m'avaient reçue dans un bureau datant des années trente, celui du comité éditorial de la revue *Drujba narodov*, « Amitié des peuples ». Peu d'écrivains français, dit la ministre, sont venus à Kazan depuis Alexandre Dumas. Cette allusion, liée à une somnolence postprandiale, me replonge immédiatement dans le souvenir de mon précédent voyage à Nijni Novgorod. Invitée à dîner avec la directrice du Centre culturel français de Moscou, j'avais essayé d'évoquer le voyage en Russie de quelques écrivains français – Dumas, Théophile Gautier – en réponse aux innombrables toasts que portait le maire, de plus en plus rouge, et qui semblait visiblement se moquer comme de l'an 40 de mes allusions littéraires… J'avais sûrement un peu abusé de la vodka, moi aussi, oubliant que « les dames » ne sont pas tenues de vider leur verre d'un trait et jouissent du privilège, à mes yeux très discriminant, de pouvoir en siroter seulement une petite gorgée. En arrivant pour une interview dans les locaux de la télévision, fort mal éclairés il faut le dire, j'ai raté la marche, et je me suis fait une entorse sévère. Le lendemain ma cheville était énorme, on m'a conduite à l'hôpital. La salle d'attente était bondée, un homme tenait sur ses genoux un enfant qui était « tombé dans le feu ». Sa tête avait doublé de volume, son corps était enveloppé de linges huileux, il ne bougeait même plus. Un médecin me reçoit tout de suite, me faisant passer devant tout le monde à ma grande honte : il me bande le pied d'une gaze qui ne maintient rien puis, sur un mot lancé à une infirmière, on m'apporte une béquille de bois brut. Cela me vaut, à notre retour à Moscou, une scène de roman (russe) : me voyant encombrée d'une valise sur le quai interminable, un porteur m'interpelle, me fait signe de m'étendre en me montrant le long chariot des bagages. Il a l'air sorti de Tolstoï, son pantalon est enfoncé dans des bottes et une ficelle tient son manteau serré autour de lui. Compassion russe : tous s'écartent pour nous laisser passer. De même, quelques jours plus tard, visitant justement la maison de Tolstoï, je suis suivie de pièce en pièce par une gardienne attendrie portant une chaise qu'elle m'offre à chacun de mes arrêts.

... Pendant ce temps le discours continue et la rencontre traîne un peu en longueur. Malgré le café, tous dorment un peu, quelques photos l'attestent, de visages méditatifs entre des bouquets de fleurs.

17 heures : la librairie Novii Knijnii (Livres nouveaux), bel espace rempli d'auditeurs sous sa coupole de verre. Je

prends place avec les autres, les comédiens commencent à lire en russe et en français des textes de nous. En face de moi, sur un rayon abondamment garni, « bizness » (en caractères cyrilliques) me refroidit un peu. La littérature aurait-elle en Russie le même statut, passablement dégradé, que chez nous ? Et les librairies ne survivraient-elles qu'en vendant des livres d'économie et de management ? Encore des questions que je n'ose pas poser, on nous regarde avec tant de curiosité, de bienveillance ! J'écoute poliment une question sur mes auteurs russes préférés, mais qu'est-ce qui me prend de citer le prophète Avvakoum ! Peut-être une réaction à l'agressif mot anglais juste sous mes yeux… L'interprète, une très jeune femme, sombre dans la confusion, en fait tout le ridicule est pour moi ; je renonce à m'expliquer. Que dire à son sujet, avec ces mots sous les yeux et dehors une ville restylisée par les nouveaux développeurs de la Russie ? Qu'il a été le dernier auteur de la Russie ancienne à s'exprimer en slavon et en russe ? Qu'il est, avec la boyarde Morozova, la référence ultime des « vieux-croyants » où que ce soit dans le monde ? Que sa résistance aux réformes ne céda ni à l'anathème ni à l'emprisonnement dans une fosse de glace et qu'il mourut brûlé vif ?

Je repars avec une brochure qu'on m'a offerte sur la jeunesse de Tolstoï à Kazan (en russe). Sur toutes les photographies, de rues, de maisons, de gens, on est en plein XIXe siècle européen, et même français (robes des femmes, redingote des hommes). Seul le port sur la Volga donne une idée de la Russie d'alors mais les Tatars ne figurent nulle part… Les Mémoires de Tolstoï donnent de son séjour une idée plus juste ; il voulut à un moment s'inscrire à la faculté des langues orientales mais, pour l'examen d'entrée, il fallait posséder des notions des langues arabe et turco-tatare, qu'on enseignait alors dans le premier lycée de Kazan. (Ce n'est pas dans cette brochure que je l'ai appris, mais chez son premier biographe, Paul Birukov, dans un livre publié en 1906, donc du vivant de Tolstoï. On peut y lire aussi que, suivant parallèlement des cours de droit, il se passionne pour la question de la peine de mort.) — Citant tout cela, je réponds six mois plus tard au vœu confus que je me faisais en allant dîner, quelques heures avant de reprendre le train : regardant autour de moi les bâtiments, les choses, les gens, toute cette Russie qui semble, comme les bourgeons au bout des branches noires, pressée d'apparaître, je me répétais : il faut engranger, engranger, même ce que tu ne comprends pas.

Derrière la vitre, un enfant me fait le signe de la victoire.
On lit « Cendrars » dans le reflet, à l'envers.

Gare de Kazan que nous allons quitter. Encore une fois, sur le quai, beaucoup de curiosité pour notre groupe. Je prends des photos d'un train qui part lui aussi pour la Sibérie : « Moskva-Irkoutsk ». Comme ce nom : Irkoutsk m'avait paru légendaire ! Quand Andrei, l'étudiant de Nijni Novgorod, m'avait dit qu'il y était né, je plaçais la ville bien plus au nord, peut-être à cause d'un écho avec « Iakoutes » et « Iakoutie ». Derrière une fenêtre du train, un enfant me fait le signe de la victoire. Je le photographie. Sa mère agite doucement la main. Une autre femme me sourit de toutes ses dents de devant en or.

Nuit du 31 mai au 1er juin : dans le train

Nous arrivons suffisamment tôt dans le train pour avoir le temps, avant de dormir, de passer de compartiment en compartiment échanger quelques commentaires sur notre journée. Partout on vous sert un petit verre de vodka dans le grand verre à thé hâtivement rincé. Puis nous restons silencieux, fatigués par la journée, nous laissant ballotter par le mouvement sans douceur des wagons. G. G. se plaint de la taille monumentale de sa valise. Je rejoins ensuite le groupe des fumeurs sur la plate-forme arrière du train d'où on a une pleine vue sur la voie. Le train roule à petite vitesse, nous nous enfonçons à reculons vers l'est, et le soleil en face de nous achève de descendre. Tout de suite, c'en est fini de la ville, on aborde de grandes étendues où l'herbe est épaisse, très verte. Quelques villages apparaissent sur le fond de forêts denses, uniformes ; les maisons sont de très pauvre apparence, presque misérables, couvertes généralement de tôles que de longues perches retiennent ; l'ensemble, malgré le feuillage luxuriant des arbres, produit une impression de désolation : encore est-ce le printemps. Mais l'hiver ? Quand la neige recouvre tout, qu'il fait nuit à 4 heures et que le plus proche village est à plusieurs dizaines de kilomètres ? Et ce n'est rien encore, nous n'avons pas franchi l'Oural : en Sibérie, la densité ne dépasse guère les 2 habitants au kilomètre carré. Autour d'Ekaterinbourg, notre prochaine étape, elle est de 22, mais tout se concentre dans les rares grandes villes. De quelle vie peut-on vivre dans ces villages, avec quelles ressources ? Quelles distractions ? Est-il vrai, comme je l'ai lu, que la campagne russe se vide, qu'on l'abandonne, que certains villages ne sont plus peuplés que de vieilles gens ? De vieilles femmes solitaires et acharnées, qui voient mourir l'un après l'autre leurs voisins, les maisons se fermer et les jardins envahis d'herbe jour après jour. Elles n'ont qu'une maigre retraite, que convoite le reste de leur famille, un fils poivrot, une fille abandonnée avec trois enfants. Je crois que c'est dans un film des années quatre-vingt-dix, *Dans ce pays-là*, qu'on voit une babouchka se munir d'une bûche au cas où : demain, on lui apporte sa retraite, le fils va rappliquer, on n'est jamais trop prudent…

Soudain, dans une claire lumière, une petite église de bois peinte en bleu, posée sur un champ vert vif, apporte au tableau un trait de gaieté bienvenu. En revenant dans mon compartiment, j'ai encore le temps de voir dans une courbe la suite interminable des wagons aux vitres illuminées par les derniers reflets rouges du soleil. Je m'installe, le dos calé par ma couette roulée en boule, j'envoie quelques SMS à Paris, j'écris dans mon carnet, bonheur. Bonheur absolu. Il est trop tôt encore pour dormir. Le train oscille doucement sur la voie. Chaque jour nous doublons la distance, d'abord 400, puis 700 kilomètres, puis 1 600 kilomètres de Moscou jusqu'à Ekaterinbourg, et pourtant nous n'avançons pas beaucoup. Quand, le matin, je vais dans le couloir vérifier sur ma carte la progression de notre caravane, je n'en reviens pas de voir la distance qui nous sépare encore de Vladivostok. Tchekhov, en route vers Sakhaline, heureux, épuisé : « J'avance, j'avance et n'en vois pas la fin. »

Mais moi qui voyage dans de tout autres conditions, je m'en réjouis. Oh ! que ce voyage dure toujours !

Mardi 1er juin, 8 heures. En fait, à l'heure d'Ekaterinbourg, il est déjà 10 heures. Durant la nuit, je me suis demandé à chaque réveil si nous avions passé déjà l'Oural et, sur cette question irrésolue, je me rendormais avec une joie profonde. Je déjeune avec D. F. et, laissant de côté les sprats au beurre, je bois du yaourt en grandes quantités.

... Lumière crue, assez blanche. Une grande plaine plate, alternativement steppe et forêt. Pas la moindre montagne. Oui, nous avons bien passé l'Oural sans nous en apercevoir. Je me redis : « Nous sommes sortis d'Europe. » Et cela décuple la joie du voyage. De même dans les années précédentes, quand je voyais la ligne brune de ces montagnes se dessiner sur le petit écran, je me disais : « nous quittons l'Europe » ou « nous voici de nouveau en Europe » (et même parfois : « me voici de retour chez moi » !). Et je me sentirai surprise et comblée en découvrant que, par un paradoxe étonnant, Ekaterinbourg est beaucoup moins « orientale » que Kazan : visiblement, plutôt un surgeon d'Europe « hors frontières »...

Ce paradoxe-là n'en est plus un pour moi aujourd'hui. Mais, en ce petit matin de juin 2010, mes anciennes convictions sont encore fortement enracinées et rien n'est venu encore les contredire expressément. Si j'ai deviné progressivement, durant le voyage, qu'à aucun moment la Russie, même en Sibérie, ne quittait l'espace civilisationnel de l'Europe, je n'en ai eu alors que de brefs aperçus, de plus en plus insistants. Mais l'Oural restait l'Oural. C'est à mon retour en France que cettc (faible) barrière géographique se révèle pour ce qu'elle est : une invention du géographe et cartographe officiel de Pierre le Grand, Vassili Tatischeff, à qui celui-ci avait confié en 1723 la mission de fixer la limite du continent européen. La ligne de crête des monts Oural fera l'affaire. Il y a en effet une montagne dans cette partie du continent, mais ce n'est pas l'Himalaya : elle ne dépasse jamais les 2 000 mètres, et aussi un fleuve, du même nom ; mais c'est par décret qu'ils ont été considérés comme la limite de l'Europe.

Un décret, une volonté impériale : tout en Russie, même la géographie, est soumis à l'histoire. Il s'agit pour Pierre le Grand de déclarer que la Russie appartient à l'Europe, ne serait-ce que partiellement. La faire entrer en Europe, c'est pour lui l'arracher à l'« Asie », symbole de retard et de stagnation, la faire participer presque de force au mouvement des idées, à la révolution scientifique, au développement technique, en gros à tout ce qui définit l'Europe à l'orée du XVIIIe siècle. Car l'Europe est une idée plus encore qu'un espace. (C'est dire au reste qu'une grande partie de l'« Europe » n'est pas forcément en Europe.)

Au demeurant, et pour longtemps, c'est cela que voudra dire le mot « Europe » : la « civilisation ». Voir ce mot d'un bourgeois, dans une nouvelle de Tchekhov : comme les chevaux n'arrivent pas au relais, et que les cochers sont ivres, « et ça se dit en Europe », soupire-t-il ! C'est autour de cela du reste que tournera le conflit entre « occidentalistes » et « slavophiles » : un conflit entre deux conceptions de l'histoire et du développement du pays, le choc entre un modèle importé et un modèle national.

… Mais, à ce moment et à cette heure de mon voyage, le présent d'Ekaterinbourg et surtout son passé (c'est là que le tsar et sa famille ont trouvé la mort) me retiennent bien davantage.

Mardi 1er juin, arrivée à Ekaterinbourg

14 heures : arrivée en gare d'Ekaterinbourg. C'est une arrivée impressionnante, si l'on songe à toute la charge symbolique dont est porteuse la ville qui, à l'époque soviétique, et jusqu'en 1991, s'est appelée Sverdlovsk, du nom du bolchevique, compagnon de Lénine, qui ordonna selon toute probabilité l'exécution de Nicolas II. Forte de 1 200 000 habitants, elle est située au cœur du complexe de mines et d'industries de l'Oural. Pendant plusieurs siècles, son nom a symbolisé le développement économique de la Russie.

Un tourbillon de musique et de gaieté nous entraîne dès que notre groupe apparaît aux portières des deux wagons qui nous sont réservés, nous empêchant momentanément de voir les bâtiments de la gare, très différents de ceux de la gare de Kazan, archaïques et « orientalisants » avec leurs briques rouge sombre. Ici, on est en pleine Europe du Nord, partout ces couleurs pastel présentes depuis l'époque de Pierre le Grand en Russie, et aussi en Suède, en Finlande : un vert très doux, des colonnes blanches, des soubassements ocre pâle. Au fronton, preuve que Tatischeff et Pierre le Grand sont toujours vivants, sous le mot *Voksal*, « Gare », un bandeau porte ces deux mots, de part et d'autre du nom de la ville : « Europe » à gauche, à droite « Asie ».

Au moment où le consul général nous accueille, à la surprise générale et sur un signe de son robuste chef, la fanfare militaire glisse sans transition d'un hymne plutôt martial à des airs de jazz. Puis lui-même et ses musiciens se jettent dans un sirtaki échevelé… Il paraît que les orchestres de la Marine britannique se livrent aux mêmes facéties.

15 heures : arrivée à l'hôtel Onéguine, Pouchkine (et Tchaïkovski) n'est jamais loin. Mais c'est bien la seule référence au passé : la modernité de ce grand bâtiment récemment restauré a quelque chose d'excessif, d'ostentatoire et de déplacé, car c'est une modernité sans style ni recherche : juste une accumulation de béton de grande hauteur. Coupé de balcons vitrés, le dernier étage forme une salle toute de verre avec une lumière trop vive qui fait mal aux yeux. On dirait une tour de contrôle ou la tourelle supérieure d'un paquebot de croisière… Ce qu'on aperçoit de la terrasse où

nous déjeunons est du même ordre ; des tours, des tours, du béton, des étages, du verre, du vide. Cette forêt de bâtiments neufs ou en chantier, sans aucune beauté, est probablement vide et à louer, un numéro de téléphone géant couvre en général tout le dernier étage. Ce style préfigure, j'en ai peur, celui qui va dominer la Russie de demain, comme ces affreux gratte-ciel de Pékin couronnés d'une pagode au toit retroussé, plantée sur le cent trentième étage ; Shanghai fait de même dans sa périphérie, et même pire, seuls les gratte-ciel du centre sont de facture originale et audacieuse. Je n'en ai pas vu en Russie. Même à Moscou — mais je n'ai pas tout vu. Cela dit, une ville qui ose planter sur ses quais un monument comme le *Pierre le Grand* de Tsereteli ne donne pas une haute idée du goût de ses édiles en matière d'architecture moderne…

Je m'oblige à observer une discipline quasi militaire : se reposer quand on le peut est impératif vu le rythme de nos journées. Je prends donc le temps de retourner à ma chambre et de dormir dix minutes, sommeil dont je me réveille parfaitement reposée. De ma chambre, dès que j'ouvre les rideaux, je vois des coupoles, je pense que c'est l'église de la Sainte-Trinité, mon petit guide dit qu'elle a été commanditée en 1818 par Iakim Riazanov, un riche marchand de rite vieux-croyant, achevée en 1839, consacrée en 1852 après le ralliement des vieux-croyants à l'Église orthodoxe officielle, détruite en 1920, et rebâtie à partir de 1999 ! Un pan de l'histoire de la Russie, en somme.

Au moment où (16 h 30) démarre la première visite collective de la ville, je décide d'y couper pour marcher seule en remontant vers le « quartier littéraire ». Il m'a semblé que c'était tout près, qu'on devait y arriver rapidement en suivant les berges d'un canal. E.K., bien que chargée d'une caméra, décide de m'accompagner. Mais j'ai mal mesuré les dimensions de la ville, la rue s'allonge désespérément, il fait chaud, pas un taxi en vue. Un 4×4 s'arrête par bonheur près de nous. À bord, deux femmes, souriantes, volubiles, qui nous conduisent sans nous demander notre avis au site de la cathédrale Sur-le-Sang-Versé consacrée à la mémoire de Nicolas II : des touristes étrangers, pensent-elles sûrement, ne viennent à Ekaterinbourg que pour ça. Je les remercie dans un russe plus qu'approximatif.

Devant l'église, une petite foule, des stands d'objets pieux et, sur l'esplanade, d'immenses portraits photographiques de l'empereur et de sa famille… Nous sommes en retard, et je le regrette : la visite du « quartier littéraire » tout proche est terminée. Je ne verrai pas l'ensemble de maisons de bois du XIXe siècle où vécurent des auteurs que je n'ai pas lus, comme Mamin-Sibiriak (c'était un ami de Tchekhov, des photos les montrent ensemble) ou Rechetnikov. Il est l'heure en effet de retrouver le groupe au théâtre Kamerny… Il fait toujours aussi beau. Devant l'entrée, un poète m'aborde, me donne une plaquette de ses vers, puis il me montre les constructions qui s'élèvent partout. Il a vu que je ne comprenais presque rien et il essaie l'allemand : seule une « mince couche » de la population, dit-il (j'ai distinctement entendu le mot *dünn*), profite de l'amélioration de la vie en Russie.

Sur le dépliant qu'on me donne à l'entrée, uniquement des photographies d'acteur, au milieu de médaillons Art déco. Tous sont dans leur costume de scène, des vêtements élégants du XIXe siècle ou du début du XXe. Les femmes, on aurait dû leur dire de ne pas le faire, penchent toutes la tête mignardement de côté, tantôt à droite, tantôt à gauche, et les hommes portent l'uniforme assez bien, mais chapeaux mous et lavallières donnent à certains des airs de vieux rapins. On projette d'abord un film sans beaucoup d'intérêt sur Cendrars, puis, comme à chaque fois, on passe à la lecture de nos textes en français et en russe. Je viens d'apprendre qu'aujourd'hui Voznessenski vient de mourir, et je suggère à nos amis comédiens, J. et S., d'improviser, en hommage franco-russe au poète, une lecture en russe puis en français. Le public paraît touché : parce que Voznessenski est bien, selon les mots de Victor Ierofeiev, l'homme qui a « fait sortir la parole russe de la prison soviétique » ? ou parce que nous participons à ce qui peut les toucher ou tout simplement leur appartient ?

…

Dîner au Kamerny assez moyen, mais racheté par la claire lumière de la salle, et un orchestre de balalaïkas. Petit défaut : juste du kvas. Sur nos protestations, vers la fin, du vin nous est servi, il est franchement imbuvable. D. F. et F. F. ont bien fait d'aller à l'opéra. Toute cette journée, je le pressens, n'est consacrée qu'à des amusements : c'est demain que s'ouvrira la grande scène, celle du destin incroyable de la ville d'Ekaterinbourg.

Mercredi 2 juin : seconde journée à Ekaterinbourg

Dormi, bien, mais insuffisamment. Je me réveille dans une humeur médiocre, mais c'est aussi que l'hôtel est décidément peu sympathique et le personnel revêche. Quelques membres du groupe déjeunent dans la lumière trop vive de la grande salle à manger aussi gaie qu'un hall d'aéroport. Tout me paraît mesquin : seul un amer café soluble est servi avec le petit déjeuner, le vrai, à peine meilleur du reste, est en supplément !

Mais ce coup de fatigue au réveil ne tardera pas à se dissiper avec le désir que j'ai de commencer la visite de la ville. Les questions se bousculent dans ma tête à mesure que l'impatience croît. A-t-elle bien été fondée par Vassili Tatischeff, le géographe de Pierre le Grand, l'inventeur de l'Oural ? D'où son nom, d'après celui de l'impératrice Catherine qui devait régner deux ans sous le nom de Catherine Ire. Est-elle sur la frontière Europe/Asie ? Est-elle elle-même une frontière, entre le passé et le présent de la Russie ? Est-elle seulement un symbole, celui de l'industrialisation de l'Oural, des années de la guerre civile, du choc entre l'Armée rouge et les armées blanches ? Le lieu prédestiné où devait avoir lieu l'assassinat des derniers Romanov ? Mais Ekaterinbourg n'est-elle pas aussi la capitale de l'utopie, celle du constructivisme russe ? Cela a-t-il un lien ?

Et surtout : aurons-nous le temps de tout voir ? De tout comprendre ?

D'où mon exaspération quand à 9 h 30 — alors que nos guides sont là, des historiens, professeurs au français parfait —, deux ou trois de nos amis manquent à l'appel, peut-être pour avoir fêté la beauté de la nuit russe au printemps... Le temps passe, toujours rien. Je me sens gênée pour les Russes qui nous prennent entièrement en charge et qui font des prodiges d'accueil et d'organisation, je m'en ouvre à nos interprètes et, sur leur sollicitation discrète, à l'arrivée des retardataires, je me fends d'un petit rappel à l'ordre dont j'exagère la sévérité, et qui me vaut la gratitude des organisateurs... Cela ne se reproduira pas, heureusement. Je ne voudrais pas avoir à faire trop souvent la *zeleznaia lady*, « la dame de fer », traduction russe du surnom de Margaret Thatcher.

Enfin, nous voilà partis, et ce nœud extraordinaire d'événements, de circonstances, de coïncidences, de hasards, va enfin se nouer et se dénouer devant nous... Grâce à nos guides, à leur compétence, à leur humour, la visite d'Ekaterinbourg sera un des moments les plus forts de ce voyage. Toute l'histoire de la ville est extraordinaire, on le comprend tout de suite, avant même d'avoir établi les liens qui s'imposent, depuis sa fondation jusqu'à la présence de Boris Eltsine (à la tête du Parti en 1977 dans l'oblast de Sverdlovsk) qui ordonnera la démolition de la villa Ipatiev où furent massacrés, en juillet 1918, le tsar et sa famille ! Pour éviter que l'endroit ne devienne un lieu de culte : on ne peut pas dire qu'il y soit parvenu...

Sur le moment, bien sûr, je ne sais rien encore, je suis seulement en proie à une espèce d'effervescence intérieure, une émotion constante, brouillonne : quelque chose en moi *n'en revient pas* d'être là, où des choses si grandes, si horribles peut-être, mais si décisives, se sont passées. Il est clair que nos guides ne tiennent pas à mettre au début de notre visite, ni peut-être non plus en son centre, le lieu de la mort du tsar, et cependant il n'est pas moins clair que, pour tous, l'exécution du tsar est l'événement majeur, le moment où l'histoire russe a pris un nouveau cours. Et quand tout se décante, quelques mois après ce voyage, je n'hésite donc pas : tout me conduit, en mêlant mes lectures postérieures aux notes que j'ai prises en écoutant nos guides, à raconter l'histoire d'Ekaterinbourg depuis ses débuts comme un chemin qui mène inévitablement à la mort du tsar. Elle ne pouvait avoir lieu ailleurs, j'en ai maintenant la conviction.

Il s'est en effet produit en 1918 comme la précipitation chimique de deux substances particulièrement actives, agissantes : la présence d'une riche corporation de gros marchands vieux-croyants, traditionnellement hostiles au tsar, et celle d'une section bolchevique particulièrement dure, née au sein d'un contingent énorme d'ouvriers… Leurs « intérêts objectifs » sont communs. Bolcheviques et vieux-croyants, au départ si éloignés dans l'histoire russe, c'est à Ekaterinbourg qu'ils vont se rejoindre pour l'action la plus déterminée et la plus symbolique : la mort du tsar. Les marchands vieux-croyants ont gardé en effet la tradition plus ancienne d'un esprit de révolte contre le pouvoir central : c'est du district voisin de Perliouba qu'est partie, au temps de la Grande Catherine, la révolte de Pougatchev, et des insurrections paysannes contre le pouvoir soviétique auront lieu dans le même district en 1918 et 1919. Cette conjonction ne laissera aucune chance au tsar.

Commençons donc par le commencement : l'industrialisation de l'Oural, au lendemain de la victoire d'Ivan sur le khanat de Kazan. D'immenses gisements de sel et d'étain sont mis en exploitation et les premières fonderies sont créées. En 1558, Ivan concède à la famille Stroganov l'exploitation du versant oriental de l'Oural, à condition qu'elle assure la défense de la région contre les attaques des Tatars retranchés à l'est de l'Oural. C'est alors que se passe l'épisode tumultueux de la conquête du khanat de Sibir. Mais c'est sous Pierre Ier que débute la première véritable industrialisation de l'Oural. « La destruction entre 1581 et 1598 du modeste khanat de Sibir ne fut bien entendu que l'étape initiale de la conquête par la Moscovie, puis par le nouvel empire de Russie fondé par Pierre Ier au début du XVIIIe siècle, de la "Sibérie" au sens moderne du terme, c'est-à-dire des immenses territoires entre l'Oural et le Pacifique », écrit Iaroslav Lebedynsky dans *Les Cosaques de la société de guerriers à la caste militaire*. Moderne et industrialisé, l'Oural devient ainsi le synonyme d'Europe : Akinfi Demidoff y ouvre fonderies d'aciers et manufactures d'armes, il exploite des mines de fer et de cuivre dans l'Oural mais aussi en Sibérie occidentale, des mines d'or et d'argent dans l'Altaï, ainsi que des mines de pierres précieuses et semi-précieuses. À la fin de sa vie, il était considéré comme l'homme le plus riche de Russie après le tsar. (En France, son nom est connu parce que son arrière-petit-fils épousera la princesse Mathilde, fille du plus jeune frère de Napoléon, Jérôme).

De siècle en siècle, l'industrialisation se développe et, quand les bolcheviques y prennent le pouvoir, c'est pour faire advenir la nouvelle réalité du « socialisme » : non pas une société plus humaine et plus juste, mais un pays plus puissant. L'Oural redevient le symbole de la modernité, par l'alliance de la révolution et du machinisme… C'est alors que, en 1918, a lieu cette rencontre « objective » avec les marchands et industriels vieux-croyants… Probablement influencée par le livre de Peskov *Ermites dans la taïga*, l'histoire de cette famille de vieux-croyants découverts en 1978 par une expédition de géologues après un exil de quarante ans loin du monde, je m'étais méprise sur la nature du « raskol » et de ceux qui avaient vécu ce schisme. J'avais les yeux fixés sur cette famille en commençant ce voyage, je m'imaginais traverser la Sibérie de part en part pour me rapprocher le plus possible du lieu où vit la dernière survivante, Agafia Karpovna : et c'est du reste ce que j'ai fait, cherchant avidement sur la carte la rivière nommée Abakan jusqu'à ce que je la découvre à 300 kilomètres de Krasnoïarsk. Quelqu'un du groupe, que j'avais mis dans la confidence, a crié « Agafia, Danièle arrive ! » lorsque nous y sommes passés, et, à Krasnoïarsk, on m'a apporté des pommes de cèdre, sa principale nourriture…

Mais j'avais eu tort de réduire ainsi les vieux-croyants à l'image de paysans réfractaires, d'ermites conservateurs des anciens rites, de les imaginer vivant uniquement dans le monde rural, et sur un mode très archaïque, hostile à toute forme de technique. Un peu comme les quakers, rejetant les objets ouvrés, le métal, et même des pots en verre pour y mettre du miel. Or, nos guides nous l'apprennent, le raskol, le « schisme religieux », a joué un grand rôle dans l'industrialisation de la Russie. En fait, et en Russie, celui des protestants décrits par Max Weber. Leurs qualités et leurs pratiques (sobriété, rigueur de mœurs) relèvent aussi de cet « esprit du capitalisme ». Pierre Kovalevsky écrit dans les *Archives des sciences sociales des religions* : « Il y a dans le développement industriel des causes qui découlent directement de la structure sociale du “Raskol” […] Il a rassemblé dès le début les éléments les plus forts et les plus actifs de la nation qui, malgré leur conservatisme et leur méfiance envers les nouveautés, savent s’y adapter, quand il ne s’agit pas de la foi. »

Émigrés dès le début dans l’Oural, ils se sont ainsi retrouvés à la pointe de l’industrialisation au début du régime communiste. Et de nouveau après l’assassinat du tsar à Ekaterinbourg qui relance les investissements en Oural par un second plan quinquennal (1933-1937). Je cite l’article de Hugo Natowicz (RIA Novosti, en ligne) : « Versailles ouvrier et Chicago russe ». C’est précisément dans cette ville entachée de sang impérial que le pouvoir décide dans les années trente de créer l’« usine des usines », le site de construction de machines Ouralmach. (Aujourd’hui réduit à un état quasi fantomatique.) Des ouvriers européens et chinois sont alors intégrés à ce projet de prestige, vitrine du socialisme. Fer de lance de l’industrie russe, le quartier d’Ouralmach est une sorte de Versailles ouvrier, dit H. N., l’usine de style constructiviste remplaçant le palais de Louis XIV. Le plan est des plus classiques, les rues convergeant sur la statue de Sergo Ordjonikidze, chargé de l’industrie lourde sous Staline.

Deux grandes actions, engagées successivement en 1928 et 1930, illustreront la politique nouvelle que l’on nommera par la suite stalinisme : le premier plan quinquennal et la création du goulag. L’objectif des plans quinquennaux est de rattraper l’immense retard économique de l’URSS ; l’industrialisation doit se faire à marche forcée. La NEP (nouvelle politique économique) est supprimée et l’agriculture doit accepter une profonde réforme : la collectivisation de masse. Pour permettre à l’industrie de se développer Staline impose de nouvelles charges au monde paysan. Mais les kolkhozes, immenses fermes d’État, sont perçus comme un nouveau servage. Les paysans sont assimilés aux ennemis de la révolution et donc du peuple. On invente ainsi la catégorie des « koulaks », de prétendus paysans enrichis, qui sont déportés et assassinés par milliers. À quoi s'ajoute la grande famine de 1932-1933. Staline, au courant de la situation, ne renonce pas, et la paysannerie se soumet.

Industrie lourde et goulag vont de pair : dans les années trente, Ekaterinbourg fut le point de passage le plus important pour les prisonniers du goulag en transit vers la Sibérie et l'Extrême-Orient. Il y avait des camps dans toute la région. Le double processus ne s'arrête pas avec la Seconde Guerre mondiale, bien au contraire : la région est utilisée comme base de repli pour les industries stratégiques. Et l'industrialisation reprend ensuite de plus belle. Le goulag non plus ne s'arrête pas : de 1942 à 1956, donc après la mort de Staline, des prisonniers de guerre étrangers de la Seconde Guerre mondiale sont enfermés dans les camps du moyen Oural.

Statue de Sergo Ordjonikidze.

… Soleil, courte promenade à pied, arrêt devant la statue de Sergo Ordjonikidze, au carrefour de trois rues : rue de la Culture, rue Ordjonikidze, rue Vladimir Ilitch. Sa présence ici s'impose, l'ampleur de son geste le souligne. Destin typique de l'époque, jusque dans sa conclusion tragique, celui de cet homme à qui Staline confie la charge d'intensifier l'industrialisation de l'Oural. Géorgien comme Staline, Grigori Konstantinovitch Ordjonikidze, dit Sergo Ordjonikidze, instaurateur du pouvoir soviétique en Azerbaïdjan, en Arménie et en Géorgie entre 1920 et 1921, devient premier secrétaire du Parti pour la Transcaucasie de 1922 à 1926, en 1930 membre du bureau politique, ministre de l'Industrie lourde en 1932. Il se suicide en 1937, juste avant le plénum qui devait le condamner. À moins qu'il n'ait été exécuté par le NKVD. Mort demeurée mystérieuse : le médecin légiste, le docteur Kaminsky, qui délivra le certificat de décès attestant le suicide, fut lui-même arrêté et exécuté peu de temps après. Dans ces années-là, plus de dix mille spécialistes furent exécutés. On le voit, le front de la bataille industrielle ne fut pas plus épargné que l'armée, elle-même victime dans les mêmes temps de purges qui devaient la trouver considérablement affaiblie lors du déclenchement en 1941 de l'offensive allemande. Membre du cercle le plus rapproché, Ordjonikidze s'opposait précisément aux « liquidations de saboteurs » qu'il jugeait contre-productives.

On a du mal en effet à comprendre aujourd'hui, outre son horreur, cette politique qui affaiblissait l'Union soviétique au lieu de la renforcer.

Nous reprenons notre visite. Il doit s'intéresser assez peu à l'histoire du communisme en Russie, le journaliste qui écrivait dans un article récent de *Libération* : « À part l'assassinat du tsar et une architecture fonctionnelle assez laide, la ville ne présente aucun intérêt. » L'industrialisation et le développement d'Ekaterinbourg dans le début des années trente offrent à la ville l'occasion de s'ouvrir à une expérimentation unique, en grande largeur : l'édification de nouveaux bâtiments, industriels, administratifs, de logements par quartiers entiers selon les règles de l'architecture constructiviste. Pur produit de l'alliance révolution/machinisme/modernisme. C'est ce qu'Aragon avait bien compris en écrivant *Hourra l'Oural*, après un voyage en 1932. Pierre Unik, qui en même temps que lui avait rompu avec le mouvement surréaliste pour s'inscrire au Parti communiste, définit ainsi le livre : « *Hourra l'Oural*, c'est l'hymne de la lutte révolutionnaire et de la montée socialiste. » « L'avenir à chaque instant presse/le présent d'être un souvenir. » Oui, ces vers conviennent parfaitement à la « capitale de l'utopie ». Utopie aujourd'hui déchue dans une ville à la lente reconstruction.

Plus de 140 bâtiments ont été conservés, dont un quartier entier, né entre 1930 et 1934. Ce qui est frappant, dans l'architecture constructiviste, du Bauhaus à Le Corbusier, c'est à quel point elle rejoint l'éthique et l'idéologie du « soviétisme » : exalter la capacité humaine à combattre la « nature » et bannir, dans un effort de nouveauté absolue, les traces de l'histoire — le pays lui-même et ses villes sont rebaptisés. Mais les architectes aussi entrent dans ce jeu : les angles des bâtiments doivent être vitrés sur leurs deux côtés, ce qui oblige à y insérer un poutrage métallique invisible. (Cela dit, Staline n'appréciait pas vraiment ce style marqué par l'absence de toute pompe décorative : il fit ainsi modifier la façade de l'hôtel de ville pour y ajouter une rangée de colonnes à l'antique.)

Ekaterinbourg, château d'eau « Ouralmach ».

Autre exemple à Ekaterinbourg de ce défi aux lois de la nature : le château d'eau. Ne reposant que sur trois pieds, il finit par s'écrouler, faisant de nombreuses victimes. Noyées dans l'accident — ou fusillées pour sabotage. On lui a adjoint un pied de soutien mais il est abandonné. Pensant au « suicide forcé » d'Ordjonikidze, je me dis : « Même la mort ne pouvait être naturelle ! » (Nadejda Mandelstam développe ce thème dans ses Mémoires : où est l'époque bénie où on pouvait apprendre que quelqu'un était « mort de maladie » !) L'ancien Club Staline, de pur style constructiviste, assez dégradé, abrite aujourd'hui un club de vieux et au rez-de-chaussée une petite échoppe de cordonnerie, *Remont obuvi,* « Réparation de chaussures ». Mais il faut espérer qu'on le restaurera. Car du constructivisme, il a tous les traits : les grandes baies vitrées aux angles des façades et, à l'intérieur, un agencement années trente, avec fresques, émaux dans l'escalier, couloirs décorés, luminaires. Il y a quelque chose d'intensément mélancolique dans le bruit de nos pas le long des grands couloirs vides. La vaste salle de l'étage est ornée de portraits restés en place, seul celui de Staline a disparu. Une fresque montre les grands ordres, dont l'ordre Pobieda (La Victoire), orné de diamants, que seule une dizaine de Soviétiques a reçu.

En bas des marches au tranchant usé, je me retourne vers le bâtiment. Sur le fronton, les mots « Club Staline », soigneusement effacés, réapparaissent, dit-on, avec la pluie.

C'est à Ekaterinbourg sûrement qu'on comprend le mieux que la formule « dominer la nature » est la clef, le moteur secret de l'édification du socialisme. Dans toute la ville, on est hanté par cette idée, ses manifestations concrètes dans l'industrialisation et l'architecture, et par sa ruine. Ce mouvement traverse et entraîne tout ; il va bien au-delà de la formule de Descartes à quoi on veut aujourd'hui le ramener (se faire comme « le maître et le possesseur de la nature ».) Les paysans eux-mêmes en seront victimes en Russie, comme ils l'ont été lors de la Révolution française, et même au cours de la révolution chinoise, pourtant faite prétendument en leur nom. Parce qu'ils y sont réputés hostiles, conservateurs dans l'âme, liés à l'ancien ordre des choses (notamment aux religions).

Présent dès le début du XXe siècle dans le futurisme, tant italien que russe, ce mouvement est repris en URSS à partir de 1923, dans les déclarations des cercles futuristes, du LEF (Front de gauche) et de Maïakovski : enthousiasme pour la civilisation des machines, enthousiasme pour le progrès technique, volonté d'organiser la vie de la Russie postrévolutionnaire, et notamment culturelle, d'après des principes rationnels. Vitesse, technique, modernité. La politique d'industrialisation des années trente s'en empare, mais l'esprit de rivalité dans la course à la puissance l'emporte largement sur les utopies sociales et culturelles d'un développement tourné vers le bien-être des masses… L'URSS en sera durablement marquée, jusqu'à l'aberration. Ainsi, chez Lyssenko, la pratique de la vernalisation qui devrait permettre de transformer des blés d'hiver en blés de printemps en les soumettant à de basses températures. Ou plus tard, au nom du « mitchourinisme » : faire pousser du blé sur la toundra sibérienne. La devise de Mitchourine était : « Nous ne pouvons attendre de bienfaits de la nature; notre devoir est de les lui arracher. » Ou la grande idée de Khrouchtchev : inverser le sens des grands fleuves pour irriguer les déserts de l'Asie centrale. Vouloir surmonter les lois de la nature, c'est possible, et même nécessaire, parce que la nature est femme, rappelle Dominique Jobard dans un texte intitulé « Marx, la terre et les paysans ». C'était déjà la thèse de Hegel.

11 heures. Court aperçu du quartier des tchékistes, un quartier fermé avec des gardes à l'entrée et, à l'intérieur, une crèche, une école maternelle… L'un d'eux procédait à des interrogatoires dans le sous-sol : « Il rapporte du travail chez lui », disait-on. La construction du quartier, son dispositif intérieur, marque le retour de l'utopie fouriériste vieille de plus d'un siècle, qui trouve en URSS une nouvelle jeunesse. Un peu partout dans les années trente, on édifiera ces maisons d'un nouveau type, dites communales, regroupées en phalanstères.

Le temps passe, il faut se hâter. Laissant derrière nous ces tristes symboles d'une utopie déchue ainsi que, fermés par des grilles, les restes du combinat d'Ouralmach, nous revenons vers le centre de la ville. À droite, la poste, en forme de maison-tracteur. Et des églises, plus ou moins neuves. Un de nos guides dit : Dans les années vingt, on a détruit des églises pour laisser place à l'architecture constructiviste. En 2010, on construit des églises sur les ruines du constructivisme…

Et nous voici de nouveau sur le lieu de l'exécution tragique du tsar et de sa famille. Un siècle, ou presque, après les événements, la mort du « dernier des Romanov » est devenue plus qu'un épisode de l'histoire, c'est un roman (sanglant) à épisodes, une légende, un mythe, et même, pour certains, le passage obligé de la Russie vers sa rédemption…

Autoritaire et borné, sans grande envergure, Nicolas II n'était pas un souverain particulièrement sympathique. Sa mort fut la conséquence inévitable de la grande rupture de 1917, un moment peut-être nécessaire à l'avènement d'un nouvel ordre… On ne peut cependant que déplorer les conditions particulièrement barbares de son exécution et de celle de sa famille. Même s'il y a quelque chose de gênant dans les manifestations de culte qui entourent l'affreuse église construite sur le site de sa mort.

Nous hésitons sur le seuil : entrer, ne pas entrer ? Se contenter de regarder ceux qui achètent des souvenirs, qui se photographient devant les portraits de la grande-duchesse Anastasia, du groupe des enfants ? Les photographier à notre tour ? Comment échapper à ce psychodrame collectif, sans marquer de façon trop visible, voire choquante, notre désapprobation ? Un de nos guides a compris notre gêne, il la lève par une anecdote. Les jeunes, dit-il, appellent l'église « Notre-Dame-Sur-le-Garage », à cause d'un parking, creusé juste en dessous. Une voix se fait alors entendre dans notre groupe : J'aurais autant aimé visiter le parking.

Photographie géante des filles de Nicolas II.

L'Église orthodoxe avait d'abord fait édifier au début des années quatre-vingt-dix, dans un autre quartier, une petite chapelle commémorative en bois. Mais, lorsqu'en 2000, on prend la décision, assez controversée, de canoniser l'ensemble de la famille impériale, on entreprend la construction d'une église commémorative sur les lieux mêmes de l'exécution. Les travaux sont achevés en moins de trois ans. C'est « la cathédrale Sur-le-Sang-Versé », Храм на Крови, *Chram na krovi*, sans aucune beauté, payée selon certains par de l'argent blanchi. Cachant de sa masse une ancienne église à la très belle architecture, elle défigure le quartier : elle a été refusée au classement architectural des églises de Russie. Son modèle est l'église Saint-Sauveur-Sur-le-Sang-Versé (en russe : Храм Спаса на Крови) érigée à Pétersbourg, pour l'assassinat d'Alexandre II.

Le sens de ce qu'on voit est entièrement dans les apparences : encore faut-il ensuite le déployer, le déplier. Ainsi lorsque, quelques mois plus tard, je cherche à ramener ce moment apocalyptique à ses dimensions d'événement historique, je comprends qu'il me faut d'abord reconstituer le trajet qui y conduit.

Le 3 mars 1917, Nicolas II abdique. Il est d'abord mis en résidence surveillée à Tsarskoïe Selo, mais que faire de lui et de sa famille ? Le souvenir de la Révolution française et de la fuite à Varennes sont une hantise du gouvernement provisoire : il est décidé, le 31 juillet 1917, de lui faire quitter Tsarskoïe Selo. Il arrive le 3 août à Tioumen et de là, par bateau, avec la tsarine, à Tobolsk, en Sibérie occidentale. Les enfants et leur précepteur français, Pierre Gilliard, les y rejoignent. En avril parvient la décision de les déplacer. Car entre-temps a eu lieu la prise du pouvoir par les bolcheviques. Le 2 mai 1918, le Praesidium du Comité central décide de déplacer les Romanov de Tobolsk à Ekaterinbourg ou à Omsk. À un moment, le train tourne brusquement vers Omsk, mais l'Oural l'emporte. (Trajets : Evguenia Guinzbourg, arrêtée à Kazan en 1937, emmenée vers une destination inconnue : « À Sverdlovsk, vous prendrez un bain. ») Dans son journal, le tsar dit vouloir éviter Ekaterinbourg qui leur est foncièrement hostile à cause d'une section rouge d'Ouralmach particulièrement active. Ils y arrivent le 30 mai. Le train est accueilli par des huées (il y a des photos). Ils sont directement emmenés dans une maison « à destination spéciale », située en plein centre d'Ekaterinbourg. C'est la maison du marchand Ipatiev, à qui on donne vingt-quatre heures pour partir. Ipatiev meurt en Californie cinquante ans plus tard. Il est curieux de rappeler que la destinée des Romanov est partie du monastère Ipatievski, à

Kostroma. C'est là en effet que Michel Fiodorovitch, élu par le *zemski sobor* (assemblée représentative), reçoit de sa mère l'icône Notre-Dame de Saint-Théodore, sainte protectrice de Kostroma, avant de partir pour Moscou réclamer le trône de Russie.

... Dans les semaines qui suivent, la situation des prisonniers s'aggrave, mais ils ignorent que d'autres membres de la famille des Romanov ont été exécutés : les bolcheviques redoutent en effet que les Blancs ne tentent un coup de main pour libérer le tsar. Le 4 juillet 1918, le commissaire Iakov Iourovski prend le commandement de la villa Ipatiev. Le 16 juillet après minuit, il demande aux Romanov et à leurs suivants (Evgueni Botkine, Anna Demidova, Ivan Kharitonov et Aloïs Troupp) de se préparer à être transférés dans un lieu plus sûr. Tout le monde descend par les escaliers intérieurs jusqu'au sous-sol. Sous prétexte d'aller chercher un appareil photographique afin de donner à Moscou des preuves de leur bonne condition physique, Iourovski sort régler les derniers détails du massacre. Puis il ouvre la double porte de la pièce où se trouvent les prisonniers. Sur le seuil, douze hommes sont alignés sur trois rangs. Dehors, le chauffeur du camion met le moteur en marche pour couvrir le bruit des détonations. Iourovski sort alors un papier et se met à le lire rapidement : « Du fait que vos parents continuent leur offensive contre la Russie soviétique, le comité exécutif de l'Oural a pris le décret de vous fusiller. » D'autres disent que Iourovski aurait parlé de l'attaque des puissances étrangères contre la Révolution. « Votre vie est terminée », aurait-il ajouté pour conclure. Le tsarévitch le fait répéter.

La fusillade se déchaîne aussitôt, dans le désordre le plus absolu. Le jeune Alexis essaie de se protéger la tête avec un coussin. Il y a des photos juste postérieures à ce moment. On y voit les murs troués d'éclats, la tapisserie déchirée, tachée de sang. Un peu avant, les corps ont été enlevés puis démembrés, arrosés d'acide, jetés dans une fosse.

L'exécution, on le voit bien, si elle a le même sens peut-être que celle de Louis XVI et de Marie-Antoinette, en diffère profondément. Elle ressemble davantage à celle, ignominieuse, du couple Ceaucescu dans l'arrière-cour de la maison où ils viennent d'être jugés. Celle des Romanov n'a même pas épargné leur suite : ni le docteur Botkine, ni Troupp, le valet de pied de l'empereur, ni Demidova, la femme de chambre de l'impératrice, ni Kharitonov le cuisinier. Dans tous les cas, elle conserve son pouvoir hautement symbolique. Et, dans les deux cas, s'agissant de Louis XVI ou de Nicolas II, ce symbole deviendra un « mystère d'iniquité » récupéré par les autorités religieuses.

D'où une série de questions. La première : qui a voulu l'exécution ? On a longtemps dit qu'en juin 1918 les bolcheviques avaient perdu du terrain à Moscou, que la plus grande confusion régnait et que la décision avait été prise par le gouverneur de l'Oural, Sverdlov, mort d'une épidémie à Orel en 1919, et qui aurait pu être rival de Staline. Il était de la fraction dure, mais il n'a pu donner l'ordre d'exécution sans l'aval de Lénine. Pendant des années, les historiens soviétiques ont prétendu que Lénine n'avait rien à voir avec le crime. Mais Trotski l'incrimine formellement en rapportant une conversation qu'il aurait eue avec Sverdlov. À la question de Trotski sur le tsar et sa famille, Sverdlov répond « éliminés », décision prise « par Ilitch et moi ». En fait une telle conversation n'a pas pu avoir lieu : Trotski était parfaitement au courant. Et, dans le compte rendu, Trotski est nommé parmi les participants de la réunion où Sverdlov annonce l'exécution de l'ex-tsar. Pierre Lorrain, dans *L'Assassinat de Nicolas II* (Éd. Fleuve Noir, Paris, 1994), écrit : « Le rapport sur le massacre de la famille impériale parvint à Moscou le soir du 17 juillet, et V.I. Lénine en fut directement informé, sur-le-champ, au Kremlin, en plein conseil des ministres, qu'il fit interrompre pour quelques instants afin que Jacob Sverdlov puisse brièvement annoncer la nouvelle. Ensuite, V.I. Lénine exigea que l'on reprenne aussitôt le fil des travaux – sur les inoculations scolaires dans la région de Moscou. »

Petite question subsidiaire : pourquoi George V n'a-t-il rien fait pour sauver le tsar, son cousin qui lui ressemblait tant, ainsi que sa famille ? « Sa Majesté ne peut s'empêcher de penser, en tenant compte des dangers du voyage, mais aussi de considérations plus générales, qu'il ne serait pas raisonnable que la famille impériale soit installée dans notre pays », note du secrétaire du roi George V adressée à son ministre des Affaires étrangères (mars 1917).

Dans les années qui suivent, les aléas de la guerre civile, la défaite des armées blanches, l'établissement d'un pouvoir sans partage, et pour finir la chute de l'URSS en 1991 ne sont pas sans se répercuter sur l'histoire même de l'exécution du tsar, sur ses conditions, sur son sens, le sort des dépouilles...

Résumons, il le faut. D'abord : *l'enquête de Sokoloff.* En décembre 1918, l'amiral Koltchak, chef des armées blanches, a repris l'offensive contre les bolcheviques, il entre à Ekaterinbourg en février 1919 et, le 7, il confie à Nicolas Sokoloff une enquête sur les conditions de la mort du « tsar Nicolas II de Russie » et de sa famille. Sokoloff s'acquitte de sa tâche avec brio, mais doit s'enfuir quand les troupes bolcheviques reprennent Ekaterinbourg. Retraite épique, en compagnie d'une partie des troupes de l'armée blanche le long du Transsibérien. Il parvient à Pékin, s'installe ensuite en France et meurt en 1924 à Salbris chez le prince Orlov. Sokoloff a cependant eu le temps de publier son *Enquête judiciaire sur l'assassinat de la famille impériale russe* (Payot, 1924), où il conclut que tous les membres de la famille impériale sans exception ont trouvé la mort dans la maison Ipatiev. Ce qui n'arrêtera rien, cependant, à la légende d'une grande-duchesse Anastasia, devenue folle après avoir survécu au massacre...

Le silence des bolcheviques : total durant quatre-vingts ans. La Russie issue de 1991 est elle-même embarrassée par le poids de l'événement. *1977 : destruction* sur ordre d'Eltsine de la maison Ipatiev. *1978 : découverte des restes*, incomplets. *Leur transfert à Pétersbourg* : juillet 1998. Boris Eltsine veut faire une grande journée de réconciliation nationale, inhumant en grande pompe les restes du dernier tsar. Il avait ordonné leur exhumation, il vient s'incliner devant leurs cercueils et déclare : « Nous sommes tous coupables. Pendant de longues années, on s'est tu, mais il faut dire la vérité sur l'une des pages les plus honteuses de notre histoire. Sont coupables ceux qui ont commis ce meurtre mais aussi ceux qui ont justifié pendant des décennies cette cruauté insensée. » Le 17 juillet, la famille impériale est enterrée dans la cathédrale de la forteresse Pierre et Paul. *Juillet 2007* : au lieu probable où les corps du tsarévitch et de l'une de ses sœurs auraient été enterrés, deux corps ont été retrouvés. Fin de la légende d'Anastasia.

Le 14 août 2000 : Maria Nicolaïevna de Russie et sa famille sont canonisées par l'Église orthodoxe de l'étranger puis par l'Église orthodoxe de Russie qui les considèrent comme des martyrs. La grande-duchesse est inscrite sur le martyrologe de l'Église orthodoxe russe. Maria Nicolaïevna de Russie est vénérée le 17 juillet (sainte martyre Maria). Une nouvelle église est construite à Ekaterinbourg. Personne ne comprend vraiment ce que signifie une canonisation et pourquoi Nicolas II a été proclamé *strastoterptsy,* « martyr ». *Le 7 juin 2008* : Boris Gryzlov, le président de la Douma (chambre basse du Parlement russe), condamne le massacre de la famille impériale de 1918 en ces termes : c'est un « crime du bolchevisme ». Tout n'est cependant pas fini : la famille Romanov a saisi la justice russe *en janvier 2010* pour réclamer la reprise de l'enquête criminelle sur l'exécution du dernier tsar de Russie Nicolas II, close un an auparavant, ont annoncé ses représentants lors d'une conférence de presse à Moscou...

... De retour à Paris, je trouve sur un site Internet un petit film qui montre les enfants Romanov jouant sur le pont du yacht impérial. Ils sont tous habillés de costumes marins, les plus âgées des filles doivent avoir douze ou treize ans. À un moment, le tsarévitch tente de leur échapper, il est rattrapé par ses sœurs qui forment une ronde autour de lui et il tombe sur le derrière, ses petites jambes dressées comiquement vers le ciel. Je n'entends pas faire usage d'une compassion facile pour condamner ce qui s'est passé en juillet 1918. Néanmoins ces images touchent, c'est le moins qu'on puisse dire.

Fin de la visite d'Ekaterinbourg, qui a récupéré son nom en 1991. La première décennie du postcommunisme a été très difficile. D'après un article mis en ligne par l'Association France-Oural, et paru en 1993 : « L'Oural et sa capitale occupent une place de choix dans l'édifiant palmarès de la criminalité en Russie. Cette région est en effet particulièrement riche en ressources susceptibles d'attirer les devises étrangères : cuivre, émeraudes, or… La possession de ces richesses a provoqué une véritable guerre des gangs à Ekaterinbourg, d'ailleurs souvent appelée par la presse "Chicago-sur-Oural". Cette ville est le théâtre d'affrontements sanglants entre deux camps puissants. » L'auteur dénombre une centaine de morts liés à cette guerre des gangs.

Vingt ans après, Ekaterinbourg n'est plus la ville mafieuse des années quatre-vingt-dix. Ouralmach est passé de 30 000 à 3 000 ouvriers. Dans les années quarante, on y construisait les chars qui ont vaincu l'Allemagne nazie. Mais, d'après un article du *Figaro* de mars 2010, « Ekaterinbourg traîne encore une réputation détestable ». Je n'ai pas pu m'en enquérir plus précisément sur place. Les zones d'ombre, les énigmes subsistent. Et quand je fais allusion quelques jours plus tard à l'argent de la mafia peut-être utilisé pour la construction de l'église du Sang-Versé, un des Russes qui fait le voyage avec nous me reprend : ce n'est pas une question qu'on pose quand on est un touriste. Est-ce que je te demande avec quel argent Notre-Dame de Paris a été construite ?

… Ma soif d'informations est si grande qu'à l'heure du déjeuner, lors de notre conférence de presse pour la *Vecerni Gazeta* (le journal du soir), j'ai envie de renverser les rôles. Je me lance, à propos des grandes constructions qui surgissent de partout : Avec quel argent ? Avec quels ouvriers ? Et pour qui ? Je l'ai déjà posée, cette question, on m'a toujours répondu : oui, l'argent de la mafia circule dans la construction ; ce sont des Tadjiks immigrés qui y travaillent ; et on ne sait pas toujours à qui ces constructions profitent. Que de portes qui s'entrouvrent, durant mon voyage, et que je n'ose ou ne peux pousser davantage !

Sur la question du « coût social », comme on dit pudiquement, de la transition (années quatre-vingt-dix), je n'apprendrai pas grand-chose en Russie. Davantage, de retour en France, en lisant un article de Joseph Stiglitz, paru en 2002 sous le titre : « Globalization and its Discontents ». En gros : le prêt de fonds consenti à la Russie par le FMI en 1998, pour empêcher une nouvelle dévaluation du rouble, visait moins à soutenir la Russie qu'à secourir les banques occidentales. Le FMI a caché l'existence et l'ampleur de la corruption en Russie et lui a prêté de l'argent, alors qu'il refusait des fonds sous ce prétexte à des pays africains, où la corruption était bien moindre. Du coup, je me procure *La Grande Désillusion*, du même Stiglitz. Et je lis ceci, au chapitre « Qui a perdu la Russie ? » : les conseils des Chicago Boys n'ont pas produit les résultats promis. « La mondialisation et la transition vers l'économie de marché n'ont produit les effets escomptés ni en Russie ni dans la plupart des autres économies anciennement planifiées. » Bien.

On m'en dit cependant assez au cours du voyage pour que se dessine un portrait complexe de la Russie d'aujourd'hui. Sur l'époque soviétique : pas de discours systématiquement hostile. Sur les développements de notre époque, sur la religion, sur les impostures des temps nouveaux : bien des critiques ouvertes ou à demi-mot... Quelqu'un a dit à un moment : « Mais nous n'étions pas si malheureux que cela, c'était une autre manière de vivre. L'idéal pour les gens, ce n'était pas la nourriture. Ce qui intéressait les gens, c'étaient les livres, les disques, la culture ; et pas du tout cette société de consommation. On n'avait pas de voiture ? Eh bien, on s'en passait ! »

Vers 14 heures, en allant (enfin) déjeuner au café Demidoff, passant le pont sur l'Isset, je demande à un jeune couple si je peux le photographier. Tous deux sont très loin de l'époque que je viens d'évoquer... Très souriant, manifestement content de lui, le garçon a le visage rond, le crâne tondu, des Ray-Ban agressives, une chemise bleue trop étroite dont le boutonnage dessine de petites parenthèses régulières sur sa bedaine. Il parle un peu français, il a travaillé en Tunisie, et se plaint de sa compagne ravissante et boudeuse. « Elle ne veut pas m'épouser ! » La jeune femme ne sourit que pour la photo puis elle reprend son air rogue. M.d.K. me dit quelques jours plus tard quand je lui montre la photo : Oh, le beau petit gros nourri à la saucisse !

Je pense à toutes ces filles très belles qui se vendent.

De nouveau, promenade en ville. La mairie revue et corrigée par Staline a tout de même fière allure, avec sa colonnade et motifs en mosaïque sous le portique d'entrée, et surtout, les deux bas-reliefs au-dessus. C'est le « Gorsoviet » : l'assemblée de ville, le conseil municipal. Au centre de la place, Lénine, le bras droit étendu vers le soleil, semble désigner la grande inscription au-dessus d'un bâtiment récent : « Evropa ». Ce qu'on peut comprendre dans deux sens : géographique, c'est là-bas qu'elle commence, là-bas, loin vers l'ouest, mais aussi, c'est l'avenir de la Russie...

Un jeune cycliste sur son VTT à dix-sept vitesses se laisse photographier au pied de la statue. Nous poursuivons notre promenade dans la zone piétonne. Je bombarde de questions notre nouvelle accompagnatrice : la santé ? les retraites ? l'école ? Moues significatives de sa part. Partout, privatisations, backchichs. (Mais mon expérience de l'hôpital public en 1993 n'avait pas été tellement satisfaisante.) Les retraites ?

À la campagne, pour les paysans ou artisans : 2 000 roubles (environ 55 euros). Un instituteur : environ 6 000 roubles. Coût de la vie dans le *Nezavissimaïa Gazeta* (*Gazette indépendante*) du 9 novembre 2010 : « Une famille ordinaire de quatre personnes, habitant Moscou et notant ses dépenses depuis des années, a déboursé 900 roubles en fruits en septembre 2009 et près de 1 400 roubles en septembre 2010. » Le logement ? Difficile, ces belles constructions ne signifient rien. Pour les jeunes, le problème est pire, le loyer moyen est, pour un studio, de 7 000 roubles. Ils ne peuvent ni acheter ni louer. Leurs parents n'ont pas connu cela, l'appartement allait en général avec la fonction : il ne faut pas chercher plus loin, me dit-elle, les prétendus regrets « idéologiques » du temps du communisme. (Je n'en suis pas aussi sûre.) Les jeunes ont des problèmes d'emploi, aussi : les anciennes républiques de l'URSS devenues indépendantes et fédérées dans la CEI (Communauté des États indépendants) fournissent beaucoup de travailleurs immigrés. Ainsi, à Ekaterinbourg, les travailleurs municipaux viennent du Turkménistan, ailleurs du Tadjikistan. Elle ajoute : et ils apportent avec eux des problèmes de drogue. Donc la Russie a aussi ses questions réelles ou fantasmées sur les « dangers de l'immigration » : trop d'immigrés, dangereux, corrupteurs. La différence, c'est qu'elle les vit à l'aune d'un seul espace, l'Eurasie, continent à cheval sur deux continents, mais sans rupture géographique, alors que, nous, ce sont des mers qui nous séparent de pays que nous avons jadis colonisés. La « colonisation » s'est jouée aussi en Russie, mais nulle décolonisation violente et sanglante n'a eu lieu.

Suite des questions et réponses. L'école ? La chute démographique a fait fermer nombre d'écoles publiques, la remontée des naissances est sensible, mais il n'y a pas assez de place pour les très jeunes enfants, sauf dans l'enseignement privé, trop cher. Alors ? Alors ils apprennent à lire avec leurs grands-parents. Et de toute façon, dit notre guide, la qualité baisse. (Toutefois dans les écoles que je verrai, on continue de maintenir un style et des contenus que la modernité chez nous a déjà balayés.) Notre guide elle-même était professeur de français, elle enseignait à l'université. Elle forme maintenant des cadres pour Auchan, très implanté en Russie, et elle gagne deux cents fois plus.

Garçon à bicyclette devant la statue de Lénine.

En conclusion : inquiétude générale, crise économique, taux croissant d'enfants abandonnés. Malgré cela, comme il fait beau, presque chaud, tout le monde semble animé par la gaieté de cette journée de printemps, par la douceur d'un beau temps qui durera peu, dès août il commencera à faire froid. Partout, sur les trottoirs, une animation commerçante, des devantures, des produits exposés jusque dans la rue, et de ces petits groupes en bronze qui semblent plaire beaucoup en Russie. Les enfants montent dessus, on les photographie (moi aussi). Dans une boutique d'objets chics et modernes, genre Culinarion, j'achète un chat et une chouette en céramique et cloisonné, D. F., un cochon. Mais j'ai eu le temps de voir dans la vitrine une sorte de poêlon en aluminium qui coûte 6 000 roubles. Un mois de la retraite d'un instituteur.

Vers la fin de cette journée épuisante, à 17 heures, on nous attend à la librairie Tchitaï Gorod, « cité du livre », jeu de mots, je suppose, sur « Kitaï Gorod », à Moscou, le quartier « chinois » séparé du Kremlin par la place Rouge. Toujours cette réalité, qui me fait un peu honte : nos amis russes connaissent beaucoup mieux la littérature française que nous, sauf exception, la littérature russe. Toutefois, D. F. raconte sa lecture de Tolstoï à douze ans, moi celle de *Crime et châtiment*, à quatorze. Mais je me retiens au moment de raconter comment, cherchant à Pétersbourg des traces de Dostoïevski près de l'ancienne « place aux Foins », maintenant *Plochtchad Miru*, « place de la Paix », je suis par hasard entrée dans une maison qui aurait pu abriter le crime : justement, il y avait des peintres au premier étage, comme dans l'appartement vide où se réfugie un moment Raskolnikov. Je ne sais pas ce qu'en penserait notre public, plutôt jeune. Et puis je suis un peu fatiguée, tourneboulée par toutes les images qu'a suscitées notre visite de la ville.

19 heures. Dîner au restaurant Stolle, « Tourtes et tartes ». L'Isset forme devant un plan d'eau où se reflète la lumière vive encore, mais déclinante. Un fameux site déjà consulté et qui doit utiliser un logiciel de traduction automatique écrit : « Isset est fleuve dans Sverdlovsk, Kurgan, Tyumen Oblasts dans la Russie. C'est une gauche tributaire du fleuve de Tobol. »

Oh, les merveilleux voyages dans la langue !

À 21 heures, nous nous dirigeons vers la gare, le sac à l'épaule, fourbus. De loin, juchées sur le perron du wagon, nos *provodnitsas* nous ont repérés, elles nous appellent avec de petits gestes de la main : *Vach'dom ! Vach'dom !* « Votre maison ! » Que font-elles en nous attendant de si longues heures, loin de leur famille ? J'espère qu'on les paie en conséquence.

Nous jetons en vrac sur nos couchettes livres, provisions, vestes, écharpes, cadeaux et souvenirs en tout genre, mais nous hésitons encore à nous séparer pour la nuit. On rit, quelqu'un chante, raconte une blague, on se hèle d'un compartiment ou d'un autre, un bras se tend par une porte proposant un verre de vodka à la ronde. À l'entrée du wagon, une grande feuille de papier blanc a été fixée : chacun y appose son commentaire ou un dessin. N., la présidente de l'Union des éditeurs, en français qui n'est pas pour elle sa langue de prédilection, c'est plutôt l'anglais, a écrit : « À la gare comme à la gare ! » C'est la morale d'un voyage qui nous impose ses horaires et ses contraintes spécifiques, son esprit collectif, sa régularité, mais aussi l'obligation de nous adapter en permanence à de menues contrariétés, de supporter allégrement un emploi du temps chargé, de dormir peu et marcher beaucoup, écouter, regarder, comprendre, repartir sans murmurer vers un nouveau rendez-vous pendant parfois dix, douze heures de suite… Mais le train en est la récompense supérieure, dans la mystérieuse façon qu'il a de vous faire couler dans le monde tout en gardant le corps immobile. En plus, le changement constant de fuseau horaire (une heure de plus chaque jour, au total : neuf) est une perte de repères bienvenue, que je salue d'abord avec joie, même s'il est certain qu'elle pourrait me plonger rapidement dans l'angoisse.

Il faut tout de même se résoudre à aller dormir.

Jeudi 3 juin :
dans le train vers Novossibirsk

Nuit dans le train. Sibir, Sibir ! chuchotent les roues. Chaque fois que j'y pense aujourd'hui, c'est comme si je voyais s'éloigner dans l'ombre un petit noyau d'or fabuleux, ces lettres sibilantes : « Sibir », nom d'une rivière ou de l'ancien khanat, qui est aujourd'hui le nom de la Sibérie tout entière. Durant notre sommeil nous en avons laissé la capitale Tobolsk (district de Tioumen) à quelque 300 kilomètres au nord : c'est du reste l'éloignement du Transsibérien qui l'a empêchée de se développer davantage.

Petit matin dans le compartiment, saluts amicaux (Est-ce que je t'ai réveillée hier soir ? Non, je ne t'ai même pas entendue rentrer), bonheur de retrouver ces étendues plates, silencieuses, ces forêts de bouleaux à l'infini, ces chemins qui se perdent vite entre des arbres, ces traces énigmatiques d'une présence humaine : le toit d'une hutte, d'une cabane de chasseur… Au bord d'un fleuve, des grues et ce qui semble être une usine électrique. Le regard se fixe un instant sur eux, puis le rythme du train efface tout, faisant à chaque instant surgir de nouvelles compositions, un marais, des étangs, une rivière qu'on franchit sur un pont qui tremble de toute sa ferraille. La voie suit une courbe, le train s'incline, le soleil perce entre des nuages. Tous disent que la campagne est abandonnée, avec ses vieux. « Sans enfants, sans retraite, tu meurs. » Et nous ne sommes pas au plus profond de la Sibérie… Arrêts fréquents. À celui-ci, un train pour Tallin de l'autre côté de la voie. Et un autre, le *Sibiriak*, marqué de l'aigle à deux têtes.

Trains et encore trains. Quand le soir tombe, et que nous avançons vers des contrées encore inconnues, la lumière rouge de l'occident semble nous pousser en avant, et la double voyelle vibrante de ce mot « Sibir », entre le *s* sonore qui l'ouvre et le *r* roulé qui le conclut, s'accorde avec la reprise répétitive du mouvement des roues, et les courts appels du sifflet dans les gares où on ne s'arrête pas. Appel, nostalgie, deuil, et appel encore, rien ne peut arrêter la marche vers l'est.

7 h 30. Comme chaque matin, nous nous croisons dans le couloir, en petite tenue, la serviette sur l'épaule, la brosse à dents et une bouteille d'eau minérale à la main. Puis c'est l'heure du petit déjeuner, nous partons en caravane à travers le train : crêpes aux œufs de lump, kacha au beurre, jus d'orange et café. Ensuite, dans le compartiment, thé, galettes et raisin ! Comme il n'est pas très facile de gagner le wagon-restaurant, en général situé au milieu d'un train qui n'en finit pas, nous attendons les arrêts pour faire au moins l'aller sur le quai. C'est en effet une expérience assez éprouvante de remonter tout un train, les wagons sont reliés entre eux par une passerelle de plaques mobiles protégée à droite et à gauche par des chaînes, le bruit et le vide sont un peu effrayants. Et puis, dans ces longs wagons très peuplés, on craint de froisser une espèce d'intimité nationale, d'entrer par effraction dans une vie qu'on ne partage pas le reste du

temps. Pourtant nous ne rencontrons jamais de marques d'hostilité, bien au contraire. Sur les châlits dorment de jeunes soldats au visage rose d'enfant, la tête renversée en arrière, la bouche entrouverte, leurs pieds blancs et nus, très propres, pendent dans le vide. Parfois il faut soulever une jambe ou écarter un bras pour se frayer passage. Beaucoup ont revêtu une tenue spéciale, une espèce de jogging confortable car ce trajet pour certains durera une semaine : nulle part aujourd'hui dans le monde on ne s'embarque sur un train pour un aussi long voyage. Il fait chaud. Les hommes sont torse nu, les femmes dévoilent sans gêne leurs épaules et leurs jambes, de temps en temps, un puissant courant de ventilation se déclenche. Tout le monde est en train de manger, et les enfants lâchent leur tartine pour nous regarder. Et puis, dès qu'on s'arrête, tout le monde descend, pour profiter du soleil, se dégourdir les jambes, acheter des petits pains, des jus de fruits, de la bière, du poisson séché. Le quai est un marché coloré, animé, en plein air, traversé de cris : *Morojenoie!* (« Glaces ! ») Petits étals sur un pliant, boîtes de colporteur suspendues au cou des vendeuses. Et même par endroits des kiosques fixes, avec des journaux, des jeux de cartes.

Sur tout cela règne un air de simplicité bon enfant, c'est peut-être ce qui rend si sympathiques et touchantes la Russie et la traversée qu'on fait de son immense territoire. On y est à chaque moment témoin de ce qui reste de l'ancien temps et de ses manières d'être, dans un monde qui se globalise et où chacun, pour peu qu'il ait un peu d'argent et manipule un smartphone haut de gamme, peut prendre un air insupportable d'arrogance, de morgue, de supériorité… Naturellement, il y a de temps en temps un gros homme en caleçon qui vous jette un regard sans douceur, ou une vendeuse, les yeux trop maquillés, qui vous tend la monnaie d'un air rogue. Ou un jeune couple assez antipathique qui se pavane dans ses vêtements américanisés. Mais tout cela baigne encore, de façon indéfinissable, dans le « temps d'avant » — Russie de toujours et soviétisme mêlé —, un univers physique et mental dont ce pays est en train de sortir sans avoir totalement renié encore le précédent et sans les effets pervers d'un monde nouveau, vers lequel pourtant nous allons tous inéluctablement. La sensation est forte, et persistante. *Ce sont les derniers temps de l'ancien temps.* Nous (la France, l'Europe occidentale, les États-Unis) nous sommes déjà passés ailleurs, et cela repose de faire, avec la Russie, une courte halte dans le temps d'avant. Ces deux mondes, le russe et le nôtre, ce sont les mêmes à quelques années (décennies ?) de distance : la nostalgie du révolu y est forcément plus forte que lorsqu'on s'aventure dans des terres plus archaïques, dans le sud du Maghreb, dans le Rif ou l'Atlas, ou dans l'Inde du Nord. Ces femmes d'âge moyen en tablier à fleurs, ces jeunes femmes un peu trop grosses, aux cheveux agressivement teints, je sais bien qu'on les rencontre aussi dans la banlieue de Creil ou de Marseille, mais leur vue me touche, me saisit ici d'une émotion particulière. Pourtant je n'ose les photographier, de peur qu'elles se méprennent sur la nature de ma curiosité à leur égard. Le « prendre en photo » ne montre guère l'empathie qu'on éprouve envers quelqu'un, il suggère même tout le contraire…

Nous avons pris notre petit déjeuner au wagon-restaurant et nous nous éloignons sur le quai. Vigilantes, en haut du marchepied, L. et V. nous font de grands signes, il est temps de remonter, le train ne prévient pas quand il va partir, je regagne mon compartiment, je me jette sur ma couchette.

Dehors, c'est de nouveau l'étendue platc et verte, les nuages et, à l'orée d'une forêt, avec son poteau électrique de travers, une maison de bois sans étage, le toit couvert de tôle ; les murs sont peints du même vert pâle, turquoise clair, que la grande et solennelle gare d'Omsk, tout aussi splendide que les autres, chargée de motifs en stuc blanc sur le fond d'un crépi de ce vert doux, italien, qu'on trouve à Pavlovsk ou sur le palais d'Hiver. Les gares sont tout à la fois des palais, les cathédrales de la conquête, les monuments à sa gloire.

Omsk : la ville où Dostoïevski fut déporté, en 1850, après avoir été jugé pour sa participation au cercle de Petrachevski, groupe d'intellectuels libéraux, sa condamnation à mort ayant été commuée en déportation après un simulacre d'exécution. On sait tout cela, mais on oublie trop souvent la conclusion qu'il tire de son séjour au bagne : « Je n'ai pas perdu mon temps : j'ai appris à connaître le peuple russe, comme peut-être peu le connaissent. » Il y restera quatre ans. Il lit Hegel et fond en larmes… Il n'y a pas de plus belles pages que celles où dans ses *Souvenirs de la maison des morts* il décrit le théâtre du bagne, « la joie enfantine » des forçats, le « contentement radieux » qui rayonne « sur ces fronts couturés, stigmatisés, dans les regards de ces hommes jusque-là mornes et sombres, dans ces regards où naguère s'allumaient des lueurs terribles ».

Courtes et confuses réminiscences, le train reprend son rythme monotone.

Les villages aux abords de la voie du chemin de fer ont l'air extrêmement misérables. Qu'est-ce que ce doit être à 20 ou 40 kilomètres de là !

Rapide vue de l'Irtych : les fleuves ont une beauté apaisante, qui compense un peu l'angoisse de voir la campagne abandonnée. C'est un thème récurrent dans nos conversations avec nos guides : une grande partie de la Sibérie n'est pas encore cadastrée et partout la campagne russe se meurt. Phénomène qui n'a pas commencé hier et qui est aussi une conséquence de la politique désastreuse des bolcheviques envers les paysans, tenus dans un parfait mépris, réputés adversaires naturels de la révolution : collectivisation forcée, résistance de la paysannerie sanctionnée par la plus dure répression. Même si l'agriculture est nécessaire pour satisfaire les premiers besoins des hommes, les paysans ne sont pas considérés. Leur attachement farouche à une propriété privée dont le droit leur a été reconnu il y a alors à peine plus de cinquante ans (en 1861, lors de l'abolition du servage) est interprété comme un signe de leur fidélité à l'ancien régime, et leur foi religieuse comme la marque de leur arriération. Je cite encore l'article de Dominique Jobard dont j'ai déjà parlé. Dans un article de 1872 de *L'International Herald,* non signé, mais probablement de Marx, on peut lire ceci : « L'agriculture est encore dans une forme précapitaliste, il faut donc unifier les parcelles de terre [...] afin de pouvoir, les temps révolutionnaires venus, nationaliser ces grandes propriétés et y développer une agriculture socialiste afin de satisfaire les besoins de tous. » Au paysan on ne demande pas son avis. C'est par nature un contre-révolutionnaire : on se souvient de la célèbre définition qu'en donne Marx dans *Le 18 Brumaire de Louis Bonaparte* : les paysans ne forment pas une classe, ils sont comme un « sac de pommes de terre ». Engels n'a-t-il pas écrit : « Le paysan ne peut devenir révolutionnaire qu'en se niant comme paysan » ?

N'avons-nous pas raisonné ainsi, en 1793, en Vendée ?

La paysannerie russe ne s'en est jamais remise... Maintenant, c'est trop tard, les vieux ressorts ont été brisés.

... De nouveau la steppe et des villages presque abandonnés. Je replonge dans mes obsessions favorites : la mort des villages, et plus généralement de la campagne, n'est-elle pas aussi la fin d'une civilisation, d'une manière de vivre, de parler, de penser ? Sans aucun doute, avec elle, vont disparaître ou ont disparu sans retour l'esprit et la parole de ceux qui sortaient de la campagne russe : pour s'en faire une idée, juste lire un récit de Nicolaï Leskov, *Le Vagabond enchanté.* La liberté, l'audace, l'anarchisme fruste, l'intelligence, l'irrespect, le courage devant la mort, la douleur, tout cela émergeait d'une culture populaire, d'une forme de la vie populaire qui a disparu : et en partie à cause de la scolarisation. Voir combien sont « sages » encore aujourd'hui, dans leur philosophie de la vie, les vieilles des villages près de Tchernobyl ! Cela n'existe plus aujourd'hui dans le monde que dans certains pays de civilisation arabo-musulmane. Un film récent montre la réimplantation de certains écologistes russes dans des villages qu'ils restaurent. Mais ce n'est pas la direction qu'on prend, dans les hautes sphères du pouvoir : le temps n'est pas à la résurrection des villages mais à des projets pharaoniques d'implantation de villes géantes dans le sud de la Sibérie.

Quelqu'un passe de wagon en wagon avec le *Vecerni* d'Ekaterinbourg qui nous salue sous le titre « *Belletrism ys "Belle France"* » ! « Les Belles-Lettres de "Belle France" ». Au fait, elle vient d'où, cette expression, la « Belle France » ? C'est juste aujourd'hui une marque de crackers du groupe Francap Distribution. Qui oserait encore l'employer sinon comme Georges Darien, par dérision ? Ou le Front national dans ses vitupérations contre l'immigration et l'invasion de l'Islam ? Je dors un peu, j'essaie de lire, de faire un peu de russe, puis tout simplement je me laisse couler dans le lent balancement du train. Déjeuner : salade de chou et pommes, viande froide, fruits en tranche. Parfait. Dernier arrêt : Barabinsk, à 300 kilomètres de Novossibirsk. Dans ma méthode Assimil des années soixante-dix, j'avais appris que *baraban* signifiait « tambour ». Sans aucun rapport, il s'agit ici de la steppe de Baraba, entre l'Ob et l'Irtych. Le Transsibérien y fait halte mais la gare est très ordinaire, un bâtiment des années soixante… À mon retour, toujours aiguillée par la peur de laisser passer quelque chose d'important, de grave, je cherche sur Internet. Et soudain le gouffre s'ouvre sous mes pas : j'en demande pardon aux Russes qui me liront, je ne veux pas les accabler sous la mémoire du révolu, c'est plutôt moi que j'accable et nos erreurs : mais c'est un fait, *un gouffre s'ouvre sous mes pas.* Un gouffre de terreur, de souffrances infinies, de désespoir. Je m'arrête, le cœur battant, je mesure tout l'écart entre le voyage que j'ai fait au printemps, et celui que je fais maintenant en déployant tout ce que, à mon insu, il cachait.

Barabinsk est la ville natale d'Anatoli Martchenko. Ce nom ne vous dit peut-être rien. Mais laissez-moi m'arrêter un moment. Je l'ai à peine reconnu quand, rédigeant ce récit, j'ai trouvé sur Internet qu'il était né à Barabinsk. Puis les choses me sont revenues : sa mort en pleine perestroïka, dans une prison, après onze ans de captivité, une mort affreuse à la suite d'une grève de la faim. Je cherche encore, je progresse, je découvre par bribes son parcours d'ouvrier, devenu écrivain, et dissident. Quelle belle tête il a ! Son action avait commencé dès les années cinquante, elle lui avait valu des décennies de prison, et il n'avait cessé, protestant contre le maintien des camps après la mort de Staline, protestant contre l'entrée des chars à Prague en 1968, protestant enfin en 1975 pour le respect des accords d'Helsinki. Et de nouveau la prison. Gorbatchev ne fit rien pour lui. 1986 ! Pourtant ! La perestroïka ! L'espérance, la transparence, le dégel ! Non : la mort ignominieuse sur une paillasse de prison, à Tchistopol, au Tatarstan, à 130 kilomètres de Kazan. Depuis, j'ai cherché, trouvé ses livres : dont *Mon témoignage, les camps en URSS après Staline*, publié en 1970 au Seuil. Il ne faut pas que sa mémoire s'efface entièrement. Le printemps russe surgit sur tous ces cadavres.

Nous autres, Occidentaux un temps (ou longtemps !) séduits par le communisme, nous « en étions revenus » définitivement dans les années soixante-dix, ou quatre-vingt

(Gide, c'était dès la fin des années trente !). Mais cet élan, cette approbation plus tard suivis d'un rejet vif, prononcé, irréfutable, cela ne nous avait rien coûté : nous avions joué avec la vie des autres, nous avons été complices de leur mort.

Nous arrivons en fin d'après-midi à Novossibirsk.

Novossibirsk, même jour

17 h 15 : le soir n'est pas encore tombé quand nous nous retrouvons sur le quai de la gare édifiée en 1893 sur le parcours du Transsibérien, près du pont enjambant l'Ob. L'air est doux. Il y a moins d'un mois, fin avril, il faisait encore – 35°. Comme à l'ordinaire, une petite délégation, avec orchestre, pain et sel, nous attend, et des jeunes filles en jeans tiennent une banderole où sont écrits ces mots en français : « Bienvenue chez les Sibériennes. » Il faut s'y faire, le mot Sibérie et l'adjectif sibérien, nous devons aussi les associer à des images plus douces, plus riantes, moins conventionnelles : à celle des gens d'aujourd'hui, dans la Russie-Sibérie d'aujourd'hui. Les sombres images de l'hiver, du froid terrible, de la terre gelée, l'histoire interminable de la déportation, il convient pendant quelque temps de les mettre à distance : non pour les oublier — qui le pourrait ? — mais pour permettre aux vivants d'aujourd'hui de vivre.

Nous nous rassemblons sur la grand-place devant la gare. Lumières sur l'étrange « gare en forme de wagon » (disent les guides) ? Oui, à la rigueur, en ajoutant à cette sorte de locomotive à clocheton le reste des imposants bâtiments pour former une suite de wagons…

Gare de Novossibirsk :
manquent la couleur turquoise clair des murs,
le bleu sombre des toits et le rouge lumineux
des chiffres indiquant à la base du clocheton la date,
la température.

À 18 heures nous sommes installés juste en face à l'hôtel Kongress. Confort, qualité du service, chambres modernes, très bien tenues, comme partout. Ce n'est probablement pas le cas de celui-ci, mais les hôtels réaménagés ou construits depuis les années quatre-vingt-dix peuvent atteindre des prix très élevés dans la Russie d'aujourd'hui ; le Hilton, par exemple, est à 300 dollars la nuit. Pour confortable qu'il soit, le nôtre n'en est pas moins d'une grande laideur : une façade monotone d'une vingtaine d'étages, pas un balcon, de petites fenêtres carrées, une couleur uniforme de béton gris.

D'après ce qu'on me dit et que je note hâtivement, le niveau de vie est dans l'ensemble assez bon à Novossibirsk, grosse ville d'un million et demi d'habitants, la première ville de Sibérie. Rien n'est vraiment ancien dans ces villes qui, jusqu'à la venue du Transsibérien, n'étaient que de gros villages. Le premier bâtiment en pierre et en brique a été construit en 1896-1899, c'est la cathédrale Saint-Alexandre-Nevsky... Aujourd'hui ce sont les villes nouvelles que la Sibérie postcommuniste est en train de développer : une famille sur deux a sa voiture, souvent japonaise, d'occasion et venue de Vladivostok, avec le volant à droite. D'où le proverbe : « Les voitures naissent au Japon, mais vont mourir en Sibérie. » Nous nous installons en hâte pour aller dîner non loin de là, au restaurant Eskpeditsiya, Jeleznodorojnaya ul (rue des Chemins de fer).

Après le dîner (dont je note soigneusement le menu : salade, soupe aux quenelles de brochet, viande, glace, vodka et vin), je vois qu'il n'est pas tard, que le temps est doux, printanier, je me fais expliquer le chemin pour revenir à pied à l'hôtel (ça n'est pas bien compliqué : tout droit !). Et je me retrouve dans la rue. D'y être seule, inconnue de tous, indifférente à tous, me fait un bien extrême. Je recherche régulièrement ces instants de solitude, non pour fuir le groupe, et mes amis, mais parce que je le sais d'expérience : il faut être seul pour que les choses se présentent. Je me contente de marcher, je ne prends même pas de photographies, j'attends, je suis attentive, je sais que ça va venir, j'attends encore un peu et ça vient. Quoi ? Ce que je cherche : *le monde sans moi*. Les passants, tout absorbés dans leur vie dont je ne sais rien, ne me remarquent même pas. Impassibles, les grands bâtiments le long de la voie de chemin de fer, les herbes et les arbres qui poussent partout, profusément, d'un vert jeune et tendre. Le soleil se couche à ma droite, j'entrevois des cours d'où viennent des voix de télévision, et de la musique, je me détourne un instant de mon chemin pour passer derrière un immeuble. Soirée tiède. Des enfants jouent, des garçons s'occupent d'une moto. Dans une autre, il y a des lilas sauvages et des carcasses de voitures.

À 10 heures, je suis dans mon hôtel, apaisée d'avoir pendant un moment de silence et d'attention approché un fragment infime de la vie russe d'aujourd'hui. (Il me semble d'ailleurs qu'il la contient dans sa totalité.)

Paris, 26 janvier 2011

Contraste brutal : tous les journaux racontent les circonstances d'un attentat qui s'est produit le lundi 24 janvier à Moscou dans le hall des arrivées (ou de livraison des bagages) de l'aéroport de Domodedovo. Faut-il, dans le récit qu'on fait d'un voyage plusieurs mois après, faire sa place aux événements qui se produisent tandis qu'on le rédige ? Ce qui vient de se passer à Moscou m'y oblige. Entre ainsi dans mon voyage, avec cet événement de quelques mois postérieur, un des aspects de la réalité contemporaine de la Russie que mon voyage n'a même pas effleuré… Deux phrases. L'une horrible, l'autre inquiétante : « On aurait retrouvé la tête de l'auteur de l'attentat suicide, jeune homme d'une trentaine d'années. » Et l'autre : « La piste islamique du Caucase est privilégiée. »

Comment penser paisiblement à la Russie, comme je l'ai fait jusque-là, à son présent multiculturel pacifié au Tatarstan, en oubliant la Tchétchénie, la guerre atroce qui s'y est déroulée à deux reprises ? En oubliant la présence au Caucase d'un islam beaucoup moins pacifique, travaillé par des courants radicaux ? Tout le temps du trajet, j'ai lu par petits bouts le livre d'Åsne Seierstad, correspondante de guerre norvégienne, *L'Ange de Grozny.* Non sans une certaine gêne, non que je mette en doute son témoignage : l'un des buts de ce voyage est pour moi en tout cas de sortir de l'équation « Russie = atrocités en Tchétchénie, répression de l'indépendantisme caucasien ». Mais je dois aussi me rendre à l'évidence : la guerre a causé une radicalisation religieuse au Caucase. Ramzan Kadyrov, l'homme des Russes, a engagé la Tchétchénie dans une voie islamique radicale, fait construire une immense mosquée et, il y a un an, imposé le voile à l'université. N'est-il pas débordé par l'infiltration d'al-Qaida ? Pas question d'y renoncer, ou de le mettre en doute, mais comme il paraît loin, le rêve de coexistence avec un islam apaisé, tant vanté à Kazan !

Retour à Novossibirsk et au vendredi 4 juin

J'ai réglé non sans mal mon heure de réveil car je ne me retrouve pas dans le décompte du décalage horaire, mais j'ai mal dormi, réveillée plusieurs fois dans la nuit par un appel téléphonique (erreur de numéro) de Paris. Je n'y attache en général pas plus d'importance que ça, mais ici c'est assez désastreux : nous avons beaucoup à faire dans la journée et pas question de prendre une petite heure de repos dans l'après-midi. Mais finalement, « à la gare comme à la gare ! » comme dit N. Peu de temps pour y réfléchir, notre premier rendez-vous est autour de 9 heures, il faut se laver les cheveux, etc. Un excellent petit déjeuner me remet d'aplomb : yaourts, petits toasts, gâteau au fromage, fruits.

Dehors, le ciel est très noir. J'assiste à l'arrivée de S. G. et de plusieurs autres, dont M.d.K., avec qui je partagerai ma cabine de train jusqu'à la fin du voyage. Les petits nouveaux sont les bienvenus mais on les regarde avec l'imperceptible condescendance des vieux briscards pour des bleus...

Après la rituelle conférence de presse, nous nous séparons, D. F. et F. F. partent pour le conservatoire de musique, je reste avec le groupe pour un tour de ville. Beaucoup de noms de rues ou de places sont restés tels qu'à l'époque soviétique : « La mairie a tout laissé parce que c'est une grande période de notre histoire », dit notre guide (la même qui, hier, a commencé son speech par ces mots : « Vous savez peut-être que nous avons eu ici une grande révolution en 1917 »). La statue de Lénine, sur la grande place du même nom, est relativement moderne, puisqu'elle a été dressée, pour le centenaire de sa naissance, devant l'opéra-ballet, en novembre 1970. Lénine en était grand amateur (et de petites danseuses ?). C'est lui qui a développé à Novossibirsk le théâtre de ballet.

Encore une fois, ici comme dans les grandes villes précédentes, l'acte de naissance de la ville, c'est le Transsibérien. Sa construction fut une nécessité impérieuse pour le pouvoir russe, afin d'étendre sa puissance jusqu'à l'extrémité du continent et de procurer des voies essentielles de communication d'ouest en est au développement de la Sibérie.

Novossibirsk se crée lorsqu'en 1897 on parvient, dans des conditions d'extrême dureté, à construire un pont de 700 mètres de long pour franchir l'Ob : on n'a jamais fait le décompte des morts qu'il a coûtées. Pendant longtemps, c'est une simple halte, un point de passage, un village au nom changeant ; on a du mal à le croire quand on voit la ville, ses bâtiments classiques, son architecture des années trente, son opéra. Dans le petit film sur la visite de De Gaulle à Novossibirsk, en juin 1966, j'ai relevé ce commentaire : « Si Novossibirsk fait penser parfois à une ville de province qui a grandi très vite, c'est parce qu'elle était définie, il y a quelques décennies seulement, comme "un village au cœur du plus grand terrain vague du monde"... » Peu de villes en effet ont tant changé de nom. En 1893, c'est un village qui s'appelait Novaya Derevnya (« le nouveau village »). Il devient deux ans plus tard Alexandrovski. En 1905, nouveau nom : Novo-Nikolayevski (en l'honneur du dernier des Romanov). Puis, en 1917, celui de Novonikolaevsk et finalement, en 1925, Novossibirsk. On imagine ce que c'était que la gare du Transsibérien dans de telles solitudes. Longue, haute, massive mais ornée, et peinte d'un vert élégant souligné par les arcades et les contreforts blancs. C'est aujourd'hui encore la plus grande de Sibérie.

Qui s'intéresse aux grands déplacements de peuples doit s'intéresser à Novossibirsk. C'est là que furent déportés en 1941 les Allemands de la Volga accusés à tort de collaboration avec l'ennemi. Un tiers furent exécutés ou moururent pendant la déportation. Ils descendaient eux-mêmes de populations déplacées : les Allemands du sud-ouest de l'Allemagne, venus coloniser la région de Saratov à l'invitation de Catherine II. On les a réhabilités en 1964. Après 1990 plus de deux millions ont regagné l'Allemagne. Et, plus largement encore, c'est à partir de Novossibirsk, né d'un train, qu'on comprend à quel point la Sibérie est une terre de conquête. Sibir ! Sibir ! ce mot résonne comme un cri de guerre... En avant, en avant ! Traversée et explorée dès le XVIIe siècle par les Cosaques qui atteignent le Pacifique en 1639, la Sibérie est progressivement colonisée par les tsars à partir du siècle suivant. Une terre de peuplement parfois volontaire, la plupart du temps forcé : déportation des Polonais vaincus, déportation des vieux-croyants, déportation des condamnés politiques ou de droit commun durant plusieurs siècles. Le régime bolchevique poursuit le mouvement de façon systématique par une politique incitative de transplantation des masses paysannes slaves. Le goulag s'étendait ainsi sur toute sa superficie : des monts Oural à ceux de la Kolyma. Aujourd'hui encore, les prisons les plus dures sont en Sibérie.

La Sibérie, disent les Russes, est notre Australie : des convicts, des colons. Et, comme aux États-Unis ou en Australie, il y a eu en Sibérie ce qu'il faut bien appeler un génocide culturel. Les populations autochtones ont été écartées, chassées, éliminées sous le poids de la différence des modes de vie, mais parfois aussi exterminées.

... Notre programme est, comme d'habitude, extrêmement chargé : non seulement dans le temps, plusieurs visites par jour, de nombreuses rencontres, une conférence de presse, la visite d'écoles, mais par l'ampleur des questions qui surgissent. Plus encore peut-être, par la charge d'émotion et d'imagination qu'elles suscitent. Tout vous remue, en Russie, à un point extrême. Il est prévu que nous allions aujourd'hui visiter une des curiosités de la période soviétique, le village de savants Akademgorodok, création entièrement artificielle en pleine forêt, à une trentaine de kilomètres de Novossibirsk. Mais, auparavant, on veut nous montrer le musée du Rail. Cela me réjouit extrêmement : j'ai la passion des trains. Rien ne me plaît plus que de voyager en wagon (je suis à mon affaire dans le Transsibérien) mais au plaisir physique de ce voyage se mêle sûrement un autre, moins conscient, plus secret : le train est pour moi une espèce de symbole vivant de l'État tel que je l'aime, l'État républicain. Avec l'école. Ce sont eux qui ont « désenclavé », comme on dit aujourd'hui, les provinces de France. Cette idée, que je formule pour la première fois, mais qui est en moi depuis longtemps, j'en trouve la confirmation dans un livre, celui de Françoise Lorcerie, intitulé *L'École et le défi ethnique : éducation et intégration*. C'est avec le chemin de fer, l'école et la conscription que se réalise dans les débuts de la IIIe République ce qu'Eugen Weber appelle « la fin des terroirs » : l'unité nationale et le sentiment national. Beaucoup de gens le sentent confusément, avec un pincement au cœur qui n'est pas seulement de nostalgie, quand on abandonne une voie, quand on ferme une école : quelque chose de l'idée républicaine est en train de se perdre. Comme lorsqu'on a supprimé le service militaire, comme lorsque l'école se dilue dans un vaste « service pédagogique ». Le désir de devenir fonctionnaire « aux chemins de fer » ou comme instituteur, ce n'était pas seulement, ainsi qu'on dit de façon méprisante aujourd'hui, « chercher la sécurité » et la retraite, c'était aussi participer au progrès. Le progrès par l'instruction et le développement économique. Ç'a été la même chose en Russie. Avec les mêmes équivoques qu'en France.

Et puis il y a les merveilleuses techniques qui se sont développées dans l'histoire des chemins de fer, la passion que nous avions, enfants, pour la locomotive à vapeur !... Et les souvenirs de la Résistance, de la « bataille du rail »...

Le musée des trains s'étend sur plusieurs hectares, alignant sur des voies ferrées, d'où elles ne partiront plus jamais, des locomotives de diverses époques, repeintes dans leurs couleurs d'origine, noir, rouge éclatant, vert vif, souvent marquées à l'avant de l'étoile rouge... Mais aussi des wagons, depuis les plus anciens et les plus inconfortables jusqu'à de luxueux appartements aux banquettes rembourrées, tendues de damas et de velours (mais il n'y avait pas de toilettes sur les premières lignes, pas de chauffage non plus). Et comme partout où il y a de la technique et de l'histoire, cela produit beaucoup d'émotion. Dans la vitrine d'un kiosque, sur leurs photographies de médaillés, qu'ils ont de bonnes balles, ces combattants de la Grande Guerre patriotique ! Je ne peux passer sans rapporter ici les noms, Nicolaiev, Vassili Borissovitvch, Troubnikov, Ivan Efimovitch.

De nouveau, sur d'autres quais, des locomotives de tout âge, des trains entiers avec tous leurs wagons, leurs inscriptions, leurs destinations peintes sur le flanc… Entre eux, de larges plates-formes bien propres. Les couches répétées d'une peinture trop épaisse leur donnent comme aux vieux bateaux une sorte de jeunesse artificielle, mais la grande étoile rouge qui brille sur tout le devant de la locomotive a gardé un mystérieux pouvoir d'exaltation. Paisibles, définitivement muets, on dirait, dans la vitrine d'un magasin spécialisé, des modèles grandeur nature de gros jouets un peu trop clinquants. Beaucoup de jeunes couples viennent se faire photographier devant. Ou dans les premières classes garnies de tissus, d'ornements de salon, de rideaux…

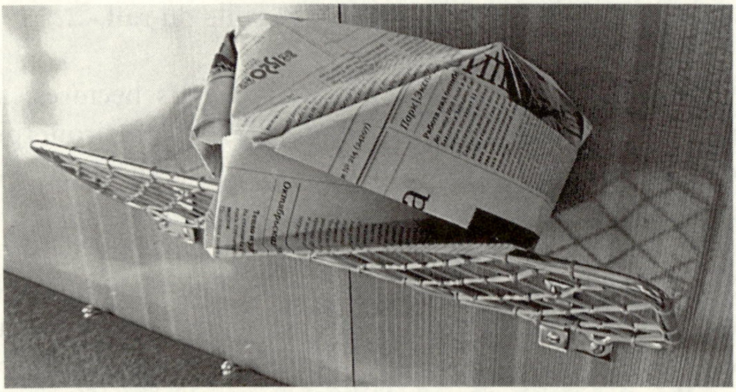

Chapeau de papier. Toutes les balayeuses en portent, elles le fabriquent à partir de la double page d'un journal.

Ce que j'en ai gardé de plus précieux : un calot de papier journal qu'à ma demande, et parce que j'admirais le sien, une des employées préposées au ménage m'a fait sur le même modèle en quelques savantes et rapides pliures. Je le porte sur une photo faite avec M.d.K. dans le miroir de notre compartiment. J'aurais voulu pouvoir l'offrir à un de mes oncles, qui conduisit une locomotive toute sa vie, au charbon d'abord, ensuite à l'électricité. J'ai beaucoup pensé à lui ce jour-là, à sa bonne figure, à son humour, à son allure d'ouvrier à qui on ne la fait pas, à ses anecdotes malicieuses, à son goût du chant.

Nous nous engageons rapidement sur la route d'Akademgorodok entre de hautes futaies. Une fois de plus, au moment de découvrir la réalité de ce qui n'est encore pour moi qu'un nom mythique, je suis bien consciente de ce qui fait le paradoxe des voyages : ce qu'on voit est indéniable, irréfutable, irremplaçable, aucune lecture ne saurait le remplacer, et jamais cependant on n'en sait assez pour profiter pleinement de ce qu'on voit… Malgré la bonne volonté et la compétence de nos guides, ce qu'on aura le temps de nous en dire sera forcément insuffisant, et c'est inévitable, il aurait fallu travailler davantage avant le départ, apporter des livres, de la documentation… Mais, je le sais aussi : ce qui me tourmente durant le voyage, sans jamais en gâcher le bonheur parfait, trouvera sa résolution plusieurs mois après, je l'ai déjà vécu et pratiqué. Je sais qu'une expérience m'attend, la plus haute que pour ma part je puisse connaître, et vers quoi probablement tend toute ma vie : cette forme de connaissance du monde qu'on atteint lorsqu'au temps du voyage vécu succède le temps du voyage dans les livres et qu'on entreprend le récit de leur double et réciproque mouvement d'approfondissement.

Akademgorodok (« Le petit village académique ») est l'un de ces centres édifiés en Union soviétique afin de procurer aux savants, à l'abri des regards, les meilleures conditions possible pour leurs travaux. Ce n'était pas le seul. Il faudrait prendre le temps d'analyser ce mode complexe de recherche scientifique où régnait l'esprit de la guerre froide : les marques d'intérêt et de respect portées alors à la « science » ne cachent jamais la dimension idéologique et politique du projet, c'est une forme de la guerre contre le « bloc impérialiste ».

Un article en ligne de Marie-Laure Couderc et Vittorio Franceschi (« La restructuration d'une ancienne ville fermée, Koltsovo ») donne des détails sur l'immense complexe scientifique entourant Novossibirsk dont faisait partie Akademgorodok. Koltsovo, fondé un peu plus tard, en 1979, abritait les laboratoires et les employés de l'Institut d'État de virologie et de biotechnologie. C'est dire quelle était son importance stratégique et le secret qui l'entourait. En 2003, Koltsovo a pris le nouveau statut de *naoukograd* (« cité scientifique », de *naouk*, « science »). L'Académie des sciences d'URSS déléguait certaines de ses sections dans de nombreuses régions des républiques soviétiques, en particulier les plus éloignées de tout, comme, à l'époque, la Sibérie centrale, ou, actuellement, Norilsk au nord du Cercle polaire arctique. Des scientifiques de premier ordre étaient conviés à y vivre et y travailler dans des secteurs de recherche ultra-secrets (atomique, bactériologique).

Être savant, à l'époque, c'était une gloire, le plus haut service qu'on puisse rendre à son peuple et à l'« édification du socialisme », c'était aussi une série de privilèges. Les Soviétiques étaient passés maîtres dans l'art de mêler savamment tout cela. Sur ce mode autoritaire propre au régime, mélange de terreur et de mécénat d'État, les chercheurs, les savants, connaissaient des conditions de travail et de vie inconnues dans le reste de l'Union soviétique et même dans la Silicon Valley : couvés, choyés, bien payés — enfermés tout de même loin de tout, dans une clairière de la forêt sibérienne, à une trentaine de kilomètres de Novossibirsk. Un camp à l'envers, en somme... C'est ainsi qu'Akademgorodok avait été fondé en 1957, sans être, contrairement à Koltsovo, fermé aux étrangers. Il s'agissait à la fois de protéger un certain type de recherches mais aussi, obsession des années cinquante comme de toute l'histoire de la Russie moderne, de développer la Sibérie.

La Sibérie est toujours une zone mi-ombre, mi-lumière : développement et déportation, science pure et stratocratie. La Russie nouvelle a reconverti tout cela et, en ce début de printemps 2010, c'est une petite ville un peu austère, un peu triste, comme une banlieue résidentielle. Mais, dès les premiers pas qu'on fait dans ses petites rues calmes, on comprend dans quel esprit avait été conçu, jusque dans sa disposition architecturale, ce phalanstère de la recherche scientifique. Maisons bien chauffées, bibliothèques, laboratoires, restaurants, centres de sport : un confort très éloigné probablement aujourd'hui encore de la vie du Russe ordinaire. De nombreux sites Internet russes (en français et en anglais) font l'historique de la fondation d'Akademgorodok. Trois amis, membres de l'Académie des sciences de l'URSS, Lavrentiev, Sobolev et Khristianovich, décident d'exporter la recherche scientifique de haut niveau de l'autre côté de l'Oural, dans les vastes territoires de la Sibérie, riche mais sous-développée. En 1958, une branche de l'Académie des sciences d'Union soviétique s'implante près de la ville industrielle de Novossibirsk. En quelques années, un centre académique se crée — académique, au sens soviétique —, avec de jeunes chercheurs en chimie, informatique, mathématiques, physique, sciences de la vie et de la terre. Le gouvernement soviétique décide donc de créer pour eux des conditions idéales de vie et de travail : des bâtiments modernes au cœur d'une forêt, tout près d'un jardin botanique et du grand réservoir de l'Ob, une plage artificielle et des installations de loisirs. Un numéro de la *Pravda* (20 juillet 1959) le décrit dans un reportage sur son inauguration comme « un ensemble cossu de maisons individuelles harmonieuses comme il en est peu en URSS ». C'est la « Silicon Taïga » de l'URSS, inaugurée le 26 septembre 1959, par un concert au Théâtre d'opéra et de ballet de Novossibirsk. À l'époque soviétique, rien n'était produit sur place, on recevait tout de Moscou.

Le général De Gaulle s'y est rendu en juin 1966, durant le long voyage qu'il fait alors dans ce qu'il n'appellera jamais autrement que « la Russie ». Le documentaire qu'on a tourné sur ce voyage est très émouvant, même si ce n'était nullement son but, parce que tout le long du parcours officiel on voit les rues de Moscou par un beau jour d'été et tout un peuple de Soviétiques aux allures un peu datées : des femmes en robe à fleurs, des hommes en bras de chemise, le visage plein, les cheveux épais. C'est comme un rêve évanoui, ou une apparence trompeuse : celle d'une démocratie populaire et bon enfant. Car, derrière cela, il y a tout ce qu'on sait et que Gide a si bien dit : « un peuple livré à une tragique expérience ». De Gaulle a voulu voir Akademgorodok et, dans la perspective « de paix et de rapprochement » en direction des pays de l'Est qui est la sienne, il prononce une de ces phrases solennelles et un peu creuses, inévitables dans un voyage diplomatique visant à l'ouverture. « La France considère

Akademgorodok, non seulement avec intérêt, mais avec admiration. » Cela dit, c'est probablement ce qu'il pense. La « Russie » — jamais « l'Union soviétique » — suscite chez lui une véritable considération par-delà l'opposition idéologique, à cause de son rôle au cours de la Seconde Guerre mondiale, mais aussi de ses réalisations dans le domaine scientifique. Interrogé par la Radiotélévision soviétique, il déclare : « En passant à Moscou, à Novossibirsk, à Leningrad, à Kiev, à Volgograd, en survolant vos plaines, vos fleuves, vos forêts, vos montagnes, en voyant près de moi vos hommes, vos femmes, vos enfants, j'étais rempli d'une émotion qui me venait du fond de l'Histoire. » Gaullistes ou pas, dans ces temps où le temps de la guerre froide s'est éloigné, c'est exactement ce qui nous arrive. La Russie est probablement le seul pays au monde où la profondeur historique rejoint l'immensité spatiale…

Après cette promenade dans les sages allées de la cité scientifique, nous nous dirigeons vers le Musée ethnographique. C'est là que nous devrions enfin aborder tout un pan d'histoire quasi ignoré de la plupart d'entre nous, de moi en tout cas : le passé de la Sibérie profonde, antérieur à la colonisation russe. J'entre donc dans ce musée comme il y a plus de vingt ans à New York j'étais entrée sur Audubon Terrace, tout en haut de la ville, dans le musée qui alors présentait des collections ethnographiques sur les « American Indian », depuis transportées à Washington. Car notre ignorance de la Sibérie est grande et ce n'est pas entièrement notre faute. Qui en parle, chez nous ? Quels livres, quels films ? À part Michel Strogoff et un siècle plus tard les récits du goulag ? Rien sur la Sibérie, sur les formes de sa conquête et de sa colonisation. Encore moins sur ceux qui en ont été les victimes. Grâce à d'innombrables récits et surtout par le cinéma, nous sommes infiniment mieux renseignés sur la population native des Indiens d'Amérique du Nord, et sur le « Far West » (« Lointain Ouest ») américain que sur le « Lointain Est » russe, traduction littérale du russe « Dali Vostok ». (L'appeler comme on le fait « Extrême-Orient » suggère des associations assez peu justifiées : cet « Est Lointain » n'a rien à voir avec la Chine ou le Japon.)

Naturellement, la comparaison s'arrête vite : l'Amérique du Nord est un continent puissant et peuplé, la Sibérie un grand vide glacé qui reste encore largement à développer.

Comme partout ailleurs, comme sur d'autres continents, il y avait avant la conquête et la colonisation des peuples qui vivaient là, que la présence étrangère a massivement écartés et dont elle a plus ou moins violemment entraîné la disparition progressive avant de repeupler la terre de « convicts » et de colons. La Sibérie ne fait pas exception. La juxtaposition d'un musée ethnographique et d'une cité scientifique soudain n'apparaît plus comme un hasard. Lorsque la domination est suffisamment établie, lorsque aux comptoirs marchands et aux *ostrogs* (forteresses) cosaques ont succédé le savoir et les établissements scientifiques, lorsque la langue dominante s'est partout établie, le moment est venu de se retourner vers le passé et de rendre un hommage tardif à des populations dont on n'a plus rien à redouter.

Le musée est calme, provincial, bien distribué, l'accueil timide et sérieux, les gardiennes ont cet air grondeur et un peu lassé de ceux qui accueillent régulièrement des groupes d'enfants ou d'adolescents qu'il faut sans cesse surveiller. Assis juste en dessous du portrait d'un gros garçon blond et médaillé, un gardien ne nous regarde même pas. Sur la poche de poitrine de son uniforme, on peut lire ce mot :

Okhrana (« Sécurité »). Aujourd'hui c'est bien inoffensif, mais les mots ont une histoire, on ne peut les empêcher de résonner : l'Okhrana (pour *Okhrannoye otdeleniye,* « Section de sécurité »), c'était le nom de la police politique secrète de l'Empire russe à la fin du XIXe siècle jusqu'à la révolution de 1917 (et après ça ne valait guère mieux).

La femme qui nous a pris en charge a bien compris que nous n'étions pas des collégiens à la recherche de Jurassic Park. Elle se lance dans des étymologies du mot « Sibérie », « Sibir » en russe, qui tout de suite ouvrent le trouble sur l'origine, puisqu'on peut y voir soit un mot turco-mongol signifiant « le vide », soit un dérivé du mot russe, *siever*, « le nord ». Soit encore, je le sais maintenant, une référence au khanat de Sibir et à la rivière qui le traverse… Une chose est sûre : si la colonisation russe a donné à la Sibérie son visage actuel, ce qui en droit devrait aussi définir la Sibérie, ce sont les peuples qui y vivaient avant. Et ce sont eux que je voudrais rencontrer en remontant aussi loin que possible : vite, la première salle, peut-être les autochtones nous y attendent-ils ? Déception : on a d'emblée visé un peu trop loin en arrière, ce sont ces premiers habitants humains que je cherche et c'est un énorme crâne de mammouth qui nous accueille. Toute remontée dans le passé est comme un tir d'artillerie : on ajuste, trop près, puis trop loin, avant de tomber pile.

Qui sont-ils au reste, les premiers peuples qui habitèrent la Sibérie ? Les Iénisséens ne parlaient pas une langue du groupe altaïque, ou turco-mongole, « sibir » appartient à celle de leurs successeurs. Mais de quel nom les Iénisséens nommaient-ils alors leur pays ? L'absence de mot, ou l'ignorance de ce mot, la présence ensuite de mots de langues différentes pour l'appeler sont la preuve que la Sibérie est une invention récurrente : les peuples s'y succèdent, Iénisséens, Ougro-Samoyedes, huit siècles plus tard, Khakhasses et Ouïgours, puis ce sont les Mongols, les Tatars, enfin les Russes venus de Moscovie...

Sibir ou *siever* : « vide » ou « nord », donc grand froid, alliance terrible de ces mots dans la vie de tous ceux, innombrables, qui y furent déportés. Un très grand froid — des températures qui peuvent atteindre 60° en dessous de zéro. L'imaginaire occidental s'en est emparé et les associe à la Sibérie jusqu'à la caricature : Sibir est le nom d'une marque de réfrigérateur et celui de certains caleçons polaires. Et un très grand vide colossal, métaphysique, saisissant, le Lointain Est s'étant encore dépeuplé depuis 1991 (ce qui nourrit des fantasmes d'invasion chinoise, les Chinois étant en revanche très nombreux dans les régions frontalières). Qu'on imagine : 13 millions de kilomètres carrés, aujourd'hui environ 49 millions d'habitants : 3 habitants au kilomètre carré. Et encore, c'est une moyenne, la population est très dispersée. En même temps, la Sibérie est riche : richesse de son sous-sol et pendant longtemps faiblesse de son développement, c'est toute son histoire. Qu'aujourd'hui on tente de rectifier : d'immenses efforts ont été consentis depuis la fin du XXe siècle pour exploiter ses richesses en minerais et en pétrole.

Mais revenons aux autochtones. Ils sont enfin là dans la salle suivante, entourés de vêtements, d'objets quotidiens et d'armes, et présentés à des fins pédagogiques, de façon si concrète qu'ils en deviennent vivants, même s'il s'agit de momies que le permafrost a conservées en l'état où nous les voyons. N'espérons rien du côté des premiers Iénisséens : ces momies découvertes près de Novossibirsk, aux abords du Kazakhstan et de la Mongolie, appartiennent à la population nomade des Pazyryk, qui ont vécu à l'âge de fer, VIIe-Ve siècle avant notre ère, donc à peu près à l'époque d'Homère. Mais c'est tout de même bien avant Iermak, l'ancien brigand, le Cosaque qui se met au service des Strogonov pour dompter les Tatars d'outre-Oural avec l'accord et peut-être même le mandat d'Ivan le Terrible. Les tombes des Pazyryk étaient des kourganes, ou tumuli, semblables à ceux des Scythes. Les deux momies de ce musée, un homme et une femme, reposent dans une position qu'à tort on qualifie de fœtale, plutôt celle d'un sommeil calme. Du reste leur peau, bien conservée, semble fraîche et presque souple, sous ses tatouages. Pour éviter les questions des enfants, on leur a couvert le sexe, ou ce qu'il en reste, d'une gaze de couleur jaune. L'attention de tous se tourne naturellement vers la femme, la « demoiselle de glace », découverte en 1993 par l'archéologue Natalia Polosmak. Elle était enterrée dans un cercueil façonné à partir du tronc évidé d'un mélèze et six chevaux reposaient avec elle dans la chambre funéraire. L'extérieur du cercueil était recouvert d'images gravées représentant des cerfs et des léopards des neiges.

La beauté des vêtements, féminins et masculins, leurs tissus, leur coupe, les galons qui les bordent, sont extraordinaires. Les coiffures aussi, surtout celles des femmes, avec leurs hauts motifs tressés surmontés d'un cerf stylisé, mais aussi les bijoux, les armes… Tout désigne une civilisation opulente, somptueuse, riche. Sur des plats, des rennes comme on a pu en voir dans les premières expositions de « L'or des Scythes » qui nous avaient tellement impressionnés dans les années quatre-vingt… Pour une fois, la reconstitution de la vie quotidienne d'un peuple disparu, dans son environnement naturel, ses habitations, ses vêtements, ne donne pas le sentiment d'un musée Grévin de la protohistoire : la beauté et la modernité (mot stupide, mais je n'en ai pas d'autre) de leurs vêtements leur confèrent une noblesse qui vous intimide et vous rapproche d'eux. Sur une peinture pédagogique qui la représente en grande tenue, un tissu brodé jeté sur les épaules et ses cheveux relevés sous la haute coiffure, la « demoiselle de Sibérie » a le beau visage de Simone de Beauvoir. M'éloignant un instant du groupe, j'ai le temps de photographier une carte murale pour l'examiner à loisir : je viens d'y repérer, tout près de nous (ce n'est rien en Sibérie que quelques centaines de kilomètres !), le cours de l'Abakan, la rivière qu'il faut remonter pour atteindre l'ermitage d'Agafia, cette autre « demoiselle de Sibérie », la dernière de la famille des vieux-croyants exilés au cœur de l'Altaï.

En sortant, déjeuner rapide, et un tour non moins rapide à la boutique qui jouxte le musée. On y vend des châles aux motifs et couleurs très originaux, mais le fou rire nous gagne, c'est irrésistible, devant des culottes, des bas, des tricots de corps et des caleçons d'une taille impressionnante tricotés dans une laine grise qui semble très rêche…

De nouveau la route dans notre autocar de fabrication coréenne décoré de petits rideaux. Je somnole un peu, les yeux fixés sur le dossier devant moi, où un appuie-tête porte ces mots brodés : *dobro pajalovat !* « bienvenue ! », doublés de la même chose, je le suppose, en coréen. Je tâche de retrouver des forces (morales ou intellectuelles plus encore que physiques) pour aborder notre prochain rendez-vous, une école de langues. Un petit arrêt devant un assez laid monument de brique rouge, la cathédrale Saint-Alexandre-Nevsky, l'un des premiers bâtiments de Novossibirsk à ne pas être construit en bois. J'essaie d'imaginer, mais sans y parvenir, la ville aux dimensions de village qui l'entourait alors. Le style néobyzantin des années 1890 ne m'émeut guère, constructions massives, aux dômes courts et épais, qu'on retrouve tout le long du Transsibérien. C'est (avec le « néorusse » copié sur Saint-Basile-le-Bienheureux) le style typique de la seconde moitié du XIXe : une manière de soutenir la puissance et le réveil du nationalisme russe en réaffirmant les origines religieuses orthodoxes du pays. Ce fut aussi le style préféré à la même époque en France, où le catholicisme pourtant avait moins de raisons que l'orthodoxie de brandir ses racines byzantines, à Fourvière, à Notre-Dame-de-la-Garde, au Sacré-Cœur de Montmartre, à Sainte-Clotilde de Reims et jusqu'en Afrique du Nord !... Loin de ces considérations, près de l'entrée, une mendiante tend la main, l'air absent, les yeux vides, le visage tanné. Elle porte la robe-tablier de tissu fleuri des paysannes, et sa tête est couverte d'un fichu avec d'autres motifs, à côté d'elle, un homme s'appuie sur une béquille. Un troisième, blond au visage émacié, les mains dans les poches d'un pantalon trop grand, peut-être pour l'empêcher de glisser, semble ne pas être en meilleure forme qu'eux.

Centre-ville très moderne, d'immenses buildings de verre bleu, massifs et inélégants et cependant, sur le chemin du « Gymnasia n° 16, Frantsouskaia », quelques bâtiments années trente, de pur style constructiviste. En lettres énormes sur un toit : « Dom Kultury » (Maison de la culture) et, un peu plus bas, « Oktiabriskoie Revolutsia ». Pas besoin de traduire. Comme toujours nous sommes en retard et une petite délégation de professeurs inquiète nous attend sur le perron du gymnase — en Russie, un « gymnase » est à la fois une école primaire, un collège et un lycée — au-dessous d'un motif de drapeaux russes et français. Cette école-ci est spécialisée en langue française. J'ai du reste découvert depuis qu'au concours organisé en 2010 par Francomanie sur le thème des « expressions idiomatiques », c'est une élève de ce gymnase, Anna Dubovik (catégorie des 11/15 ans), qui avait obtenu la première place. Son texte rédigé en français et en russe portait sur l'expression française suivante : « raconter des salades », dont l'équivalent russe est « mettre des nouilles sur les oreilles ». Je me promets de l'utiliser désormais couramment même si elle me paraît assez énigmatique.

Des enfants joyeux en costume traditionnel, l'œil vif, les joues rouges, bouillant d'impatience contenue, nous accueillent dans le hall d'entrée avec des fleurs, des ballons. Ravissante dans sa robe d'un vert brillant, une petite fille nous présente le pain. Les professeurs semblent émues, heureuses, quelques-unes portent des jeans, mais la plupart des costumes-tailleurs sur des blouses habillées. Nous nous dirigeons vers les salles de classe. À notre entrée, les élèves se lèvent. La vue même des pupitres, des tableaux, est toujours pour moi un moment d'émotion. Et ma passion pour les écoles, dans quelque endroit que ce soit du monde, me dicte toujours mille questions. Mais à la première qui me vient ici, j'ai la réponse avant même d'avoir à la poser : les murs sont décorés de portraits des grands auteurs de la littérature russe ! (Je n'ai vu cela qu'une seule fois en France, dans une classe de CM2 d'une école primaire d'Aix-en-Provence.) Impression confirmée par les manuels de quatrième ou troisième : beaucoup d'extraits empruntés à la grande littérature russe (Lermontov, etc.) et pas des plus courts, bien plus longs en tout cas que ce qu'on estime aujourd'hui, en France, à la portée d'un enfant de douze ou treize ans. (À qui de façon contradictoire on donne aussi à lire des textes intégraux. Je préfère les morceaux (bien) choisis et de bonne longueur : on y apprend plus de choses.)

Nous passons de salle en salle à travers des couloirs très calmes. Serait-ce l'effet de notre visite ? Les élèves ont-ils reçu des consignes très strictes ? Mais comment se fait-il que personne ne les transgresse ? On me passe un manuel pour le niveau n° 1 (cinquième-quatrième), j'y trouve un poème de Boulat Okoudjava, un de ses plus célèbres. En voici le début : « Ah, guerre, qu'as-tu donc fait, lâche ! / Nos cours sont devenues calmes. / Nos garçons ont redressé la tête, / ils ont mûri plus tôt. / On distinguait à peine leurs silhouettes sur la route, / ils sont partis — un soldat derrière l'autre… / Au revoir, les garçons ! / Les garçons, / essayez de revenir vivants ! / Non, ne vous cachez pas, soyez grands, / n'épargnez ni les balles, ni les grenades, / ne vous ménagez pas, mais quand même / essayez de revenir vivants ! / Ah, guerre, qu'as-tu donc fait, lâche ! / À la place des noces — des séparations et de la fumée. » À travers ce que je peux voir, ou simplement entrevoir, l'enseignement en Russie me semble encore proche de ce qu'il pouvait être durant l'ère soviétique, mis à part, on s'en doute, le dogmatisme idéologique. L'enseignement des langues continue d'être centré autour de la littérature et des « grands auteurs », avec une évidente dimension patriotique. Ce qu'il a été longtemps chez nous, en fait jusque dans les années soixante-dix… Mais il est probable que tout est en train de changer, quelques professeurs font de timides allusions à leurs inquiétudes : « Les enfants ne lisent plus », « Ils ne pensent qu'à Internet et aux jeux vidéo. » Et aussi qu'il y a des problèmes de violence, un refus de l'autorité, etc. Même l'enseignement privé se dégrade, note le mathématicien Laurent Lafforgue au retour d'un voyage récent : les fils des « nouveaux Russes » se croient tout permis « parce que leurs parents paient cher ». Ça aussi, c'est l'Europe, de Londres à Vladivostok…

J'ai le temps de photographier un cadre accroché au mur d'une salle : on y voit deux photos, l'une d'une femme devant des ruines, l'autre d'un soldat. Derrière lui, un drapeau barré d'une faucille et d'un marteau, et le mot « soviétique » est parfaitement lisible au-dessus de sa tête… La mémoire est sélective, mais on ne pratique ici qu'un révisionnisme modéré. Ce qui frappe en tout cas, c'est à quel point la Russie d'aujourd'hui continue d'entretenir la mémoire, il faudrait presque dire le culte, de la Seconde Guerre mondiale, qu'on n'appelle du reste jamais autrement que la « Grande Guerre patriotique ».

La grande fierté de l'école, c'est donc, clou de notre visite, son musée de la Seconde Guerre mondiale, « entièrement réalisé par les élèves », où sont exposés des objets des années quarante, un gramophone, un encrier et son porte-plume, de vieux manuels de français, des albums de dessins, des petites lunettes rondes et, aux murs, des photos de vétérans assis au milieu des élèves. Tout un mur est consacré au fameux régiment de chasse « Normandie-Niémen » composé de pilotes russes et d'une vingtaine de pilotes de l'armée de l'air française qui avaient quitté la France de Vichy sur l'instigation de De Gaulle pour rejoindre la Russie en 1942. Plus loin, dans un autre petit cadre, une « Lettre du front », *Pismo s'fronta*. Pour finir, on nous sert du thé, du café, des gâteaux à la bibliothèque. Cela aussi, cette gentillesse, cet accueil un peu cérémonieux, c'est, dans la Russie d'aujourd'hui, des restes de la Russie d'avant, y compris communiste. Une élève de terminale chante. Elle a de magnifiques cheveux roux, répartis en tresses très fines tout autour du visage et sur les épaules.

Au moment du départ, on m'offre des manuels que je ne pourrai pas rapporter en France, ils sont trop gros et trop lourds, mais que j'ai le temps d'étudier longuement dans le train : je ne sais s'il faut s'en féliciter ou le mettre au compte du « retard russe », mais en tout cas ils sont beaucoup moins dévorés d'images que les nôtres...

Je sors donc du Gymnasia Frantsouskaia le cœur assez lourd, sous les au revoir des élèves et des professeurs. Quelle que soit la différence de situation entre la France et la Russie d'aujourd'hui, il est clair que nous avons hélas ceci en commun : les évolutions du monde actuel ne sont pas favorables, ni chez nous ni chez eux, aux formes « humanistes » de l'enseignement. Un léger décalage les préserve encore en Russie. Mais si, comme tous me le confirment, c'est *« la fin de l'intelligentsia »*, cela signifiera d'une manière ou d'une autre le déclin de ce type d'enseignement. L'intelligentsia était une classe propre à la Russie, qui s'y était partiellement maintenue, dans des conditions très difficiles, pendant l'ère soviétique. On a souvent débattu pour savoir si quelque chose du même ordre existait en France. Pour Irina Kolotouchkina, dans un article en ligne, l'intelligentsia russe et l'intelligentsia française avaient en commun de « se poser toutes deux en représentant, porte-parole et régulateur du corps social », au nom « des valeurs universelles des Lumières ». Mais l'intelligentsia russe a été durablement marquée par le sacrifice des officiers et des jeunes nobles libéraux de 1825 et, tout en soutenant les valeurs libérales venues de l'Occident, elle les associe de façon quasi messianique à une profonde confiance dans le peuple russe.

Une autre différence, à mes yeux, entre la Russie et la France, c'est qu'en Russie l'appartenance à l'intelligentsia ne signifiait pas forcément un statut d'intellectuel, de philosophe, de penseur, d'écrivain, mais, de façon beaucoup plus large, le choix d'une vie faisant une grande place à la culture, aux livres, aux conversations, à la musique... Tous ceux qui ont connu la Russie (ou les « pays de l'Est ») avant 1991 en ont été témoins : l'intelligentsia qui avait dû se replier sur la sphère privée pour résister à sa destruction systématique développait des trésors d'humour, de réflexion, d'amour pour les livres, les arts, la pensée... Elle avait fini par se confondre avec la dissidence, moins du reste dans l'action directe, politique — la plupart du temps impossible et réprimée — que dans le maintien d'un mode de vie qui faisait notre admiration : de petits appartements, parfois composés d'une seule pièce, une simple cuisine avec un divan le long du mur, mais bourrés jusqu'au plafond de livres, de tableaux, d'objets anciens. Un chat sur un sofa élimé, des restes sur une assiette, de la vodka mise au frais sur la fenêtre, un portrait de Lermontov au mur ou un dessin expressionniste, et des livres partout... Jamais le fossé n'avait été aussi profond entre l'intelligentsia russe et les intellectuels français, même les plus farouchement opposés au communisme. Quant aux « compagnons de route » ou « soutiens critiques » du communisme, le sort des dissidents n'était pas au centre de leurs préoccupations... Ni les uns ni les autres (et en un sens, c'est heureux !) n'avaient expérimenté ce que c'est que de vivre dans une seule pièce, dans un appartement communautaire (une *kommunalka*) mais au milieu de livres, de tableaux et de quelques restes d'argenterie échappés au désastre...

C'est évidemment l'histoire du communisme qui a le plus profondément séparé l'intelligentsia russe de l'intelligentsia française. Et, si la situation actuelle les réunit de nouveau, c'est que les formes actuelles (imparfaites) de nos démocraties et du libéralisme économique sont en train d'avoir raison de toutes les deux... En Russie, « l'intelligentsia, dans les nouvelles circonstances sociopolitiques, ne bénéficie plus du prestige qui était le sien auparavant », notait le sociologue Lev Goudkov, dans le milieu des années quatre-vingt-dix, lors d'une rencontre franco-russe. Chez nous existe-t-il encore la possibilité de mener une vie ignorée, solitaire, mais attachée aux valeurs de la culture, des livres, de l'art, de la pensée ? Le statut « symbolique » de la lecture est en train de disparaître, en Russie comme en France...

De retour à mon hôtel je repense longuement aux professeurs que j'ai si peu eu le temps de voir, à leur extraordinaire bonne volonté, à leur désir de se montrer sous leur meilleur jour, à cet air de joie timide, mêlée d'une espèce de tristesse au moment de se quitter. Nous sommes si loin ! semblent-ils dire, reviendrez-vous nous voir ? À 20 heures, assez fatigués comme chaque jour, nous dînons avant de reprendre le train au restaurant Sibirskaïa Troïka. Nous buvons sec, je refuse comme à chaque fois la permission donnée « aux dames » de siroter leur vodka par petites gorgées, je danse avec D. F., puis de nouveau sur le quai de la gare, les autres voyageurs nous regardent ébahis. À 22 h 30 nous sommes en route pour Krasnoïarsk. À moitié étendue sur ma couchette, j'ajoute un peu de vodka dans mon verre pour animer le jus de cerise qu'on vient de me verser.

Vendredi 4, samedi 5 juin : dans le train vers Krasnoïarsk

Nous voici donc à 4 000 kilomètres de Moscou et de plus en plus près d'Agafia, l'ermite de la taïga ! L'Abakan, la rivière au bord de laquelle ses parents s'étaient établis en 1938, coule dans les monts Saïan, à environ 300 kilomètres au sud de Krasnoïarsk où nous arriverons samedi en fin de matinée.

Le train file sa petite vitesse de 60 à 80 kilomètres à l'heure dans un paysage désormais familier où alternent des forêts peu denses et des agglomérations d'apparence pauvre composées de quelques maisons. Tas de foin, toits de tôle chargés de pierres ou de troncs d'arbre et, derrière, de vastes collines, puis de nouveau la forêt, bouleaux, mélèzes. La prairie est semée de fleurs jaunes en tapis, les fils électriques se balancent en rythme. Nous avançons sans avancer : les roues tournent, le train vibre et tangue, le paysage se déploie, mais nous avons encore devant nous la moitié du chemin. On se sent envoûté, enivré par l'espace. Par l'espace infini, par cette puissance sans limites, source et production du monde. Cette sensation physique d'espace créateur ne me quitte pas depuis le début de ce voyage.

… La nuit tombe. On me fait passer un livre de Zakhar

Prilepine, j'ai à peine le temps de l'ouvrir. Je découvre aujourd'hui qu'il est membre du parti national-bolchevique comme Édouard Limonov que j'avais connu à Paris en 1993, et que leur journal s'appelle *Limonka*, « La grenade ». À l'époque, ils organisaient de nombreuses manifestations de refus en Russie et on a beaucoup parlé ici des « rouges-bruns ». On en parle moins maintenant. Je ne sais pas de quelle influence ils disposent.

Mais je suis trop fatiguée pour lire longtemps, je m'endors profondément.

...

Réveil vers 7 heures, toilette générale mais sommaire. Je regrette un peu le temps où, comme on le voit dans certains romans (anglais), on ne voyageait pas sans un tub pliant et un « sac à éponges » (ça devait moisir un peu là-dedans). Mais j'ai inventé une sorte de douche qui marche. J'accroche mes vêtements à la patère en m'y reprenant plusieurs fois car le train tangue horriblement, j'imbibe d'eau l'une de mes deux serviettes réglementaires en la plaquant vivement à plusieurs reprises sous le robinet, puisque c'est la seule manière de la faire couler. Je l'essore ensuite sur moi avant de m'essuyer avec l'autre. La sensation de froid est délicieuse, revigorante. Ensuite, pour aller au wagon-restaurant, une fois de plus, je traverse le train, en général un des garçons de notre groupe m'accompagne, me frayant le chemin — passages bruyants entre les wagons, secousses, la porte se referme en claquant, les plaques de la passerelle remuent dangereusement.

De nouveau, dans chaque wagon, des corps endormis, à demi nus. Odeurs fortes, mais jamais nauséabondes. Puis une série de compartiments à couchettes, rideaux tirés, et de nouveau un, deux, trois wagons ouverts, familles, des enfants mal réveillés mangeant sur les genoux des mères, les regards sont parfois indifférents, mais toujours dénués d'agressivité. Ou alors, c'est que je ne sais pas en interpréter les signes. Mais ça m'étonnerait : ce sont des signes universels qu'on ne peut confondre avec des marques de sympathie ou d'amour…

11 h 30 : arrivée à Krasnoïarsk

Sixième étape de notre voyage, en comptant Moscou, Krasnoïarsk est une ville typique de la présence (coloniale) russe : troisième ville de Sibérie, avec près de 900 000 habitants, c'est un ancien *ostrog* cosaque, édifié au XVIIe siècle sur l'Ienisseï contre les Tatars. C'est actuellement le centre administratif du kraï de Krasnoïarsk qui s'étend sur 2 366 797 kilomètres carrés de la frontière mongole à l'océan Arctique. Le nom de Krasnoïarsk a été adopté lorsque la localité reçut son statut de ville. Les Cosaques commandés par Andreï Douvenskoï avaient donné le nom de Ravin Rouge, « Krasny Iar », à la fortification qu'ils y avaient construite…

Peu avant la gare de Krasnoïarsk, mon regard est attiré par un grand bâtiment industriel abandonné, de style années trente, dont toutes les vitres sont cassées. Sur sa partie la plus haute, une inscription que je ne parviens pas à déchiffrer, je vois seulement qu'elle se termine par un point d'exclamation. Il y a de la tristesse historique dans ce point d'exclamation dérisoire, à demi effacé.

Sur le quai, du bruit, du mouvement, de la musique, de la couleur. Nous prenons hâtivement nos sacoches. Encore une gare des plus imposantes, il y en a neuf cents tout au long du Transsibérien mais seule une dizaine a cette ampleur : cette fois-ci les murs sont blancs, hauts, épais, puissants, et les toits verts, ou turquoise clair. Au premier plan un bâtiment plus petit est surmonté d'une coupole, vert clair elle aussi. De fines armatures de métal soutiennent ou encadrent de grandes ouvertures. Un petit détachement de cosaques nous attend, bonnet de fourrure blanc, la *papakha*, redingote, la *tcherkessa*, également blanche avec deux poches de poitrine garnies de balles de fusil. Un accordéoniste. Des jeunes filles un peu rondes portant le pain et le sel… Derrière eux, à jamais immobilisée sur un socle surélevé, brillante de peinture récente, la locomotive *Sergo Ordjonikidze*, vieux compagnon depuis Ekaterinbourg…

Comité d'accueil.
Derrière le groupe, on peut lire « Sergo Ordjonikidze » sur la locomotive témoin.

Pause. L'accordéon reprend, et aussi une espèce de flûtiau dont joue le plus costaud des cosaques. Une danse commence. Le costume des femmes est plutôt seyant, surtout la coiffure ornée de perles avec des pendeloques au-dessus des oreilles. Mais les tissus sont trop brillants – pour tout dire de qualité médiocre. Ces manifestations folkloriques, aujourd'hui strictement touristiques, n'ont pas plus de vérité qu'à l'ère soviétique, où on cherchait à donner de la cohésion nationale et de la profondeur historique au nouveau régime.

Ici en terre sibérienne, les Cosaques sont partout. Leur nom même signifie la conquête et la première présence russe sur ce territoire... Mais les mots sont des symboles pesants... Est-ce l'empreinte laissée par le temps de la guerre froide, et l'image violemment négative que l'URSS donnait d'eux ? Le mot ne suscite pas en moi d'associations positives. N'est-ce pas aussi le souvenir national de 1812, et de leurs chevaux buvant aux fontaines des Champs-Élysées ? Un document amusant, trouvé sur Internet, relate comment, en 1814, les cosaques, sous le commandement du comte Czernicheff, plénipotentiaire d'Alexandre Ier en 1812 auprès de Napoléon, s'étaient heurtés près d'Orléans aux cuirassiers français. En 1880, M. Antoine-Jules Dumesnil, « sénateur et vice-président du conseil général du Loiret », publie un article à Pithiviers, sur les presses de l'Imprimerie nouvelle : « Les Cosaques dans le Gâtinais, en 1814 ». Il y fait figurer un long poème que lui a dicté M. Mignon « âgé de 82 ans ». « Voici ce chant de guerre, écrit-il, inspiré plutôt par le dieu Mars que par Apollon et les Muses. » Je n'en citerai qu'un quatrain, souvenir de la bataille d'Eylau : « Ces troupes de fameux Cosaques / Se croyant déjà prisonniers, / Disaient entre eux : tournons casaque / Voici venir les cuirassiers. »

Cosaque, casaque, kazakh : les mots se ressemblent, les étymologies se croisent, encore du grain à moudre pour la rêverie…

… Au fond, je connais mal leur histoire. C'est ce que je me dis sur le quai de la gare du « ravin rouge », remettant à mon retour, une fois de plus, le soin de m'en faire une idée claire. Qui sont les Cosaques ? Leur histoire serait longue mais passionnante à rapporter. Soldats mercenaires venus de la région de Kiev, ils se divisent en plusieurs groupes : les Cosaques d'Ukraine, divisés eux-mêmes entre les « enregistrés », les Zaporogues (« au-delà des cataractes » du Dniepr), et les Cosaques du Don… C'est à eux depuis des siècles, depuis leur soumission au pouvoir central, qu'il est revenu d'assurer aux frontières du Sud et de l'Est — du Caucase à l'Oural — la présence russe, l'ordre russe. Au moment de la deuxième guerre de Tchétchénie, dans une interview donnée en 1997 à la presse internationale, Iouri Tchourekov, en grand uniforme noir d'ataman (chef traditionnel cosaque), le redit : « Depuis longtemps, nous savons remettre de l'ordre dans le Caucase du Nord. » Sa conclusion : ce ne sont pas des conscrits russes qu'il faut envoyer en Tchétchénie, mais des Cosaques « qui sont de vrais professionnels ». Sans commentaire…

La route pacifiée que nous empruntons en direction de Vladivostok ne l'a pas toujours été. Le rituel touristique y fait allusion d'une manière parfaitement hermétique pour le voyageur peu soucieux de profondeur historique… C'est pourtant le moment de revenir à Iermak, brièvement évoqué à plusieurs reprises. Au XVIe siècle, dans une opération de représailles commanditée par les marchands moscovites de l'Oural, écrit Iaroslav Lebedynsky dans un article déjà cité, les Cosaques « sous le fameux Iermak, entamèrent en 1582 la conquête de la Sibérie ». Ils prennent Sibir et l'offrent au tsar, Ivan le Terrible. « Ils sont par la suite le fer de lance de la colonisation russe de la région. »

Les Cosaques ne sont pas gent paisible, et ils n'en continuent pas moins à se révolter, jusqu'à ce que, soumis par Pierre le Grand, ils se voient associés à son pouvoir : leurs dernières grandes révoltes, comme celle de Pougatchev dans l'Oural (1772-1774), sont impitoyablement écrasées. « Les Cosaques devinrent une caste militaire dont les membres, en échange de divers privilèges et d'une autonomie interne réduite, devaient un très long service militaire, généralement comme cavaliers légers. Ils étaient employés sans ménagement dans les guerres et on sait quel souvenir cuisant ils laissèrent aux envahisseurs français de 1812 ! » (Iaroslav Lebedynsky).

Soumis au pouvoir central et cependant souvent indociles, attachés à leur mode de vie, à leur « démocratie guerrière », à leur vocabulaire, ils sont après 1917 assimilés à l'armée blanche, même si certains se retrouvent du côté des Rouges, et bientôt persécutés par Staline. Quelques-uns rejoignent l'armée allemande en 1941 : aux beaux temps du Parti communiste français, il était mal vu d'écouter *Kalinka* par les Cosaques du Don, et bien vu de l'écouter chantée par les chœurs de l'Armée rouge… On ne s'étonnera donc pas que, depuis 1991, on ait voulu faire renaître leur culture et leurs traditions. Tout est histoire, vive, brûlante, souvent impénétrable : « Notre passé est imprévisible », disait une boutade du temps de l'URSS. Mais c'est une vérité aussi, il faut le réécrire sans cesse et sans cesse réviser son propre jugement.

12 heures : hôtel Oktiabrskaïa (« Octobre » est, en russe, comme « 89 » en français : l'équivalent de « révolution »). Bel hôtel. Comme toute la ville qui, dans son ensemble,

donne une impression de prospérité. Partout de beaux parterres encadrés d'une bordure de pierre. De jeunes arbres, des prunus, des cerisiers, des acacias, sont déjà fleuris. Devant nous, un bâtiment des années vingt, le palais de justice (*Çud*) du kraï de Krasnoïarsk, et une statue Art déco, elle aussi de la Justice, la balance à la main. De courts petits jets d'eau l'entourent. Tous ces embellissements sont dus à Piotr Pimaschov, le maire élu en 1996. Ce qui fait écrire au reporter du *Washington Post* qu'avec ses jolies places et ses petits cafés la vie de la rue « semble plus italienne que russe ». Le centre historique a été partout rénové et certains reprochent au maire une modernisation excessive, aux dépens des anciennes maisons de bois...

Le temps est moins beau qu'à notre arrivée, le froid revient avec un peu de pluie, une grande journée nous attend demain, je me sens prise de fatigue et du désir irrépressible de sécher les obligations auxquelles je me soumets volontiers depuis plus d'une semaine, et à quel rythme ! Et puis je voudrais trouver un grand sac commode pour loger tous les cadeaux qu'on nous fait, livres d'art, romans dédicacés par leurs auteurs. Vers 14 heures, après le déjeuner, je demande donc à un jeune universitaire s'il peut me servir de guide pour l'après-midi. Il enseigne, mais il travaille aussi, je n'ai pas très bien compris dans quoi. L'enseignement privé ? Le tourisme ? La traduction ? Il s'était lui-même proposé et nous partons. Il est « heureux de pratiquer son français avec moi » ! Il a une voiture (japonaise, conduite à droite) : je m'appelle Serge, dit-il. Je l'appelle aussitôt Sérioja. Il fait encore plus froid, de nouveau un peu d'hiver et de pluie, malgré les fleurs aux arbres fruitiers sur les boulevards et les tulipes dans les parterres.

Petit malentendu : S. croit que je cherche une belle valise, et il m'emmène dans des boutiques Gucci où on vend des bagages à 500 dollars. Je lui explique : non, je veux un sac grand et solide, pour y mettre beaucoup de livres, un de ces sacs écossais en plastique comme en utilisent les travailleurs immigrés. J'ai compris ! dit-il et nous voilà au marché chinois Sodrujestvo, « Fraternité ». Je n'ai même pas besoin d'y pénétrer pour trouver ce que je cherche sur un éventaire en plein vent, tenu par une femme âgée, l'air assez misérable. Dans les 40 roubles, soit environ 1 euro. Dans les allées peuplées de marchands plus que de clients, partout, et en masse, des vestes, des pantalons, des tee-shirts, d'inspiration plus ou moins chinoise. Tout ce qu'on trouve ici, on le trouverait aussi bien à Paris, sur les marchés. C'est de Pékin, maintenant, que les mêmes produits ont l'air importés. Sa mère, en vacances en Espagne, me dit Sérioja, n'a rien pu lui rapporter : il n'y avait que des objets médiocres fabriqués en Chine comme ceux du marché Sodrujestvo. Très forte en ce moment où la Russie constitue un nouveau marché prometteur, la concurrence entre la Chine et le Japon tendrait à l'avantage de ce dernier, dont les produits sont de meilleure qualité... Mais ici tout est chinois, rien que chinois.

Une forte femme de type mongol, souriant de toutes ses dents (en or), veut me montrer sa boutique ; elle porte sur un pull à fleurs et une jupe à fleurs (différentes) un long blouson polaire à rayures tigrées. Je m'empresse d'acheter le même : il me paraît chaud. En effet, je serai contente de l'avoir le lendemain dans les gorges de l'Ienisseï, et plus encore, quelques jours après, sur le lac Baïkal.

... Retour vers le centre : neige fondue, pluie, il fait vraiment froid. Au loin, sur la colline, une petite chapelle que je ne visiterai pas... Tant pis, je vais rester à l'hôtel jusqu'au dîner, lire, regarder mes notes, dormir peut-être, je n'ai pas envie de faire du tourisme. Je voudrais creuser cette difficulté que j'ai à concilier les deux dimensions opposées entre lesquelles ce voyage hésite. L'une, heureuse, choyée, comblée. L'autre, plus sombre, inquiète, tourmentée. À chaque arrivée, la chose se reproduit, c'est d'abord la joie de la découverte, un sentiment de dépaysement modéré, une atmosphère de vacances. On a encore dans les jambes et dans la tête la vibration du train, celle des immenses ponts de fer qui tanguent sous notre passage, on a franchi un fleuve, large, limoneux, et bientôt c'est la gare, son brouhaha et ses beaux bâtiments bien entretenus. Au détour d'une rue, quelques maisons de bois à un étage, datant du milieu du xxe siècle, comme à Nijni Novgorod... Mais très vite l'autre dimension s'impose et me renvoie vers le passé, vers les arrière-plans de l'histoire... D'où ce trouble extraordinaire, qui ne me quittera pas, sauf dans les moments où j'oublie raisonnements et inquiétudes devant l'explosion d'un printemps qui efface tout et fait renaître une espèce de confiance irraisonnée, joyeuse. Qui à son tour ne dure pas. Une inquiétude récurrente me taraude : qu'est-ce que je vois, qu'est-ce que je comprends ? J'ai beau ne pas cesser un instant d'être attentive, je ne fais que passer, je ne m'arrête longtemps nulle part, déjà il faut reprendre le train, ajouter une heure à sa montre...

Même chose dans le train, je cède un moment au balancement monotone des wagons sur les rails, à son mouvement qui emporte tout, campagne, horizons, dans une immensité continue, ininterrompue, jaillissante, de passé, de mémoire, d'avenir... Villes profuses, ponts vibrant au-dessus des fleuves, campagnes, forêts, villages sortis des récits de Leskov, des nouvelles de Tchekhov, beauté des voix, de la langue russe et de ses chants, et ce printemps qui éclate partout !

Et puis, de nouveau, la sensation revient, me portant presque aux larmes : on ne me dit pas tout, je ne sais rien, ce que je vois n'est rien.

Le nom de la ville de Minoussinsk, par exemple, que je découvre quelques mois après mon retour, qui le citera devant moi ? Personne, même pas à propos des sites archéologiques qu'on y a découverts, des sites protosibériens datant de 1 000 ans avant notre ère. Elle n'est qu'à 200 ou 300 kilomètres de Krasnoïarsk, ce qui, je le répète, est très peu en Sibérie. Lénine y a été exilé entre 1897 et 1900. Mais qui me parlera de ce qui s'y est passé en 1920 ? Personne. Cette même ville de Minoussinsk, au confluent de la Minoussa et de l'Ienisseï, fut pourtant le théâtre d'épisodes affreux dans le combat entre les bolcheviques et les Blancs. Le géologue Ossendowski le raconte dans son livre *Bêtes, hommes et dieux*. Je l'avais avec moi, je n'ai jamais eu le temps de l'ouvrir. J'y trouve ceci à mon retour. Ayant réussi à fuir Krasnoïarsk, Ossendowski longe l'Ienisseï en pleine fonte des glaces. Voici ce qu'il écrit : « En contemplant cette fabuleuse retraite des glaces, je restai saisi de terreur et de révolte devant le tableau horrible qu'offrait l'Ienisseï charriant dans sa débâcle annuelle les plus affreuses dépouilles : c'étaient les cadavres des contre-révolutionnaires exécutés, officiers, soldats et Cosaques de l'ancienne armée du gouverneur général de toute la Russie antibolchevique, l'amiral Koltchak. » Ce n'est qu'un exemple entre mille : durant tout mon voyage, je ne parviendrai jamais à me départir de la peur, souvent justifiée après coup, d'avoir été dupe de ce qu'on me dit, et dupée parce qu'on ne me disait rien…

... Au cours de cette fin d'après-midi où je suis seule dans mon hôtel, séparée du groupe et des tentations insouciantes de la camaraderie, je me rassemble, je me concentre sur ces anticipations, ces pressentiments, en me promettant de leur donner plus tard un contenu plus précis. Parce que tout se tient absolument, dans l'histoire d'un pays, d'une région, d'une ville — d'un homme. À Krasnoïarsk plus encore qu'à Ekaterinbourg, j'en suis persuadée, dans la mesure où c'est, pour l'essentiel, une ville artificiellement créée et recréée pour les besoins du pouvoir central (et cela continue : la ville et la région vont être dotées de quatre avions ATR 42-500 pour favoriser le développement vers l'est). Une logique implacable s'est mise en route, *du fait de sa situation géographique, au-delà de l'Oural mais aux abords d'un grand fleuve*, à partir du moment où s'était installé sur la « berge rouge » du fleuve un *ostrog* cosaque. *C'est dans sa logique de ville située à 5 000 kilomètres de Pétersbourg* d'avoir accueilli après 1825 huit décembristes. *Dans la logique du développement de l'Est russe*, d'avoir vu construire sur son fleuve entre 1893 et 1896 un des ponts ferroviaires les plus longs de l'époque, « un des premiers exemples de pont à treillis parabolique polygonal en Russie » (je suis bien avancée !). Et *aussi* d'avoir été, pendant la période du stalinisme, un centre important du système des goulags. (Le camp de travail le plus étendu était le Kraslag, ou *Krasnoiarskyi ITL* (1938-1960), et il comprenait deux unités basées à Kansk et Rechioty.) Enfin, d'avoir été fermée aux étrangers jusqu'en 1991, ainsi que l'Ienisseï, *parce que son activité économique* était liée au complexe militaro-industriel.

Un article de *L'Express* (septembre 1993) rapporte qu'on y avait installé une station de radars ultrasecrète quelques kilomètres en aval, ainsi qu'« une ville souterraine du joli nom de Krasnoïarsk-26 » qui se trouvait être « le plus important centre mondial de production de plutonium à des fins militaires ».

De cette logique-là, dans ces heures de silence et de repos, je ne devine encore rien que des bribes. Elle m'obsède, mais à vide. Et pour calmer l'angoisse où cette réflexion me plonge, je mets la télévision. Une des chaînes nationales diffuse des images d'archives de « la Grande Guerre patriotique », je comprends peu de chose, juste quelques mots, encore faut-il qu'ils soient écrits plutôt que prononcés : *pobieda*, « victoire », *geroie*, « héros ». (Il n'y a pas de H en russe, d'où ces « quatre G » qui formaient, disait-on alors, la croix gammée : « Goering, Goebbels, Guitler, Guimmler ». Je revois encore la rue de Moscou où A. V. me l'avait raconté. Il me semble que c'était la rue Engels, mais soudain je m'aperçois que je confonds cette rue avec une rue du Leningrad d'alors, près de mon hôtel, où Essenine se suicida, l'hôtel d'Angleterre réuni à l'hôtel Astoria, où Hitler projetait de faire le banquet d'une victoire qui n'eut jamais lieu. Chaque voyage déborde et déteint sur le précédent, mais cette confusion ne me gêne pas, elle aide à donner le sentiment juste, sinon exact, de ce qu'est pour moi « la Russie » : quelque chose que je récris sans cesse, comme tous les autres moments de ma vie.)

À travers les images de la télévision, le défilé de la victoire m'émeut. J'oublie l'utilisation politique que le pouvoir actuel en fait (après le pouvoir soviétique). La réalité est là : l'Union soviétique a sacrifié des millions d'hommes dans cette guerre. Les héros rentrent dans les villages. Quelles belles têtes, quels beaux cheveux épais ! Défilés, décorations, oui, tout concourt à vous tirer des larmes. Les chants aussi, ces beaux chants de soldats, qui ne sont pas de la musique militaire, mais exactement l'inverse : ce qui reste d'humain et de fort dans le soldat quand une guerre inhumaine fait rage.

Je n'en comprends pas bien les paroles, mais soudain me revient une anecdote puisée dans le livre d'Orlando Figes, *Les Chuchoteurs*, consacré à tous ceux qui ont été tour à tour les complices et les victimes du régime. L'écrivain Constantin Simonov était en 1942 correspondant au front du journal de l'armée *Krasnaia Svezda (L'Étoile rouge)*, comme le fut aussi Vassili Grossman. Quoique marié, Simonov est amoureux d'une actrice, Serova, elle-même amoureuse du général Rokossovski ; on les surnomme URSS, « Union Rokossovski Serova Simonov ». Du front, Simonov lui envoie un poème, « Attends-moi et je reviendrai / Mais attends-moi très fort », qu'il lit en public. Des soldats l'apprennent par cœur, le citent, le recopient dans les lettres qu'ils envoient chez eux, en gravent des vers sur leurs chars ou se les font tatouer sur le bras. Comme aussi *Le Foulard bleu*, cette chanson qui accompagna les soldats de l'Armée rouge, évoquant la séparation, la jalousie, la peur d'être supplanté ou oublié – du point de vue du soldat, mais aussi de la fiancée, de la femme : « Tu pars loin / Voilà le sifflet implacable / Et près du wagon / une nuit sans sommeil / Tu es déjà étrangement loin / Nuitamment / Nous nous sommes dit adieu. / Écris-moi, mon ami / au moins quelques lignes / mon doux, mon gentil, mon aimé. »

En 1941, au moment de l'invasion allemande, la situation est particulièrement difficile. L'impréparation à la guerre va se payer durement, Staline a fait fusiller les officiers supérieurs et il a refusé les rapports qu'on lui fait sur l'avancée de Hitler. Revirement de Staline ; son mot d'ordre : « Pas un pas en arrière ! » Dans ce sursaut, la chanson, la musique vont jouer leur rôle mais cette fois ce n'est plus au service d'un mouvement collectif, comme pendant la guerre civile ou dans les premiers épisodes de la « construction du socialisme », cette fois c'est au service du plus intime et du plus douloureux de l'expérience individuelle, la guerre, la souffrance quotidienne, la mort au front.

Un tronc d'arbre, à gauche ? Des chaises,
un canapé et des coussins ? Je ne sais pas.
Ces photographies anciennes sont à peine lisibles.

… Je ne suis pas sortie de mon hôtel en cette fin d'après-midi du 5 juin. Mais quand, vers le soir, je rejoins le groupe dans le hall, je commence à y voir plus clair, à comprendre quel sera le sens de ce voyage, et du récit que j'en ferai. Avant de passer à table, dans l'entrée du restaurant Kabinett, on me taquine sur mon absence de l'après-midi. Je ne peux pas en donner la vraie raison, je me mets donc à photographier quelques photographies anciennes accrochées au mur.

Dimanche 6 juin : Krasnoïarsk, suite

À 9 heures, l'autocar nous attend devant l'hôtel : « Agafia, Danièle arrive ! » dit une voix joyeuse sur le perron. Je sais que, si nous nous dirigeons vers les gorges de l'Ienisseï, je serai au plus près (250 kilomètres) du coin perdu de la taïga où, semble-t-il, seule survivante de toute la famille, elle vit toujours. Depuis que j'ai lu le livre de Vassili Peskov, *Ermites dans la taïga*, il y a plus de quinze ans, je n'ai pas cessé de penser à elle, et plus que jamais en préparant ce voyage, aux nuits qu'elle passe enfoncée à mi-corps dans le fleuve pour tendre ses barrages, à son « ermitage », à son isba pleine de crottes de poule, à sa biquette, à ses gros psautiers en vieux slavon, aux dessins d'enfant qu'elle sous-titre, « le coq », « le chien », « le poisson ». Parfois, éveillée au cœur de la nuit, elle voyait tomber autour d'elle une pluie d'étoiles : ce n'était pas la Vierge Marie ni ses saints, mais les premiers étages des fusées lancées de Baïkonour, un peu plus au sud. En 2002, le général Lebed s'est tué près de chez elle, dans un accident d'hélicoptère d'origine douteuse... « L'accident s'est produit dans la matinée près d'Abakan, une ville située à 3 400 kilomètres à l'est de Moscou et à 300 kilomètres au sud de Krasnoïarsk, la capitale provinciale », selon l'agence

Novosti. Si elle l'a su, ça a dû lui faire ni chaud ni froid : elle vit au temps de Pierre le Grand, et pourtant elle a pris le train et même une fois l'avion. Elle n'avait pas la moindre peur ; entourée de ses sacs de noix de cèdre, elle priait tout le temps.

Mais je me concentre sur la route que, ce matin, nous ouvrent deux voitures de police. Notre destination : les gorges de l'Ienisseï, le barrage de Divnogorsk, le plus grand barrage hydroélectrique de l'ex-URSS, et le village d'Ovssianka où est né et où a vécu Viktor Astafiev, dont à ce moment je ne sais à peu près rien. Même à l'heure qu'il est (printemps 2011), je n'ai encore rien lu de lui, mais j'ai devant moi la photo de sa belle tête d'ouvrier ou de soldat russe, je devrais dire : soviétique, ce qu'il était forcément, malgré ses résistances « russistes ». Ce moment du voyage est d'ailleurs d'esprit typiquement soviétique, et pourquoi s'en plaindre ? Beauté du paysage russe, grandeur des entreprises industrielles, visite d'une maison natale d'écrivain.

À la sortie de la ville, des rangées d'immeubles de taille moyenne, ce sont les « maisons khrouchtchéviennes » dotées d'un confort nouveau à l'époque. Et après les derniers faubourgs, la vue se dégage. Forêts au loin, ciel clair, quelques nuages. J'écoute d'une oreille distraite les explications de base. Une fois encore — mais notre guide n'y est pour rien si je l'ai déjà lu ailleurs — que « Krasnoïarsk » signifie la « berge » ou le « ravin » « rouge ». Que l'Ienisseï partage la Russie en deux. Qu'il a 4 000 kilomètres de long et 20 kilomètres de large à son embouchure. J'apprends aussi que Dostoïevski est passé à Krasnoïarsk en route vers la déportation, et que Tchekhov la jugeait « la plus belle ville de Sibérie ». — Avant la construction du Transsibérien, sa population ne devait pas dépasser les dix mille habitants, mais une liaison routière avec Moscou existait déjà. Je me laisse aller au mouvement du bus, au plaisir de rouler sur l'asphalte lisse de cette belle route de montagne entre des rochers et des arbres. Puis un nom me frappe, que je ne sais même pas orthographier correctement, mais il s'agit de la découverte de la Sibérie — depuis les momies de Novossibirsk, il n'a plus beaucoup été question de son passé et des voyageurs qui s'y sont succédé. Il s'agit d'un certain « baron Joseph de Baye », si j'ai bien compris, je suis alors très peu au fait des expéditions tant russes qu'étrangères en Sibérie.

Son nom exact est Joseph Berthelot, baron de Baye. Né en 1853 et mort en 1931, archéologue et anthropologue, il avait été chargé en 1892, par le ministère de l'Instruction publique, d'une mission de plusieurs mois dans la Russie impériale. Elle le mène jusqu'en Sibérie. Il en rapporte une foule d'objets, des céramiques, des armes préhistoriques, des outils de pierre, qu'il lègue à différents musées et sur lesquels auparavant il fait des conférences entre 1893 et 1897. Une belle photo de lui se trouve sur Internet, ainsi qu'un petit film (dont malheureusement le commentaire russe est sous-titré en ouïgour ou en tatar...) montrant les photographies qu'il a prises durant ses voyages, des portraits surtout, qui enchantent par la variété et la vérité des visages... Le *Bulletin de la société d'anthropologie de Paris*, dans son volume 10 (1899), salue, sous la plume du docteur Capitan, son président, les découvertes récentes du baron de Baye : « En aval de Krasnoïarsk, M. de Baye a exploré cette année, comme l'année dernière, le très curieux gisement de Lodeïky. [...] Il y a trouvé une faune paléolithique en tous points comparable à celle d'Afontovagora avec des pièces d'aspect moustérien. L'année dernière, il nous montrait deux fort beaux racloirs en roche pétro-siliceuse, dont l'apparence était nettement paléolithique : à côté d'eux on avait découvert des os de *bos priscus.* » Et voici de nouveau Minoussinsk ! « En remontant l'Ienisseï à environ 1,000 kilom. en amont de Krasnoïarsk, les environs de Minoussinsk ont fourni à M. de Baye plusieurs pièces de bronze entre autres, une fort intéressante hache à douille avec deux anneaux symétriques, une pointe de lance, plusieurs couteaux en bronze (et un en fer de même forme) avec manche se terminant par un anneau. » Nous voici bien en deçà de nos momies de Pazyryk...

Au moment de la révolution de 1917, le baron est de nouveau en Russie. Arrêté, il est libéré de la Loubianka sur intervention de la femme de Trotski, Natalia Sedova... Un mot sur elle, en passant, le fil n'en finit plus de se tirer et c'est avec lui toute l'histoire de la Russie qui vient ! Sedova est morte en France, à Corbeil, toujours ferme dans ses positions antistaliniennes. Deux lettres d'elle le prouvent ; l'une de Mexico, en 1951, à la IVe Internationale, à propos de l'URSS : « Il n'y a guère de pays au monde où les idées et les défenseurs authentiques du socialisme soient pourchassés de façon aussi barbare. » Et une autre, de France, en 1961, à propos de la Chine de Mao : « Je considère l'actuel régime chinois, de même que le régime russe ou tout autre bâti sur le modèle de celui-ci, aussi éloigné du marxisme et de la révolution prolétarienne que celui de Franco en Espagne. »

... Route en lacets, comme mon propos, cette fois c'est la montagne, nos convoyeurs font demi-tour. En russe, « route en lacets » se dit « langue de belle-mère », indique notre guide, *tiochtchin iazik.* — On notera que *tiochtcha* est la mère *de la femme* : c'est elle, la belle-mère *du mari*, la langue de vipère, c'est sur elle uniquement que portent les plaisanteries. Des mères de mari, on ne dit rien, ni de leur dureté envers les belles-filles.

De grands rochers aux formes singulières émergent de la forêt, les *stolby*, ils servent de repères, on leur a donné des noms, l'éléphanteau, la grand-mère, la plume, la petite fille… Enfin la taïga ! – mot qui veut dire « impénétrable » en dialecte local – que nous avions jusque-là seulement vue du train. Maintenant nous y pénétrons par la route : des arbres, serrés, à l'infini. Il n'y a de villages dans cette partie de la taïga que depuis le XVIIIe siècle, et encore seulement le long de l'Ienisseï. Beaucoup des maisons qu'on voit aujourd'hui sont des « datchas » de citadins, mot très impropre pour ce qu'il suggère, parce qu'on y vient moins pour la villégiature que pour les potagers. Mais la forêt aussi, à la belle saison, est une ressource précieuse, avec ses noix de cèdre, ses champignons, ses « baies » (pas un roman russe sans cueillette des « baies » !), ses plantes, ses herbes médicinales et aromatiques, son miel, sa résine, ses huiles et la viande de gibier. Y a-t-il encore des animaux de grande taille, ou dangereux ? Bien sûr ! Des loups, des renards, des marals (sortes de cervidés), et des ours évidemment (je songe à celui qui vient rôder autour de l'ermitage d'Agafia) et qui, l'été, descendent dans les villes.

Arrêt près des gorges du fleuve. De l'autre côté du parking, une roulotte très petite, bancale, peinte en un vert vif écaillé, quelqu'un doit y vivre, il y a du linge qui sèche sur une corde et deux chiens attachés. De là nous gagnons la plate-forme taillée sur un coude du fleuve d'où tout le panorama se dégage. Largeur impressionnante, des montagnes tout au loin, les berges sont abruptes, coupées de bandes d'argile métallifère de couleur rouge, ou bien ce sont des mousses de lichen… D'où le nom de « berge rouge », *krasny Iar*…

Devant les gorges de l'Ienisseï. Je porte le blouson tigré du marché chinois de Krasnoïarsk.

Puis nous descendons vers le fleuve. Ses rives sont très abruptes, mais ce qui surprend le plus, c'est, malgré la largeur de son cours, le débit très rapide de ses eaux. Jules Verne : Michel Strogoff « connaissait l'Yeniseï, l'ayant déjà franchi plusieurs fois. Il savait que sa largeur est considérable, que les rapides sont violents dans le double lit qu'il s'est creusé entre les îles ». Comment le traverser ? Les voyageurs en général attendent l'hiver pour passer sur la glace. Mais Michel Strogoff ne peut pas attendre : il charge sa voiture légère, la *kibitka*, sur des outres flottantes. Cependant « le courant y était tellement rapide, que la kibitka n'accosta la rive droite qu'à cinq verstes en aval. C'était, en tout, onze verstes dont elle avait dérivé » (soit plus d'une dizaine de kilomètres). On peut le croire sur parole : appelé en consultation par Jules Verne à la fin de son livre, Tourgueniev n'y a pas relevé une seule erreur…

Au loin, quelques oiseaux. Des pêcheurs préparent une barque à moteur, l'eau fait un clapotement léger sur les cailloux. Nous repartons en direction du village d'Ovssianka, situé non loin de là, où vécut Victor Astafiev. À peine quelques kilomètres, et l'ensemble de ses maisons se découvre au détour de la route, un peu en contrebas, avec toujours ces toits de bardeaux noircis par les intempéries, et ces volets sculptés peints en bleu passé ou en vert vif. Les petits jardins se dissimulent derrière des palissades, une végétation profuse entoure le village et cache le chemin sinueux qui y conduit : on se croirait dans une île, l'immensité de la forêt est comme une mer.

… La maison d'Astafiev a gardé la modestie d'une datcha soviétique, son confort sommaire, sa décoration bon enfant, ses ustensiles, ses objets, ses broderies des années soixante-dix. Astafiev est né dans celle de sa grand-mère, tout près, en 1924, et il est revenu à Ovssianka passer la belle saison dans la dernière partie de sa vie (il est mort en 2001). Sa vie est un destin à la Gorki, à un demi-siècle de distance – il aura d'ailleurs le prix Gorki en 1975 : orphelin – sa mère s'est noyée quand il avait huit ans – élevé par sa grand-mère, il est successivement ouvrier, pêcheur… Il fait la guerre comme engagé volontaire n'ayant que dix-huit ans en 1942. Démobilisé en 1945, installé dans l'Oural, il envoie ses premiers textes au journal local qui le publie et l'engage comme journaliste. Puis viennent des récits pour enfants, des nouvelles sur la guerre, des romans qui ont pour cadre la taïga, l'Ienisseï, les campagnes. À la bibliothèque qui porte son nom, certains de ses livres, joliment illustrés dans un style un peu désuet, sont disposés sur des tables. Dont une traduction en français de *Perdu dans la taïga*.

Dans la maison de Viktor Astafiev.

Au centre de sa mémoire, comme pour tous les Russes de sa génération, la guerre : elle est « cette cicatrice au cœur » (затесь на сердце, *zaties na cerdtsie*) dont un album qui lui est consacré a fait son titre. Un moniteur est posé sur une vieille télé des années soixante-dix, on y passe en boucle un documentaire, *Astafiev et les lecteurs*, tourné en 1982. Appelé au secours, S. me traduit ses propos : « Je n'ai que deux regrets, celui de n'avoir pas assisté aux obsèques de ma grand-mère, celui de n'avoir pas pu enterrer mes camarades morts au combat. » Quand il a demandé à son chef l'autorisation de quitter l'usine pour se rendre à l'enterrement de sa grand-mère : « Uniquement pour le père ou la mère. » « C'était pour moi et ma mère et mon père », commente plus tard Astafiev. À mon retour, je trouve une interview qu'un journaliste de *L'Express*, Marc Epstein, avait faite en 1993. Astafiev allait avoir soixante-dix ans. Ce qui le préoccupait alors, c'était la dégradation de l'environnement, conséquence de la construction du grand barrage de Divnogorsk. « Ce pauvre fleuve, on l'a tant abîmé… Les gens de l'administration m'accusent d'être contre le progrès ; ils disent que je veux vivre sans électricité. Moi, je m'en passerais bien, s'ils détruisent la centrale et s'ils remettent tout en l'état ! Qu'allons-nous devenir ? »

Comme Raspoutine ou Belov, Astafiev appartenait à ce qu'on nomme parfois le groupe des écrivains « russistes », qui se met en place dans les années soixante-dix… Se mêlent dans leurs livres des thèses nationalistes, écologiques et « slavophiles » : comme ceux du siècle précédent, les slavophiles en appellent à l'authenticité de la paysannerie russe, de ses coutumes, de ses croyances, « contre les outrances de la modernité ». Dans son village, je comprends mieux que je ne pourrais le faire ailleurs ce qu'Astafiev veut dire, et ce qu'il entend préserver : tout à la fois le fleuve, la campagne russe, son village, le souvenir de sa grand-mère et celui de la Grande Guerre patriotique. À moins que je ne me trompe beaucoup, cet aspect « conservateur » de ses positions n'a rien à voir avec la réaction chauvine et xénophobe qui s'est déclarée dans le début des années quatre-vingt-dix. C'était déjà l'attitude de ceux qui se nommaient « slavophiles » un siècle plus tôt en réaction à la dérive « européenne », « occidentale », de la Russie…

Dans les années soixante-dix du XXᵉ siècle, « modernité » en Russie se confond avec la course à outrance à l'armement et à l'industrialisation. Le « russisme » d'Astafiev, comme le dit un autre écrivain de la même mouvance, V. Raspoutine, n'est donc pas seulement un retour nostalgique, douloureux, vers le passé, c'est une réflexion sur l'avenir : que voulons-nous ? Et il répond : notre avenir n'est pas l'opulence (alors qu'ils sont dans la pénurie !), « le temps est venu de songer à la limitation de nos besoins ». C'était aussi un des thèmes de la dissidence en Europe centrale. C'est un des meilleurs aspects de la pensée écologique actuelle.

... La bibliothécaire n'est pas vieille du tout, mais elle porte les mêmes lunettes que ma grand-mère, et son sourire est celui d'une institutrice d'autrefois. Dehors, un chœur de femmes nous attend. On entend déjà leurs voix hautes et fortes, presque criardes. Bien que cela fasse partie d'un programme touristique, le visage de ces femmes, leurs voix puissantes et la malice de leurs yeux nous ramènent vers quelque chose de vrai, de juste, qui est là, véritablement là.

L'une des femmes du chœur.

Nous quittons Astafiev sur la note émue que nous ont laissée la vue de sa maison et les images d'une vie telle qu'elle devrait être : simple, ouverte à la nature et aux livres. Mais comment ne pas voir que la réalité de la vie d'aujourd'hui, dans ce village s'en est certainement éloignée ? Notre groupe joyeux, un peu harassé, remonte la rue centrale pour regagner l'autocar, et soudain je suis abordée par une vieille femme aux cheveux rouges qui est sortie précipitamment de son isba en nous voyant. Je ne suis pas sûre qu'elle s'adresse à moi personnellement, elle parle d'une voix basse, haletante, H. N. me traduit, elle dit : « tout le monde nous ment ». « Oui, tout le monde nous ment. »

...

À quelques kilomètres de là sur le chemin du retour, le voici, l'ennemi d'Astafiev : le grand barrage sur l'Ienisseï, édifié tout près de plusieurs villages de vieux-croyants. D'autres autocars sont arrêtés sur une aire d'où on a une vue magnifique : l'écume qui rejaillit masque toute la base de l'ouvrage, aussi imposant qu'une montagne, qu'un site naturel. Nous sommes près de la ville de Divnogorsk à quelques kilomètres en amont de Krasnoïarsk. Avec ses 700 mètres de longueur et ses 60 mètres d'épaisseur, le barrage a l'air d'une main gigantesque arrêtant l'eau.

Le grand barrage de Divnogorsk.

Sa particularité : pour compenser la forte dénivellation, un ascenseur à bateaux, dont le guide entreprend de nous faire comprendre le fonctionnement (vainement, en ce qui me concerne). Il s'agit d'un « bac automoteur sans contrepoids ni câble » qui, sur la rive gauche du fleuve, permet de faire monter ou descendre d'un bief à l'autre des bateaux au gabarit de 2 000 tonnes sur un dénivelé d'environ 100 mètres. Je ne saisis pas tout mais peu importe. Je suis trop obsédée par une évidence : ce qui continue de fasciner dans ces immenses réalisations, ce ne sont pas seulement leurs effets bénéfiques, ou supposés tels — l'électrification, le développement des villes et des campagnes, le bien-être qui en a résulté. C'est qu'elles sont une victoire sur la nature, bien au-delà de leur utilité pragmatique. C'est leur prométhéisme.

Il y a longtemps que moi aussi je me méfie des illusions prométhéennes, je sais depuis longtemps quelles en sont les conséquences désastreuses, pas seulement écologiques, j'ai même fini par jeter, il y a quelques années, une affiche rapportée d'un voyage précédent en Russie et qui alors m'avait séduite. Dans un style grandiloquent, agressif, sur un fond de roues dentées et d'angles obliques, un homme aux cheveux blonds et drus, rejetés par masses en arrière, tient au bout de son bras musclé une grosse clef à molette ; derrière lui s'échafaudent comme à l'infini les infrastructures d'un pont, d'une usine, tout en poutrelles métalliques : *Mi stroïm sozialism !* « Nous construisons le socialisme ! » Ce socialisme-là, cette forme-là du socialisme, a échoué, laissant derrière lui des friches industrielles — et pas seulement en Russie : tout le sud de la Bohême en est défiguré —, des lacs desséchés ou pollués, et des sous-marins atomiques pourrissant lentement dans les eaux de la Baltique…

Et pourtant, au pied de ce barrage, j'échappe difficilement à l'enthousiasme que sa vue fait naître en moi… À mon retour, l'article de *L'Express* d'où était extraite l'interview d'Astafiev le calme, il donne des détails terrifiants sur le barrage de Divnogorsk, c'est Assouan, en plus petit mais non moins ravageur : « Le bassin de retenue, écrit Marc Epstein, à son point le plus large, mesure douze kilomètres. Beaucoup se souviennent comment villages et champs furent noyés. Par la suite, les autorités n'ayant pas pris le temps de couper les arbres, les crêtes des sapins et des pins dépassaient de la surface de l'eau — ce qui surprit les adeptes du ski nautique. Les résineux, en pourrissant, ont provoqué une pollution par le phénol ("un antiseptique toxique, indique le Robert, soluble dans l'eau et employé dans la pharmacie, la fabrication de matières plastiques et de colorants"). Dans la précipitation, on noya aussi les cimetières — sans permettre aux gens d'emporter leurs morts […] Le barrage lui-même est une nouvelle manifestation du "complexe de Faust", de ce goût du monumental qui marqua le stalinisme et, dans les grands projets sibériens, le règne de Khrouchtchev. »

La victoire sur le fleuve, la conquête de l'immense Sibérie — comme celle de l'espace, grâce aux Spoutnik — auraient été « la preuve concrète de la marche heureuse vers le communisme… », conclut le journaliste. On a même rêvé, à un moment, de « détourner le cours des fleuves (qui coulent vers le nord) en direction des régions désertiques de l'Asie centrale (au sud) »… C'est l'histoire du blé de Lyssenko qui devait pouvoir pousser en hiver. Il y avait une blague à l'époque soviétique : on pourrait, par un effort de tous, avancer chaque année de quelques jours la moisson. Les gens disaient : Allons-y, camarades, bientôt on pourra récolter le blé en janvier !

14 heures. Déjeuner au restaurant Mayak. Coïncidence ! L'histoire du barrage de Divnogorsk nous a déjà jetés dans l'inquiétude écologique, or Mayak, qui signifie « le phare » en russe, est aussi le nom de la ville près de Tcheliabinsk, au sud de l'Oural, où furent installés par Staline les premiers laboratoires en vue de la bombe atomique. Dans les années cinquante, un accident soigneusement dissimulé entraîna la contamination du village de Melino qui fut presque entièrement rasé...

Rapide retour en ville, on nous attend à 15 h 30 à la bibliothèque pour malvoyants. C'est une des fiertés de la municipalité de Krasnoïarsk depuis plus de trente ans. La bibliothèque est un bâtiment de grandes dimensions, on nous y accueille avec toute la solennité que dictent son architecture et sa finalité : offrir aux « malvoyants » de la ville et de sa région toutes les richesses de la littérature, de la culture, de la science. Le budget régional me paraît pourtant assez faible, 7 millions de roubles, ou bien j'ai mal noté. Un buste de Braille orne l'entrée d'une des grandes salles, mais il y a aussi des textes enregistrés et même des livres où les monuments du monde et les grands ordres de récompenses soviétiques sont dessinés en relief. Je pense à Diderot, à sa *Lettre sur les aveugles* et à la question qui me plonge toujours dans l'angoisse : que peut se représenter un *aveugle de naissance* quand il palpe quelque chose ? Avant notre départ, on nous proposera de faire un enregistrement pour la bibliothèque et ses lecteurs. J'improvise un poème, aussitôt traduit par S. « Nous avons traversé trois grands fleuves / La Volga... » *Tri veliki rieki mi prochli / Volgu*, etc.

Cérémonieux, amicaux, un peu guindés, les responsables se mettent en quatre pour nous faire comprendre leur travail, et nous offrent pour finir des rafraîchissements, des gâteaux, ainsi qu'un très joli marque-page / coupe-papier. Ce qui m'a cependant le plus émue, ce sont des jeunes filles aveugles occupées à fabriquer des oiseaux de papier. Cela serre le cœur de voir leurs doigts agiles et blancs plier avec dextérité les fines bandes découpées, tandis qu'animés de courts mouvements leurs visages et leurs yeux semblent planer au-dessus, comme déconnectés.

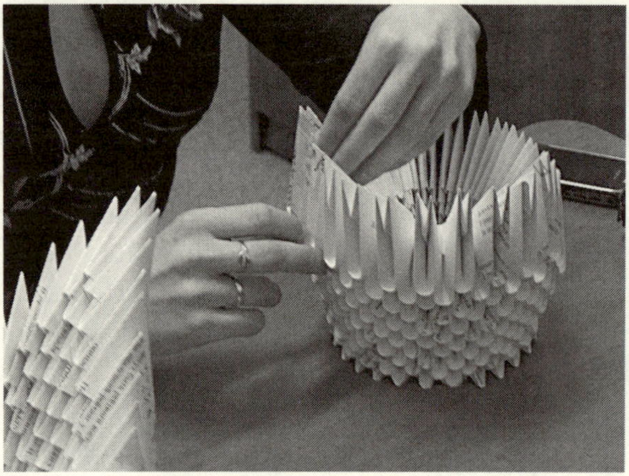

Corps d'une chouette de papier.

On pourrait croire que la journée est terminée, mais non : il faut se diriger vers la librairie Top-Kniga, où il y a très peu de monde. Il fait tellement beau, ils sont tous à leur datcha, nous disent les libraires assez penauds. Comme je les comprends. Je me garde bien cette fois de parler du prophète Avvakoum devant des lecteurs qui répondraient peut-être comme ces jeunes filles récemment interviewées à propos de Soljenitsyne : Nous, on lit Beigbeder !

Je cite Oulitskaïa et Axionov, Makanine, Erofeiev. Et je rappelle que c'est aujourd'hui l'anniversaire de Pouchkine, né le 26 mai ou le 6 juin selon les calendriers. Je ne me souviens pas assez bien d'une anecdote pour la raconter, je l'ai retrouvée ensuite : il aimait tellement lire qu'on le trouvait endormi dans la bibliothèque. Nos interlocuteurs disent à leur tour la grande influence de la littérature française, mais est-ce toujours aussi vrai ? Sommes-nous vraiment toujours aussi présents dans la Russie d'aujourd'hui ? Depuis que Zola et les réalistes du XIXe siècle ont disparu avec l'URSS ?

Sourires, quelques signatures sur le livre collectif en français et en russe qui regroupe des extraits de chacun de nous. Puis — on ne me croira pas ! — comme il n'est que 19 heures : direction la Philharmonie ! Nous quittons Krasnoïarsk tard dans la nuit mais, avant le dîner, nous sommes invités à un de ces concerts dont je ne raffole pas : les « chefs-d'œuvre des classiques mondiaux sur les rives de l'Ienisseï ». Au programme, entre autres, Mendelssohn et Rachmaninov. Vieux préjugé que je n'ai jamais réexaminé, je ne raffole pas non plus, je dois l'avouer, de Rachmaninov : mais c'est aussi que je le connais mal. Je vais d'ailleurs découvrir de lui ce soir une très belle œuvre, la cantate *Vecna*, « *Le Printemps* ». L'histoire d'un Cosaque qui veut se venger de sa femme infidèle, mais le printemps éclate et il renonce. Nulle part plus qu'en Sibérie, sans doute, on est plus sensible à ce thème — au sens propre et, me semble-t-il, au sens figuré : qui pourrait rester insensible quand quelque chose de tellement énorme est en train de se produire ?

Beaux visages dans l'orchestre et dans le chœur, je coupe le son du déclencheur, je fais des photos sans bruit, la fatigue s'envole ! Et la musique s'ajoute à l'élan qui m'emporte. De joie, mais d'autre chose aussi. Un balancement, un vacillement, un léger vertige, une sorte d'angoisse comme si le mouvement du train se poursuivait en nous, même aux arrêts. Mais c'est aussi une sensation plus intérieure : celle du temps qui s'étire... La lenteur de notre progression nous oblige à un changement de rythme et, malgré notre emploi du temps très rempli, à retrouver une espèce de patience antique, archaïque, à la mesure de cet espace infini que nous traversons. Nous l'oublions un peu dans la journée, au fil des rencontres, mais, dès que nous nous arrêtons, cette sensation revient. Et c'est peut-être elle, du reste, qui nous protège de la fatigue.

Miracle du voyage, et d'un voyage de cette sorte ! Il nous ramène loin en arrière, à une expérience aujourd'hui devenue rare : l'expérience des voyageurs d'autrefois, quand il fallait à Diderot deux mois de route pour atteindre Saint-Pétersbourg, et à Balzac deux semaines pour rejoindre en Ukraine sa bien-aimée Mme Hanska. Si on le veut bien, on peut puiser une force insoupçonnée dans cet accord retrouvé avec une autre façon de vivre le temps (et l'espace). Vladivostok est encore loin, tout au bout de cet arc ferré qui épouse la rotondité du globe, et que nous allons parcourir dans une espèce de simplicité d'autrefois, quand on n'avait pas d'autre choix et que l'espace obligeait plus qu'aujourd'hui à se soumettre au temps... Et pour cette raison, le temps et l'espace, le ciel et la terre, d'ordinaire bousculés par nos désirs impérieux, retrouvent leur splendeur infinie, l'état de nouveauté où l'homme aussi se sent neuf. Les voyages par avion, ces sauts de puces de mer absurdement agitées que nous ne cessons de faire sur toute la surface de la planète, ne nous ouvrent pas forcément le monde. Ils nous en font connaître les lieux les plus éloignés des nôtres, mais ils contribuent aussi à le rétrécir : le monde devient une étroite prison dont nous heurtons anxieusement les murs... C'est sans doute un choc que de descendre sur le tarmak, les yeux brûlés par le soleil dur et l'insomnie, et un émerveillement d'être en si peu de temps confrontés à de tout autres mondes. Mais le décalage horaire, les preuves évidentes que nous sommes ailleurs ne nous restituent pas le sentiment physique, charnel, d'appartenance à un monde concret, roulant ses formes à l'infini. Au contraire.

Parfois cette lenteur, cet étirement du temps, nous dérange, nous trouble, nous mène à l'angoisse : nous en avons trop perdu l'habitude, toute lenteur est une mort. Et à d'autres moments, on l'accepte avec bonheur, on se coule dans ce lent écoulement des choses. Sibir, Sibir !

Tout cela roule en moi pendant que la musique de Rachmaninov m'enveloppe.

21 h 30 : dîner au restaurant Ourartou. C'est quoi, c'est qui, Ourartou ? (Je n'ai aucun moyen de le savoir sur le moment.) Gide dit quelque part que les voyages ne vous apprennent rien. Je sais bien dans quel sens il l'entend — lui qui a su tirer la leçon et de son voyage au Congo et de son voyage en URSS. Ce qu'il dit, c'est que les voyages n'ont de sens que sur le fond d'une connaissance préalable qu'ils vont contester ou enrichir. L'expérience sans la connaissance n'est rien ; et la connaissance ne devient vivante, active, agissante, que stimulée par l'expérience sensible.

(Renseignement pris : c'est le nom d'un royaume turco-mongol.)

— Et maintenant, ça suffit largement pour aujourd'hui ! Vite, monter dans le train, retrouver ses petites affaires, déplier la couette, se livrer au lent balancement des wagons, sentir glisser sur soi les lumières d'un quai, et de nouveau la nuit qui vous recouvre, et de nouveau le sommeil.

Il est 1 h 15, le 7 juin 2010.

Lundi 7 juin : douzième jour

... Nous devons passer toute la journée dans le train, enfin un long moment de repos, extrêmement bienvenu ! Et cependant, au réveil, je suis encore sous le coup de l'angoisse qui m'a saisie au cours de la nuit, l'effet de la musique ayant disparu. Hier soir, au concert, je m'étais laissée aller sans résistance au sentiment physique d'un lent écoulement du temps se confondant avec la dilatation de l'espace. Dans l'obscurité, j'ai de nouveau la sensation concrète d'une fusion de l'espace et du temps, mais c'est moins agréable. La position allongée, l'impossibilité où je suis de me situer (quelle heure est-il ? quelle était cette dernière gare ?), le balancement du train et le martèlement des roues, tout se conjugue pour dissoudre les limites de mon corps, mon identité se délite, et cela finit par me donner une espèce de vague nausée. Je me rendors, mais elle est toujours là au réveil, et je reste dans le compartiment pour un petit déjeuner qui m'écœure rapidement — mais aussi quelle idée de manger froids, au réveil, les petits feuilletés à la viande de la veille ! Le physique et le métaphysique se mélangent. Des images, des sensations confuses — la courbure du globe terrestre, le basculement de la terre qui s'ouvre au soleil levant — m'obligent à fermer les yeux.

Tout a commencé durant la nuit. J'ai ouvert les yeux dans l'obscurité presque totale. Le train venait de s'arrêter et le silence succédait à un grand fracas. Le store à moitié baissé laissait passer des lueurs intermittentes, nous avions dû franchir un pont, c'est le ferraillement qui m'avait réveillée. Emportée par le mouvement du train perpendiculaire à la position de mon corps allongé, oscillant, bercée de la tête aux pieds, puis d'une épaule à l'autre par le roulis, soudain j'ai senti que je n'étais plus nulle part. Si heureux qu'on soit parfois d'être soulagé de soi-même, la conscience du moi s'accommode mal de ces ébranlements. Le soleil ou la nuit ne sont plus des repères solides, le temps historique non plus, et qu'est-ce que ces choses que je vois chaque jour ? Des images repassent en moi. Mais où vont ces traces vite perdues dans la forêt ? Des étangs, des fleuves, soudain le regroupement de quelques isbas de couleur sombre, un petit cimetière bleu, hier une grande ville hérissée de bâtiments neufs, des gares, des usines désaffectées et de nouveau la campagne, la forêt, le moutonnement infini des arbres. Tout se résume en un point, pour se disperser aussitôt dans une diffusion infinie, les morts, les camps, l'hiver. Et moi ? Les fleuves au débit impétueux, les troncs de bouleaux comme un rideau blanc jusqu'au plus profond de l'horizon, et moi ? Et moi ? Je ne suis rien. Je passe, je glisse, je suis dispersée, j'ai peur. La nausée revient, comme il y a des années, à Calcutta, devant la preuve partout exposée de notre fugitivité. Tous les mouvements de nos corps me font penser à ceux d'un lézard timide, effrayé, qui se perd sous le soleil dans une course inutile.

Matinée somnolente. Midi au cœur de la taïga. J'essaie de penser à Krasnoïarsk éclatant de verdure, à ses petits arbres de couleurs vives. Les villes rassurent. Mais elles ont disparu. Du vert sombre au vert plus clair, seul l'étagement des collines lointaines, et le plus souvent la vue est barrée par une forêt épaisse. Joie quand arrive un village : deux voitures plutôt cabossées sur un chemin, un cimetière aux croix bleues, des toits bruns et de petits jardins soignés. Puis tout s'efface et, de nouveau, des kilomètres d'une nature qui semble inexplorée. Depuis quelques jours je pense à l'expédition de Lewis et Clark au début du XIXe siècle à travers le continent nord-américain. Cela leur prit deux ans, ils virent des régions que nul n'avait vues « depuis la Création ». La Sibérie me ramène à ces images de commencement du monde, et cela aussi donne le vertige. Lewis et Clark ne se remirent jamais d'avoir traversé ces immensités et d'avoir été les témoins de cette splendeur intacte, la mort de Lewis est probablement un suicide.

En fin de matinée, R. m'apporte des pommes de cèdre. Quelqu'un m'en avait déjà donné la veille à Krasnoïarsk en hommage à l'ermite Agafia, dont c'est souvent la seule nourriture ; tout le monde la connaît, c'est une héroïne ici. Je me rendors un moment. À mon réveil, dehors, rien n'a changé. Dans des sous-bois qui paraissent impénétrables, les flaques d'eau du récent dégel luisent faiblement. Dans une semaine ou deux, elles seront envahies de moustiques. Toits gris. Je voudrais ne pas perdre un instant de vue le paysage, et me projeter dans des images extérieures pour éviter le retour de pénibles secousses intérieures, mais comme ma couchette est perpendiculaire au mouvement du train, si je m'y tiens assise, je dois me tordre en permanence le cou pour avoir la fenêtre en face de moi… Je m'adosse à la paroi latérale, les jambes allongées, des rires me parviennent des autres compartiments, de nouveau j'ai envie de dormir…

Un bref sommeil me régénère entièrement. M.d.K. rentre dans notre compartiment pour le déjeuner, nous écalons des œufs durs que nous faisons passer avec du jus de cerise, je lui raconte l'épopée de Lewis et Clark. Pour le dessert, des noix de cèdre, que nous grignotons avec conviction, sans y trouver beaucoup de goût. Dans l'après-midi, comme l'angoisse revient et que j'ai toujours mal au cœur, je me demande si c'est seulement métaphysique : la preuve que non, c'est que je vais beaucoup mieux après avoir pris une ou deux tablettes que me donne N., prévues par son père, médecin, contre certain type de dérangement…

Dans un compartiment de l'autre wagon, envoyé par *Le Nouvel Observateur*, D.C. fait quelques interviews. C'est prévu depuis la veille, j'y vais avec soulagement. J'ai l'impression de rentrer dans le vrai monde, le monde habituel, avec ses obligations et sa futilité, grand soulagement après cette errance aux limites… Donne-moi une raison, une raison forte à ce voyage ? me dit-il. Je réponds sans hésiter : Agafia. Quelle joie de parler d'elle encore une fois ! De sa famille ! De leur découverte en 1978 par une équipe de géologues ! Je me sens parfaitement guérie. C'est le père, Karp Ossipovitch, qui s'était réfugié avant la guerre avec sa femme près d'Abakan, au cœur d'une taïga inexplorée, pour fuir les persécutions du régime soviétique auxquelles les vieux-croyants se retrouvaient une fois de plus exposés. Ils vont vivre là quarante ans tous les cinq (ils auront deux fils et une fille) dans un isolement absolu. Les enfants grandissent, deviennent adultes sans avoir jamais connu rien d'autre. Quand ils les rencontrent pour la première fois après avoir observé de leur avion une parcelle de terre qui paraît cultivée, les géologues ont l'impression de faire un saut en arrière dans le temps. À ce moment, la mère est déjà morte, le père est seul avec sa fille, les deux fils ayant été installés par leur père à quelque distance de leur sœur. Tous sont habillés à peu près comme en 1750, leur teint est anormalement pâle, ils n'ont jamais mangé de carottes, de tomates, de fruits, leur langage est suranné, plein de mots slavons, l'électricité ou le verre sont absents de leur vie. La première fois que, plus tard, elle voit un train : ah « des isbas qui roulent » ! dit calmement Agafia, que rien ne peut surprendre, puisque « le monde » n'a aucune valeur. Ils prient à longueur de temps, plusieurs fois même durant la nuit. Les frères ne survivent pas à cette brutale intrusion du monde d'aujourd'hui dans le leur : un virus contre lequel ils n'étaient pas protégés, ou le stress de la découverte ?

Pendant quelques années Agafia vit avec son père puis, à la mort de celui-ci, elle se retrouve entièrement seule : quelques visites des géologues, une fois ou deux par an, c'est tout. Malgré la balise qu'ils ont posée, son isolement est absolu : on ne peut accéder à son ermitage qu'en hélicoptère ou en marchant des jours à travers une nature inextricable. Elle a bien tenté de s'installer chez des cousins, ou de faire venir auprès d'elle une religieuse, une « mère », elle aussi adepte de la vieille croyance. Mais elles ne sont pas arrivées à s'entendre, Agafia chasse l'autre femme quand elle découvre que celle-ci a balayé l'isba et mis des rideaux aux fenêtres ! Elle a aussi essayé de se marier, mais sans contact physique, impose-t-elle. Autre échec. C'est ainsi qu'elle résiste « au monde », comme le souhaitait « petit papa », *diadka*, à qui elle se réfère sans cesse. Vassili Peskov, qui s'est attaché à elle, continue de rapporter ses aventures dans son journal, la *Komsomolskaya Pravda*. Les lecteurs l'adoptent, lui envoient des cadeaux : elle n'en accepte que certains et encore, avec bien des réserves.

Agafia aujourd'hui n'a qu'une soixantaine d'années, mais elle ne se porte pas bien. Dans le second volume qu'il lui a consacré avant sa mort (*Des nouvelles d'Agafia*), Vassili Peskov dit qu'elle est percluse de rhumatismes et souffre de maux de ventre.

En tout cas, parler d'Agafia m'a, moi, entièrement remise. Je me suis beaucoup interrogée sur ma fascination pour elle, je ne suis pas la seule, d'ailleurs, des milliers de Soviétiques ont suivi ses aventures avec passion, ainsi que de nombreux lecteurs, notamment en France à partir de la traduction en 1992 du livre de Peskov, *Ermites dans la taïga*. Et ce n'est pas seulement parce qu'il est réconfortant de voir revivre un monde ancien que les formes contemporaines de la modernité condamnent implacablement. C'est bien plus encore : il se produit comme une commotion intérieure devant cette ouverture fulgurante du passé dans notre présent. À elle seule, avec tous ses défauts, son obstination, ses caprices, Agafia est le témoignage, la trace, la preuve vivante que ce monde a existé, et qu'il peut faire retour en chacun de nous.

Cette idée-là aussi parfois réconforte, parfois trouble profondément.

Pour conclure, après tous ces chambardements intérieurs, une fin d'après-midi paisible…

Arrivée à Irkoutsk, fin d'après-midi

20 heures, Irkoutsk. Encore une fois une assez grosse ville, plus d'un demi-million d'habitants, succédant aux « déserts » de la Sibérie. Assez isolée tout de même : seules deux routes en partent, en direction du massif du Saïan oriental, et vers le lac Baïkal.

En raison inverse des images qu'on lui associe ordinairement : éloignement dans l'espace, grand froid, déportations successives depuis celle des décembristes jusqu'à celle des condamnés au goulag, l'arrivée à Irkoutsk par une claire soirée de printemps est un enchantement. Tchekhov : « La Sibérie a un charme indescriptible auquel on n'échappe plus quand on l'a éprouvé. » Le ciel est clair, lumineux, il fait très doux et partout, le long des rues et des avenues, les arbres sont en fleurs. Dans les ruelles, entre les maisons et dans ces cours où, dit Gorki, « pointent de pauvres saules isolés, des touffes bancales de sureau », il y a aujourd'hui des bosquets de lilas, une végétation profuse, odorante, qui met le cœur en fête. L'hôtel Viktoria est très agréable, comme tous ceux où nous sommes descendus jusque-là. Dîner charmant de notre petit noyau, D. F., F. F. et le jeune H. N., non loin de là au Bierhaus dont les voûtes sont décorées d'affiches allemandes des années trente. Pendant que nous mangeons, de grands écrans diffusent des programmes de publicités totalement délirants.

Retour dans la rue, nous n'avons aucune envie de rentrer à l'hôtel. La nuit tombe. Douceur extrême dans les rues qui sentent la fleur de fruitier. Promenade, photos. L'architecture des maisons de bois, la décoration raffinée et la couleur des encadrements de fenêtres et des volets sont exquises.

Mais il faut bien se décider à rentrer. Tout près de l'hôtel, juste au-dessous d'une grande publicité pour Cartier, un homme et une femme titubent, affreusement ivres, accrochés l'un à l'autre. L'homme tient sur l'épaule un sac dans lequel tintinnabulent des canettes de bière vides et des capsules de bouteilles. N., notre interprète, semble très affectée. Elle raconte qu'il y a quelques jours, lors de notre promenade dans l'île de Sviajsk, une petite fille d'environ cinq ans ramenait à la maison ses parents ivres morts. Il y a un symbole affreux dans la rencontre de ce couple détruit et de l'éclatante publicité pour des montres hors de prix. Pour en chasser l'image, je note machinalement sur mon carnet le nom de la rue : Bogdan Khmelnitski. Je ne sais pas qui c'est, et naturellement je suis curieuse de le savoir : je devine en effet qu'à chaque instant de ce voyage l'histoire entière de la Russie se joue.

À mon retour, ma curiosité est récompensée : Bogdan Khmelnitski est en effet un personnage de la plus haute importance pour les Russes. C'est ce chef, ou hetman (ou ataman), des Cosaques qui, après un affrontement sanglant en 1654 avec la Pologne, a demandé l'adhésion à la Russie de l'Ukraine, qu'il dirige. Comme à d'autres moments de ce récit, je ne résiste pas au plaisir de faire revivre un instant cette figure jusque-là inconnue de moi. Né dans une famille de petite noblesse ukrainienne, il reçoit une solide instruction à Kiev puis à Lvov : outre l'ukrainien, il savait le latin, le polonais et le russe. Il acquiert une solide formation militaire en participant aux campagnes des Cosaques zaporogues contre les Turcs. C'est dans le domaine de Soubbotovo, où il s'est retiré, qu'« il subit les persécutions des hobereaux polonais ». Son fils cadet périt sous le fouet. « Cette atrocité l'anima d'un violent sentiment de haine et d'un puissant désir de vengeance à l'encontre de la noblesse polonaise » (notice de l'*Encyclopædia universalis*).

Malgré la haine des bolcheviques envers les Cosaques, le rattachement de l'Ukraine à la Russie lui vaut de voir attribuer son nom à une décoration que 323 Soviétiques ont reçue. Tout cela nous éclaire sur les confrontations parfois obscures du temps présent, notamment sur la résistance des Russes à accepter l'indépendance de l'Ukraine. Le temps présent regorge en effet de ces noyaux de temps passé, enfouis sous la cendre et mal éteints, qui ne demandent qu'à reprendre si on souffle un peu dessus…

Mardi 8 juin : Irkoutsk, treizième jour

8 heures. Je suis seule un bon moment dans la salle en sous-sol où je suis descendue prendre mon petit déjeuner. On m'a présenté une série de menus entre lesquels je choisis au hasard, j'en essaierai un autre demain… La télévision marche, on se demande pour qui, de toute façon la réception est mauvaise, on ne voit presque rien, et le son est très faible. Pourquoi ne pas l'arrêter ? Même comme ça, c'est extrêmement perturbant d'avoir en permanence sous les yeux une espèce d'aquarium vaseux, on aimerait tellement avoir un peu de calme le matin. Je regarde les allées et venues de la serveuse, une petite Japonaise sérieuse, précise. Qui est-elle ? D'où vient-elle ? Tous ces destins qu'on croise en voyage, toutes ces vies qui brillent un instant, et dont la lumière s'éloigne sans retour… Sans doute pas plus que dans notre vie habituelle, surtout si, comme moi, on habite une grande ville. Mais cela suffit pour que je sente revenir la vague angoisse des jours précédents. La fatigue et les émotions du voyage rendent poreux à toute sorte d'inquiétudes que d'habitude on écarte. Immensité du monde, densité de la population, variété et précarité des destins, tout cela bouleverse. Soudain quelque chose se passe qu'on ne maîtrise pas. Tout

bascule, on ne se possède plus, on est possédé, on ne domine plus, on est dominé. D'où les larmes ou même seulement un déferlement d'émotion incontrôlé, comme si un fleuve souterrain se faisait soudain entendre. Je ne suis pas la seule à le percevoir : quand je le sens venir, je cherche F. F. du regard et celui-ci, du pouce, dessine sur sa joue une petite ligne descendante, ses yeux aussi sont rougis.

De retour dans ma chambre, je me prépare à l'excursion que nous devons faire sur le lac Baïkal (instructions : se couvrir chaudement), mais mon esprit est plutôt occupé par la visite projetée demain à la maison Volkonsky, le musée des décembristes. Irkoutsk, malgré le charme vespéral de ses rues, demeure hanté par des images de déportation, de peines infiniment dures. Je remonte dans le temps, je pense aux récits du goulag, à ceux de Dostoïevski, aux Mémoires des épouses de décembristes et, plus généralement, à l'intense préoccupation des grands écrivains du XIXe siècle, Dostoïevski, Victor Hugo, Tolstoï, pour le bagne, les châtiments, la peine de mort… Victor Hugo accompagne jusqu'aux portes de Paris la « chaîne » des forçats partant à pied pour Toulon, Tolstoï fait pour *Résurrection* une partie de la route des condamnés pour la Sibérie… Je n'ai qu'un peu de temps avant notre départ, je me contente de quelques signes d'appel dans mon carnet afin de développer à mon retour. Par exemple : est-ce que Victor Hugo a parlé de Dostoïevski ? ou de Tolstoï ? Je sais que Dostoïevski a lu Hugo durant sa jeunesse. Je me dis que le titre des *Misérables* aurait pu être aussi bien *Humiliés et offensés*. Je crois me souvenir que les deux livres ont été écrits dans la même période (vérification faite, à un an près : *Humiliés et offensés*, 1861, *Les Misérables,* 1862). Et je suis contente d'en avoir vu à Krasnoïarsk, à la bibliothèque pour les malvoyants, une traduction dans un beau volume relié à la couverture bleue. T.K. m'a photographiée devant.

Mais il est tard, il faut descendre.

...

À 9 heures, nous montons dans le bus qui doit nous mener au Baïkal par l'une des deux routes qui partent d'Irkoutsk, grande ville perdue dans l'immensité. Notre guide reprend des généralités sur la Sibérie. Ressources : bois, pétrole, diamants. Superficie : 42 millions de kilomètres carrés. Population : 8 millions d'habitants. Ce sont des chiffres un peu différents de ceux que j'avais notés précédemment : 49 et 13. En fait, aux dernières informations, c'est 39 millions d'habitants pour 13 millions de kilomètres carrés, soit 3 habitants au kilomètre carré. (La France : 110). À comparer avec la ville-région chinoise de Chongqing, qui compte à peu près le même nombre d'habitants. On comprend un peu les fantasmes russes d'une invasion chinoise menaçant les régions extrême-orientales de la Sibérie.

Même très court, à plus forte raison quand nous nous engageons plus loin à l'extérieur des villes, le trajet en bus est à chaque fois une heureuse occasion de souffler un peu... Presque tout le monde prend des notes, probablement en vue d'un livre. Cela me donne l'idée d'une petite nouvelle. Ce serait l'histoire de deux écrivains, A. et B., qui, faisant le même voyage et voulant l'un et l'autre en publier le récit à leur retour, se surveillent sans arrêt. Chacun essaie de garder pour soi les renseignements les plus intéressants, et tente de fournir à l'autre de fausses informations pour discréditer son livre. Comme A. est un peu sourd, B. lui souffle des mots fantaisistes quand il n'a pas bien compris le nom d'une région, d'une montagne. — Les monts de quoi ? dit A. — Du

Karambar, dit B. — Ah bon ! (En réalité, ce sont les monts du Karabagh...) À ce moment-là, notre guide cite la présence du glouton dans la faune sibérienne. Comme il y a beaucoup de Russes qui font de la bicyclette dans les parages, et que nous en croisons plusieurs groupes, j'imagine le parti qu'à son tour A. pourrait en tirer : il s'empresse de raconter à B. que le glouton attaque les cyclistes parce qu'il est friand de pneus de vélo. Je ne l'ai toujours pas terminée.

La matinée est plutôt fraîche, on sent dans l'air ces fines gouttelettes vaporisées qui annoncent la présence d'une grande quantité d'eau, je poursuis tranquillement mes fantaisies inoffensives. Le Baïkal ne m'évoque d'ailleurs que des images paisibles, les plus mouvementées datent de Michel Strogoff : je n'ai toujours pas lu le livre d'Ossendowski. (Ni non plus, comme je le regrette maintenant, les livres de Sylvain Tesson, dont son *Petit Traité sur l'immensité du monde* qui m'aurait tellement bien accompagnée dans les solitudes sibériennes : il est vrai que, selon lui, il ne faut rien lire en rapport avec le voyage qu'on fait.) Je lirai Ossendowski dans l'avion du retour, et là les images d'épouvante se précipiteront. En 1919, durant la retraite de l'armée blanche de Sibérie, comme l'Ienisseï plus tôt, c'est le Baïkal qui à son tour se couvre de cadavres. « Avec l'Armée rouge aux trousses, les survivants de l'Armée blanche ont essayé de s'échapper vers le sud à travers la surface gelée du lac : 30 000 soldats, leurs familles et leurs biens. Avec l'arrivée du printemps, les cadavres gelés et tous leurs biens ont disparu dans les profondeurs du lac. Des centaines de milliers de civils ont continué à marcher vers l'est le long du chemin de fer transsibérien, au cours de cet hiver sibérien essayant de rejoindre Vladivostok. »

Quelques minutes ensuite de traversée sur un bac pour atteindre notre destination, l'air est glacial, le froid vif, au loin les montagnes sont couronnées de blanc au-dessus des rives vertes et, tout autour de nous, l'eau d'un bleu de diamant, calme et lisse à l'infini. La surface du lac est, dans une forme plus étirée, celle de la Belgique, sa profondeur avoisine parfois 2 000 mètres. Ici se trouvent 25 % des ressources d'eau douce de la planète, une eau parfaitement pure, purifiée et nettoyée sans cesse par des bactéries. Un petit village assez misérable, Sludianka, s'est constitué autour d'un miteux petit port et de quelques bateaux rouillés. C'est de là que part un train d'excursion qui suit le lac pendant quelques dizaines de kilomètres, s'arrêtant à quelques endroits choisis. J'achète un pull dans une boutique, une roulotte plutôt, que tient une fille revêche au visage marqué, sans interrompre sa conversation avec des types pas mal marqués eux aussi. On vend là toutes sortes de produits, du dentifrice, des boîtes de sardines, des jouets. Comme un vieux mobile home de l'Ouest américain, la baraque repose sur des cales élevées, on y accède par des marches de bois, le talus en pente se termine sur des rails. Un petit chien noir et blanc, agité, finit par se coucher devant, plus effrayé qu'il ne le croit lui-même par notre groupe, malgré les airs qu'il se donne. Je voudrais qu'il regarde dans ma direction pour le photographier. Soudain le russe me vient et je lui crie : *Sabatchka, sabatchka, smotri na menia !* « Petit chien, petit chien, regarde-moi ! » Les Russes se retournent étonnés, je n'en avais jamais dit aussi long. Le petit chien s'immobilise, me regarde, puis il se remet à aboyer joyeusement.

Sabatchka! Sabatchka!

Pas si petit que ça, du reste, le train, c'est plutôt une espèce de micheline, il s'arrête à certains endroits, nous laissant marcher sur la rive, puis nous rejoint. De ses fenêtres et plus encore quand on longe le chemin côtier, le lac donne la sensation que sa masse de silence liquide se répercute au plus profond de vous, et qu'en entrant par tous les pores, loin de vous endormir, ce silence met chacun de vos sens en éveil. À un arrêt, sur une belle plage couverte de galets de marbre d'un blanc parfaitement pur, l'air est de nouveau très frais et il y a partout une odeur d'eau, d'ozone et de conifères. La température de l'eau ne doit pas dépasser les huit degrés, cependant deux ou trois d'entre nous, dont M.d.K., en digne fille de marin, se préparent à plonger, et ils le font! Quand ils ressortent après quelques brasses hâtives, on dirait des homards ébouillantés…

Retour au train pour un petit en-cas, je laisse de côté la charcuterie trop grasse mais les crêpes sont exquises, suivies d'oranges. Je colle en travers de ma page l'étiquette « Perle du Baïkal » que j'ai arrachée à ma bouteille d'eau. Et nous descendons marcher encore un moment, de nouveau saisis par la qualité d'un silence dont rien ne peut donner l'idée : pur, transparent, vibrant de myriades de gouttes d'eau, il semble qu'on le respire. Posés sur le flanc des montagnes, des hôtels de style alpin sont en fait des résidences de vacances collectives, comme il y en avait beaucoup du temps de l'URSS, des colonies de vacances pour les enfants des nomenklaturistes d'hier ou d'aujourd'hui. Notre groupe s'étire sur le chemin herbu, pour une fois nous pouvons deviser tranquillement alors que tout le reste du temps nous nous hâtons d'un rendez-vous à l'autre. L'un de nous parfois s'arrête pour laisser passer le groupe, et reste immobile un instant. Je le fais deux ou trois fois, sentant venir à nouveau, dans l'odeur de l'eau et sa fraîcheur qui monte et ce silence qui recouvre entièrement la surface blanc bleuté du lac, la sensation physique de l'espace, de l'immensité, d'un monde qui aspire votre moi dans sa « vastité ».

.... Ce mot, je crois bien que j'y pense et l'emploie ici pour la première fois, je le vérifie donc dans un dictionnaire. Comme le sens s'y ouvre encore davantage ! L'expérience s'enrichit toujours avec les mots pour la dire. Le Littré, qui ignore « vastitude », dit de « vastité » : « Mot vieilli, mais qu'il serait bon de remettre en usage. » (J'y suis prête.) Le grand dictionnaire historique de Robert m'aide encore plus : « Vastité, littéraire, découle de "vaste". » Mais qu'est-ce que « vaste » ? Est-ce « très grand, trop grand, démesuré » ? Oui, et bien plus encore. « Vaste » renvoie d'abord à tout ce qui est ravagé, dépeuplé, désolé. Il y a là une référence explicite à l'absence de l'homme, derrière ou devant nous, au fait inévitable que l'homme ne sera pas toujours là… Et si par extension le mot signifie « démesuré, qui s'étend au loin, immense », il fait toujours entendre cet écho d'abandon. Avec l'idée de puissance créatrice que l'illimité suggère, s'avancent les formes à venir, que nous ne devinons pas, que nous ne verrons pas. Et la menace du temps, du temps « en soi », même si cela n'a pas beaucoup de sens.

Mais il est compréhensible que, dans la vacuité-vastité, l'esprit mis en vacances se sente vaciller, privé de tout appui, de toute attache. L'homme n'est pas fait pour ça. Voir le suicide de Meriwether Lewis, l'intelligent et courageux capitaine américain. Cela peut exalter un moment, mais ce moment ne dure guère. Sans les autres hommes, le monde est une prison, si vaste soit-il. Surtout quand il est si vaste qu'il n'a pas de fin…

Retour sur les bords du lac Baïkal. Ce lac plus grand qu'un pays, cette étendue immense d'eau glaciale, elle-même entourée de solitudes à peine peuplées, nous imposent la plus dure des vérités (qui pourrait peut-être aussi être la plus consolante, si on en avait la force) : l'homme a autant de réalité qu'une goutte d'eau tombant dans l'océan — thème bouddhique mais, après tout, nous ne sommes pas loin d'Oulan-Oude. À la fin du film de Nalin Pan, *Samsara*, le moine dit : que devient une goutte d'eau qui tombe dans l'océan ? Cette vérité gronde à nos oreilles comme un silencieux avertissement. Et soudain, en fait de grondement métaphysique, ce qu'on entend soudain, c'est le roulement ralenti du train qui vient nous reprendre. Lorsqu'il se rapproche, I. nous apprend un jeu de son enfance : on pose une pièce de monnaie sur le rail, et on la récupère après le passage du train. Le conducteur et la grosse machine s'y prêtent, passant tout près de nous. Le résultat est beau comme une monnaie antique, avec ses contours et son épaisseur irréguliers, ses inscriptions aplaties qui ont l'air usées par le temps…

Déjeuner tardif dans un vaste restaurant à la belle charpente de bois, où j'aime mieux dire que nous entrons les dents en avant ! Ah les effets du grand air ! Rien de tel contre le vague à l'âme ! Au menu, le fameux omoul du Baïkal, une variété de saumon, le *Coregonus migratorius,* « Poisson du genre des corégones (*coregonus*), de la famille des salmonidés ». Chair tendre et savoureuse. L'un des très bons repas du voyage, par son raffinement et son décor.

Promenade encore. Au bord de la voie, je photographie un bouquetin sauvage qui, du haut d'un rocher très escarpé, nous surveille. Son échine est si étroite qu'il a l'air de porter sur le dos une couverture en laine effrangée. Quand j'agrandis les détails, je suis stupéfaite de voir son expression de jubilation rusée, la vie méchante qui sort de son œil fendu. Petite créature de Satan, entre deux arbres perchée ! La lumière commence à baisser, le train est reparti pour ne plus s'arrêter qu'à son terminus ; prises entre un ciel bleu de plus en plus pâle et le lac de plus en plus blanc, les montagnes de l'autre rive se chargent d'un bleu foncé, transparent, lumineux, que couronne une ligne de neige en dents de scie. Les sommets se reflètent dans une eau où absolument rien ne bouge. Pas de vent, pas une ride, la masse translucide et compacte semble remonter vers la surface, uniformément lisse, comme dans les images des lacs du Grand Ouest américain photographiés par Ansel Adams. (Le lendemain soir, dans le Transsibérien en direction de Oulan-Oude, le lac est entièrement orange et rouge, illuminé par le soleil qui s'éloigne de nous au ras de l'horizon.)

À bord du train, on chante *Tsiganka*. Le retour jusqu'à Irkoutsk nous paraît un peu long, la nuit est tombée, nous circulons interminablement entre des dépôts de train, des entassements de vieilles masures, de cabanes, tout un avant-ville un peu délabré. Un petit film passe en boucle, d'inspiration assez mièvre, je le confesse, mais je ne résiste jamais aux scènes animalières : une famille élève avec un chat, tous deux se partageant un plat de poissons, un jeune phoque blanc, le nerpa, une espèce qu'on ne trouve que sur les rives du Baïkal, comment y est-il arrivé ? Je parle longuement avec H. N. : La Russie, dit-il, n'est pas un pays, *c'est une idée*. Je devine de mieux en mieux ce que cela peut vouloir dire. Mais la question serait alors : qui peut accueillir aujourd'hui cette idée ?

Le nerpa, petit phoque du lac Baïkal.

Mercredi 9 juin : second jour à Irkoutsk

8 heures : une autre journée magnifique s'annonce de ma fenêtre… Au sous-sol, toujours sous les images oscillantes de la télévision déréglée, je prends le petit déjeuner n° 1 (hier, c'était le 4) : œufs au bacon, crêpes à la confiture, jus d'orange. Je suis si peu et si mal réveillée que je mâche un bon moment sans m'en apercevoir la serviette de papier que j'ai entraînée avec ma tartine. Soudain l'image est devenue plus nette et ce n'est pas ça qui va vous réveiller, on aurait plutôt envie de se rendormir si le son revenu ne vous en empêchait… Sur l'écran, s'agite une forme du monde d'aujourd'hui dans sa version basse (dieu merci, ce n'est pas la seule) : des filles dénudées, des types trop gras, tout cela sur le fond d'une musique décérébrante.

Des voyageurs arrivent progressivement, accueillis aussitôt par la jeune Japonaise impassible à qui s'est adjoint un garçon russe. De nouveau (peut-être est-ce ma façon de me reposer ?), comme à chacun de mes grands voyages, je me sens envahie par une vie et des rêves qui ne sont pas les miens, on dirait (des métaphores nouvelles nous viennent de la pratique de l'Internet) ces réseaux wi-fi qui apparaissent à côté du nôtre, qu'on ne peut capter, et qui se contentent de vibrer silencieusement. Je ne peux pas les capter non plus, ces vies. Mais j'en ressens la force et la précarité, intensément.

9 heures : départ de l'hôtel pour une table ronde sur l'écologie à la Bibliothèque régionale. Beaucoup de monde, il est clair que c'est un thème qui passionne ici. Je ne me suis absolument pas préparée et je le regrette vivement aujourd'hui… Car l'essentiel du débat m'échappe, ses acteurs, ses enjeux, ainsi que la nature des préoccupations du public. À mon retour, les choses s'éclairent : ici, dans la région du Baïkal, le danger est partout, imminent ou à peine écarté. Elle possède en effet de vastes réserves de gaz naturel, notamment, à l'ouest, le gisement de Kovykta, dont l'exploitation devrait commencer en 2013. Du fait de la nature très particulière de sa roche, c'est toute la Sibérie orientale, en fait, qui est un immense réservoir de gaz et de pétrole. D'où la question du tracé des gazo- et oléoducs. Poutine est intervenu lui-même en 2006 pour repousser vers le nord l'oléoduc qui devait passer près du lac Baïkal. « En modifiant le tracé de l'oléoduc, la Fédération de Russie montre sa volonté de participer aux efforts internationaux de protection du patrimoine commun de l'humanité et de promotion d'un développement durable », a déclaré Koïchiro Matsuura, directeur général de l'Organisation des Nations unies pour l'éducation, la science et la culture (Unesco). Réalité ou langue de bois ? L'oléoduc devait passer à 800 mètres seulement des rives du Baïkal, il passera maintenant à 40 kilomètres…

Il est clair pourtant qu'un jour cela se fera, et qu'il y aura nécessairement un jour, dans cent, dans deux cents ans, dans mille ans, une catastrophe écologique majeure dans le lac Baïkal… Et ainsi, de catastrophe en catastrophe, un jour l'homme aura disparu entièrement, laissant derrière lui une terre dévastée. Mais non pas morte. De nouvelles espèces naîtront à partir des bactéries que nous connaissons déjà, qui peuvent digérer le pétrole (comme c'est actuellement le cas dans le golfe du Mexique). Elles en digéreront bien d'autres : de la fonte radioactive, du plastique coagulé en montagnes. Ça demandera des millions d'années, longtemps après le temps où les derniers hommes auront disparu dans des zones irradiées, entre des arbres morts. D'étranges plantes bleues dotées d'yeux et de bouches se dresseront sur une surface moite sans nom (ni « baïkal » ni même « lac ») qui, avec elles, reprendra vie.

Où sera votre souvenir, à vous, I., N., V., et celui du petit train qui faisait naître sous ses roues des monnaies romaines avec des pièces de 20 kopecks ?

… En attendant, nous avons droit à l'un de ces grands exposés fumeux dont les écologistes ont la spécialité. Par exemple, sur la Nature qui nous impose ceci, nous interdit cela, a prévu de… Toujours la Nature avec un grand N. J'ai peur que, pour certains des présents, elle se confonde avec Dieu. (En somme le renversement de la proposition révolutionnaire de Spinoza ; non plus « *deus sive natura* » mais « *natura sive deus* ».) L'écolo plus très jeune qui tient ce discours, un bel homme encore très droit, porte une veste vert foncé, avec des poches partout, entre la tenue du pêcheur sportif et celle du militaire. Et il n'a pas l'air très accessible à l'humour. Est-ce que j'ai une question ? me demande-t-on. Je me contente de dire que l'homme ne vit pas dans un « environnement » mais dans un « monde » ; que s'il faut protéger la nature c'est pour lui, et non pour « nos enfants ». Et enfin qu'une « écologie » des livres, de la langue, de la pensée s'impose aussi face aux méfaits de la modernité. Quelqu'un d'autre a pris la parole, j'écris un petit poème pour les filles de P. de S. autour des rimes chat, datcha et Natacha… Puis je tente de déchiffrer à l'aide du dictionnaire qui ne me quitte pas ces mots écrits sur ma bouteille d'eau : *открой свежесть Ниагары!* « Découvre la fraîcheur du Niagara ! » Ces distractions d'écolier qui s'ennuie passent, je l'espère, inaperçues.

C'est à nouveau mon tour d'intervenir. Et je m'avance sur un terrain dangereux, car j'ignore tout à ce moment-là des ravages de Divnogorsk, en faisant l'éloge de la puissance constructive de l'homme, aujourd'hui tellement décriée tandis qu'on révère aveuglément celle de nature. Personne ne semble tellement apprécier mon intervention, qu'on doit trouver un peu « soviétique ». Du temps de l'URSS on a tellement saccagé la misérable Russie qu'on peut les comprendre : assèchement de la mer d'Aral, salinisation des déserts d'Asie centrale… Sans parler des sous-marins et de leurs fuites radioactives en mer Baltique. Et de Tchernobyl. Même si je n'ai pas tout à fait tort sur le fond, comment ne pas penser que j'ai dû fâcher ceux qui m'écoutaient en vantant un barrage dont les conséquences avaient tellement choqué à l'époque ? On devrait toujours se taire en voyage, puisqu'on ne sait rien. L'homme en battle-dress n'avait pas l'air plus content que ça. Mais j'ai vu aussi que certains de nos accompagnateurs hochaient la tête avec approbation, dont N., l'éditrice, qui vient ensuite me remercier avec effusion. Derrière tout cela, il y a des affrontements qui ne me concernent pas : politiques, pour l'essentiel, où l'écologie n'est qu'un prétexte ou une occasion. De quel côté étaient-ils avant 1991, ceux qui aujourd'hui soutiennent des thèses opposées ?

Dans une rue d'Irkoutsk.

M'étant retrouvée pour déjeuner avec D. F., F. F., H. N. (qui n'étaient pas à la table ronde), je les accompagne dans un tour de quartier. Tout y est d'un charme incroyable, tout est poétique, dans cette clarté un peu brumeuse qui passe sur les larges rues, entre les masses de feuillage et de fleurs des grands arbres. Comme partout en Russie, les maisons de bois ne sont pas en très bon état, on parle de les classer pour en éviter la destruction, et de leurs façades en bois délavé se dégage une intense mélancolie, même quand le soleil les frappe en plein. On distingue derrière des rideaux brodés toutes sortes d'objets anciens, ordinaires et familiers, posés sur un appui de fenêtre : un vase de verre bleu, une plante verte, un ours en peluche. Certaines, extrêmement délabrées, ont des volets fermés, de guingois, comme des paupières obstinément closes. Un chaos de vieilles choses s'entasse tout autour mais la douceur de l'air nous enveloppe. Couleurs pastel, arbres profus, lilas, cerisiers, merisiers, acacias, le pollen vole, tamisant la lumière bleue du printemps. Le soleil passant entre les arbres projette sur le trottoir l'ombre des feuilles en dentelures. On ne peut s'empêcher d'aller marcher dans ces formes mouvantes, pour s'y moucheter à son tour…

Une vieille Trabant, du même bleu que les volets, se joint très bien à cette image, peut-être trompeuse, d'un bonheur de vivre disparu.

Le déjeuner a lieu au restaurant Old Café rue Marat (le passé n'est pas entièrement aboli dans la Russie postsoviétique). Comme d'habitude, j'ai noté le nom de la rue et de nouveau, à Paris, quand je reprends mes notes, tout se met en branle et me précipite dans la question qui m'obsède toujours : celle de la révolution, ce mot, dit Nadejda Mandelstam, « auquel nul ne pouvait accepter de renoncer ». De ses formes, de ses échecs… Y a-t-il eu des révolutions réussies ? Et si elles ne réussissent pas, pour quelle raison ? La lecture attentive des livres de Martin Malia, dont *L'Occident et l'énigme russe*, achève de me convaincre : j'y suis du reste préparée, ayant depuis longtemps renoncé à des espoirs récurrents et à des regrets stériles. La révolution totale n'est jamais ce « saut du royaume de la nécessité dans le royaume de la liberté », dont parlait Marx. Elle ne parvient pas à concilier l'égalité et la liberté ; elle ne peut réussir parce qu'il y a quelque chose de faussé dans son principe. Lequel ? L'idée *que la souffrance engendrera forcément une rédemption.* Émerge alors un système totalisant qui « fait passer une eschatologie profane pour une science sociale positive ».

Conclusion de Malia qui oblige à réviser la réputation qu'on lui a faite de néoconservateur libéral pur et dur : il n'y a rien au-delà de la « citoyenneté proclamée par la république jacobine » et de son complément en matière de justice distributive, l'État-providence. Une question cependant demeure, intacte : et les hommes ? Les hommes au nom desquels ces révolutions ont été faites ? Et qui y ont cru, y ont participé ? De quoi ont-ils rêvé, de quoi se sont-ils accommodés ? Et que fait-on aujourd'hui de ce profond, indéracinable besoin de justice qui est selon Tchekhov dans le cœur de l'homme le plus fruste ? Mais je ne peux pas non plus oublier ce mot de Pouchkine : « Que Dieu nous préserve d'une révolte à la russe ! »

La présence de Marat n'étonne pas en ex-URSS : la révolution de 1917 se réfère explicitement aux épisodes les plus radicaux de la Révolution française. Marat, en URSS, c'est l'ennemi de la propriété privée, l'idéologue de la Terreur, l'ami des ouvriers qui écrivait dans *L'Ami du peuple* du 12 juin 1791, à propos de la loi Le Chapelier interdisant le droit de « coalition », c'est-à-dire de grève : « Non contents d'avoir amassé des fortunes énormes aux dépens des pauvres manœuvres, ces avides oppresseurs ont poussé l'inhumanité jusqu'à s'adresser au législateur pour obtenir contre nous un décret barbare qui nous réduit à périr de faim. » Et qui, pour réaliser ce programme et mater les forces de la contre-révolution, réclame un « tribun militaire », « un chef éclairé et incorruptible » — un « dictateur » au sens romain du terme, sans doute : mais on peut soutenir que la Terreur y est en germe. À l'inverse, et pour les mêmes raisons, l'image de Marat est en France très négative. On a très vite rendu leur nom d'origine aux quelques villes qui avaient pris son nom juste après son assassinat, Saint-Nazaire, Le Havre, Compiègne, devenu Marat-sur-Oise. Et il n'y a plus de rues Marat en France, sauf une ou deux, dans la banlieue parisienne, ou dans la banlieue lyonnaise.

Dans cette rue d'Irkoutsk fleurant bon la fleur d'acacia, près du restaurant où je m'apprête à déjeuner, je suis loin cependant de soupçonner d'autres liens encore entre Marat et la Russie. On voyage dans une telle ignorance ! On voit, ou on croit voir, mais on ne sait rien. On n'a autour de soi que l'odeur sucrée de la fleur d'acacia… Ce lien, c'est David, le frère cadet de Marat. Je découvre son existence un peu par hasard, en cherchant des renseignements sur l'aîné. Et voici que soudain une certaine pelote se dévide…

Venu de Genève à Pétersbourg avec un comte russe qui cherchait un précepteur pour ses enfants, David Marat tente l'aventure industrielle, revient à l'enseignement, écrit en russe des grammaires françaises, et devient professeur de littérature au lycée impérial de Tsarskoïe Selo. Aussi laid, malpropre et négligé que son frère, mais aimable, intelligent, courtois, il fraie son chemin à Saint-Pétersbourg. En 1793, son frère est assassiné, David Marat juge plus prudent de changer de nom, il choisit celui de « David de Boudry », faussement aristocratique, d'après celui de son village natal. Mais, note un biographe, il « n'en continue pas moins de transmettre l'idée républicaine à des élèves issus de l'aristocratie ».

C'est cette phrase qui déclenche tout. Une hypothèse se forme, les dates collent à peu près. David Marat est mort en 1821, quelques années avant l'insurrection de 1825. Mais il n'y a rien d'impossible à ce que quelques-uns des futurs décembristes aient été ses élèves, dix ou quinze ans plus tôt, au lycée impérial de Tsarskoïe Selo. N'est-ce pas, entre autres, son enseignement « libéral », au sens politique du terme, qui les aurait gagnés aux idées de la Révolution française ? Et poussés à cette folle entreprise de 1825, si mal préparée, au terme de laquelle les attendait la mort ou un exil de trente ans en Sibérie ?

La consultation de la liste des décembristes arrêtés et condamnés donne vraisemblance à mon hypothèse : Wilhelm Küchelbecker et Ivan Pouchtchine, les deux jeunes poètes qu'on retrouvera en 1825 dans la grande manifestation contre Nicolas Ier, ont été élèves au lycée de Tsarskoïe Selo. N'est-il pas là le chaînon manquant ? Une passion libérale, démocratique enflammée par les cours de David, le jeune frère de Marat ? Ivan Pouchtchine, son quasi-homonyme, avait été le camarade de classe de Pouchkine, lequel ne participe pas au mouvement de 1825 uniquement parce qu'il est alors en disgrâce dans sa propriété de Mikhaïlovskoïe…

Laissons là, si on le peut, en tout cas pour un moment, la révolution russe, la Révolution française et n'ouvrons pas davantage la grande question de leurs liens. Qui jette un éclairage sur les deux et ne dissipe l'énigme ni de l'une ni de l'autre… Et revenons à la rue d'Irkoutsk, à sa lumière de juin, au pollen de ses arbres en fleurs…

14 h 30. Une fois de plus le petit groupe qui a choisi de se rendre à l'université est en retard. Et comme une fois de plus j'ai perdu mon stylo bille, je m'attarde au kiosque de l'entrée pour en acheter un. Du coup, je suis plus en retard encore, je me perds dans des halls sonores, je grimpe et redescends des escaliers, une voix vient d'en haut : « Par ici ! par ici ! » et je trouve enfin l'amphi où on nous attend. Les étudiants sont tous là, en longues rangées patientes, mais qu'est-ce que je vais leur dire ? Par où commencer ? Comment ne pas sombrer dans la banalité, les généralités inutiles ? Il faudrait prendre son temps, parler avec chacun seul à seul, les écouter, les entendre lire, leur lire des textes, tout cela va trop

vite. Leurs regards sont tournés vers nous, bienveillants, un peu indifférents, tandis qu'à travers les larges baies on devine que l'important se passe dans la rue : le printemps. Dans le parfum des lilas, émouvant, éphémère, insistant, adulé — ses plus belles greffes ont justement été obtenues en Russie, la « belle de Moscou » (*krasavitsa Moskvy*, bleu pâle), l'« étendard de Lénine » (*znamya Lenina*, rouge sombre)…

Qu'attendent-ils de nous, ces garçons, ces filles, comment cette rencontre serait-elle pour eux autre chose qu'une petite exception au programme ? (« Demain ? Ah non, y a rien à préparer, la prof a dit qu'on recevrait des écrivains français, quelles questions tu veux que je leur pose ? ») Peut-être aussi que je me trompe entièrement, qu'au contraire l'une ou l'autre de nos remarques va éveiller en eux une idée qu'ils n'avaient jamais eue de la littérature. Peut-être le mot écrivain voudra-t-il désormais dire pour l'un ou l'autre d'entre eux : quelqu'un de plutôt inoffensif, sympathique, un peu obsédé, qui s'acharne à vouloir couler les choses dans la forme des phrases, à vouloir que « tout ça » (le monde, la vie, le temps qui passe, les sentiments, les hommes) n'ait pas eu lieu en vain, ne soit pas perdu à jamais… Est-ce qu'on leur a dit ça, avant de leur faire lire Lermontov ou Victor Hugo ? Est-ce qu'on le dit aux élèves, aux étudiants français ?

17 heures largement passées : un peu à l'écart, dans une belle rue silencieuse, la maison Volkonsky, musée des décembristes… Belle maison aux vastes proportions, à la façade gris-bleu percée d'ouvertures aux encadrements ivoire… Deux balcons fermés avancent sur la rue. Telle que nous la voyons aujourd'hui, elle semble sortie tout droit d'une autre

époque et d'un autre temps : de Pétersbourg, alors ville du XIXe siècle européen autant que de Russie. Construite en 1839, à l'extérieur de la ville, dans le village d'Ourik, la maison a été transportée à Irkoutsk en 1846. Son apparence soignée gomme le fond de souffrances indescriptibles qui dans les années antérieures avait marqué la vie de ces familles exilées, les Troubetzkoï, les Volkonsky. Ce qu'on voit ici date du moment où leur situation s'est améliorée, comme elle s'améliorera plus encore après l'amnistie qui suit, en 1856, la mort de Nicolas Ier. On a cependant du mal à imaginer ce qu'était Irkoutsk vers 1840, quelle impensable distance le séparait — 6000 kilomètres ! — de Pétersbourg et de la vie que ces familles aristocratiques avaient menée jusqu'à la catastrophe de 1825.

Je prends de nombreuses photographies dans les salons du rez-de-chaussée — lumière tamisée par un grand voilage, embrasses lourdes des rideaux, belles tentures, petits cadres au mur, la lumière s'attarde avec insistance sur l'angle brillant d'un secrétaire. C'est l'atmosphère feutrée d'un salon à Paris, chez la Malibran ou chez George Sand à Nohant… Dans une autre pièce, un piano vertical, des canapés, plus loin un jardin d'hiver, des plantes, et partout des livres, des portraits, des partitions. On oublie le froid, l'exil… Puis soudain un choc, la réalité surgit : au mur, le portrait d'une femme qui détourne le regard. Elle a le visage creusé, l'expression accablée, les yeux lourdement cernés. C'est la princesse Volkonskaïa, alors âgée d'à peine quarante-cinq ans. Exténuée, détruite par la dureté du voyage et les premières conditions de son séjour en Sibérie orientale, par le froid surtout, le terrible froid sibérien, elle dit en avoir tant souffert. Elle meurt peu de temps après.

Portrait de Marie Volkonskaïa (détail).

Tout est dit : il y a quelque chose de trompeur dans le luxe (relatif) de cette belle maison. En 1846, les Volkonsky ont obtenu de la transporter à Irkoutsk, une partie de leur fortune leur a été rendue, ils retrouvent une vie presque normale, mais ils y sont assignés à résidence. Ils rassemblent alors autour d'eux d'autres exilés, dont des Polonais – vingt mille sont exilés en Sibérie jusqu'en 1863 pour leur participation à des mouvements d'émancipation nationale ou à l'insurrection de Varsovie noyée dans le sang en 1831. « *Finis Poloniae* » ? Non, la Pologne continue de vivre à des milliers de kilomètres… Les Polonais construisent une église catholique à Irkoutsk… Tous ces émigrés se réunissent, on cause, on lit, on fait de la musique, on reconstitue dans ces solitudes une atmosphère raffinée, cultivée. Ce sont des Polonais qui apprennent le français aux enfants Volkonsky.

Symbole du despotisme russe, du libéralisme précoce de

ses élites, l'histoire des décembristes est restée dans les mémoires russes et elle continue d'émouvoir, surtout à travers l'exemple mémorable des femmes qui, mariées ou seulement fiancées, ont suivi les condamnés dans leur exil. Cette affaire demeure unique dans l'histoire de la Russie et va la marquer durablement. Généreuse et mal préparée, marquée d'impardonnables hésitations, l'insurrection des nobles russes était vouée à l'échec, de par les conditions de son déclenchement, à cause aussi du fossé qui sépare ces rêveurs de la réalité du peuple russe.

À la mort du tsar Alexandre Ier, un certain nombre de jeunes aristocrates se réunissent le 14 décembre 1825 sur la place du Sénat à Saint-Pétersbourg pour soulever la garnison. D'où le nom de « décembristes » ou « décabristes » donné aux révoltés (en russe, décembre se dit *decabr*). Le complot a pris naissance « entre un verre de bordeaux et une coupe de champagne », selon la formule de Pouchkine. (Mais il salue aussi leur mémoire dans un poème : « Rien ne sera perdu, ni l'élan de vos âmes, / Blé semé par vos mains aux champs de l'avenir ! / Ni les prospérités de nos tyrans infâmes, / Que Dieu ne garde saufs que pour les mieux punir. »)

Passionnés, généreux, idéalistes, irréalistes aussi parfois, ces jeunes nobles, membres de sociétés secrètes ou francs-maçons, avaient fréquenté les milieux libéraux durant la campagne de France de 1814. C'est du reste le moment où la Russie fait l'objet d'un engouement général : Mme de Staël se met au russe, elle utilise une quinzaine de mots dans ses livres, hospodar, czar, cosaque, pope, vodka, isba, kopeck… Ces jeunes aristocrates, eux, rapportent de France, non pas seulement la langue française qu'ils parlent déjà, mais la haine du despotisme et du servage. Leur but s'affermit, même si les moyens manquent : il ne s'agit rien de moins que de renverser par la voie d'un soulèvement armé la monarchie autocratique, instaurer la république, abolir le servage, établir les libertés démocratiques, dont la liberté d'expression. Mal préparée, l'insurrection échoue. Entre les conjurés les différences sont grandes, notamment entre la Société du Sud, l'une des premières sociétés secrètes russes, dont fait partie Pavel Pestel qui sera pendu, et la Société du Nord de Mouraviev, Rykov, Troubetzkoï, lequel fera défection le jour du soulèvement et n'en sera pas moins exilé après qu'on eut commué sa sentence de mort. Bakounine salue Pestel dans une lettre de 1866 à Herzen : « Pestel, qui proclamait audacieusement la destruction de l'empire lui-même, la fédération libre des peuples qui lui sont assujettis et la révolution sociale ». Les soldats soulevés n'ont pas répondu à ce qu'on attendait d'eux. Ignorant le mot de « constitution », ils croient acclamer la femme du grand-duc Constantin, héritier légitime de la couronne mais qui l'a refusée… Venu parlementer, le gouverneur de la ville est tué. Le grand-duc Nicolas donne l'ordre de tirer.

La répression sera terrible : trois mille arrestations, cinq pendaisons — il fallut pour cela réintroduire la peine de mort dans le code. Sont pendus : Pestel, Ryleïev, Mouraviev-Apostol, Kakhovski et Bestoujev-Rioumine… Cent vingt et un sont condamnés à la déportation, au bagne et à l'exil en Sibérie, dans les pires conditions : enchaînés durant trois ans (Annenkoff dira qu'il a eu l'impression d'être jeté vivant dans une tombe) et enfermés pendant neuf ans. Privés de leur fortune et même de leur nom, les décabristes sont frappés de mort civile : ils perdent leur identité civile et juridique, leurs femmes sont déclarées veuves et peuvent se remarier. S'ils ont des enfants, ceux-ci seront considérés comme bâtards. Un grand nombre de décembristes / décabristes meurent rapidement ou deviennent fous. Les autres s'installent à Omsk, Krasnoïarsk ou Irkoutsk. Ils ne seront graciés qu'à l'occasion du couronnement du tsar Alexandre II, en 1856.

Immobilisme, passion de l'autorité, de l'ordre et de la discipline militaire, une censure impitoyable, appuyée sur une redoutable police politique : inauguré par la répression cruelle du mouvement des décembristes, le règne de Nicolas Ier fera pendant des années du mot Russie le synonyme d'autocratie, de despotisme « oriental » — toujours cette image d'une Russie « asiatique ». « Il aurait voulu posséder la jouissance de tous les avantages de la civilisation européenne, sans renoncer en rien aux énormités de son pouvoir asiatique », a dit de lui le prince P. Dolgoroukov, dans son livre, *La Vérité sur la Russie*. À son fils, le futur Alexandre II, Nicolas Ier dit en mourant : « Tiens tout. » Lui-même, du reste, était personnellement hostile au servage, non pour des raisons juridiques ou humanitaires, mais parce que c'était un frein au développement économique... Pour couronner le tout, sous son règne, en 1831, l'insurrection de Varsovie est noyée dans le sang, la ville mise à sac : Nicolas Ier devient la bête noire de l'Europe, dont il se veut le « gendarme », dix mille Polonais émigrent en France, « la cause de la Pologne est notre cause », déclare La Fayette. Au lendemain de l'insurrection, un mot fait horreur, c'est celui du ministre français des Affaires étrangères, le général Bastien Sébastiani. Interrogé à la Chambre, il répond : « L'ordre règne à Varsovie. » Il a dit en fait : « la tranquillité », mais ce n'est guère mieux. Paris s'enflamme pour la Pologne et quelques années plus tard pour les cours d'Adam Mickiewicz au Collège de France.

Le rêve des décembristes et leur destinée malheureuse, la dureté de leurs condamnations ont laissé des traces considérables en Russie, au moins pendant près d'un siècle. Dix ans plus tard, c'est autour de leur mémoire que se réunit le groupe de Petrachevski — en 1849 la fréquentation de ce cercle libéral vaudra à Dostoïevski, après un simulacre d'exécution, un exil en Sibérie où il restera dix ans, au bagne d'abord (« la maison des morts »), ensuite comme relégué. Dans ces mêmes années 1860, Herzen, Bakounine leur rendent un hommage explicite. Les bolcheviques sont en revanche plus réservés envers eux. Lénine souligne leur indécision lors du soulèvement, la timidité des transformations qu'ils voulaient entreprendre. Et il conclut d'un trait qui à ses yeux explique tout : « Ils étaient très éloignés du peuple », écrit-il, là est la cause de leur échec.

Ce ne sont pas, en tout cas pas tous, de simples rêveurs : leur haine du despotisme est bien réelle, ainsi que leur volonté d'émanciper le peuple. Et le « petit dictionnaire philosophique » du site « Documents communistes » souligne même avec insistance le matérialisme philosophique des principaux instigateurs du mouvement.

Mais c'est probablement le sort de leurs femmes, épouses ou fiancées, qui a laissé l'image la plus forte et la plus touchante de la tragédie qui s'est abattue sur toute une génération de jeunes aristocrates russes. La plupart de ces femmes ont en effet décidé de les suivre et de partager leur sort. Ce sacrifice, cette grandeur ont quelque chose de « romain » : dans le poème qu'il dédie à la princesse Volkonskaïa, dont je ne peux oublier au mur de sa maison d'Irkoutsk le visage ravagé, Vigny la nomme l'« Éponine du Nord ». L'histoire, ou la légende, veut en effet qu'en 78 apr. J.-C., un chef gaulois au nom romanisé, Sabinus, se soit rendu à Rome pour implorer la clémence de Vespasien qui la lui refuse : Éponine, sa femme, demande à partager son supplice.

Elles sont onze à le vouloir aussi. Ce sont des âmes fortes, intrépides, pourtant elles n'ont guère dépassé vingt ans. Avant son mariage, la princesse Volkonskaïa avait voyagé en Crimée et au Caucase et rencontré Pouchkine, lequel compose un poème sur une légende qu'elle lui a racontée. La princesse Troubetzkaïa, une Française née Catherine Loubrerie de Laval, avait à seize ans fait la connaissance du prince Troubetzkoï lors d'un bal à Paris que fréquentaient les officiers russes durant la campagne de 1814. Quelques mois plus tard elle l'épousait et le suivait à Pétersbourg. Certaines n'étaient pas mariées, telle cette autre Française, Pauline Gueble, qui laissera des Mémoires. Issue d'une famille de nobles ruinés, elle se retrouve à Moscou vendeuse dans un magasin de modes, la maison Demancy. Née en 1800, elle rencontre Ivan Annenkoff, elle a une fille de lui, elle n'envisage pourtant pas un instant de l'épouser mais, lorsqu'il est condamné, elle décide de le faire pour pouvoir le suivre là-bas. Le tsar s'en étonne : « Ce n'est pas votre patrie, madame. » Le mariage a lieu à Tchita, à 6 200 kilomètres de Pétersbourg, alors une minuscule agglomération : une dizaine d'isbas, un pénitencier et une église en bois. « On amena, chargés de fers, le fiancé et ses deux camarades… On leur enleva les fers dans la galerie close. La cérémonie fut brève, le prêtre se dépêchait, il n'y avait pas de chantres. À la fin de la cérémonie on remit les fers à tous trois, c'est-à-dire au mari et aux garçons d'honneur, et on les ramena à l'ostrog » (*Souvenirs et Mémoires* de Pauline Annenkoff). Trente ans plus tard, au moment de l'amnistie, Ivan Annenkoff n'obtient pas le droit de résider à Saint-

Pétersbourg et Moscou, il s'installe à Nijni Novgorod, se consacre jusqu'à la fin de ses jours à l'émancipation des serfs, ayant conservé intacte, comme il le dit lui-même, « une haine ancienne de l'esclavage ». « Je sentais en moi des forces surnaturelles et une détermination extraordinaire à surmonter tous les obstacles », écrit Pauline dans ses *Souvenirs et Mémoires*. Née avec le siècle, elle a du reste vu en France, en 1812, la fameuse comète, présage funeste pour les Russes de l'invasion projetée par Napoléon !

Cette même force anime la onzième de ces héroïnes, Camille Le Dentu, une Française encore, fille d'une gouvernante de la famille Ivachev, qui rejoindra en Sibérie son mari, le fils de la maison, Vassili Petrovich Ivachev... Lorsque le premier groupe part pour la Sibérie avec Serge Troubetzkoï, Catherine les suit trois jours plus tard malgré les interdictions. Son voyage sur le « trakt » est une telle aventure qu'elle manque y laisser la vie. Décidé par Pierre le Grand et construit après sa mort, le « trakt », c'était, avant la construction du Transsibérien, la voie unique pour aller de Pétersbourg à la frontière chinoise. On y circulait sur des traîneaux, l'hiver on traversait les fleuves sur la glace et le reste du temps par des bacs. Il y a au musée régional des beaux-arts d'Irkoutsk (nous n'avons pas eu le temps d'y aller) une belle toile de 1886 de Nicolai Dobrovolski, *La Traversée de l'Angara à Irkoutsk*. Striant de profondes rayures la neige qui recouvre la rive du fleuve, des traîneaux s'apprêtent à monter sur un long ponton de bois. Les églises d'Irkoutsk étagent au loin leurs hauts clochers dans la brume. Vision froide, dramatisée par le ciel d'orage qui plane sur la scène, infiniment plus poétique que ne devait être la réalité de ce long cheminement à travers la steppe...

S'étirant sur plusieurs mois, le voyage des femmes qui suivent les déportés ou partent les rejoindre se fait dans des conditions particulièrement dures, et leur installation dans les villages sibériens est fort précaire. Mais les liens qui se créent entre elles, et plus tard entre leurs familles, sont exceptionnellement forts : « Tout était en commun, les joies et les peines, tout était partagé, nous nous marquions mutuellement nos sympathies. Nous étions tous unis par une amitié étroite… », écrit Pauline Gueble dans ses Mémoires. Quant à Marie Volkonskaïa, elle a rejoint Catherine Troubetzkaïa, et elles vivent près de la prison pendant des mois, dans une minuscule isba pratiquement jamais chauffée. « Il faisait si froid, écrit-elle, que nous nous réveillions les cheveux collés à la paroi par le gel. » Échos stupéfiants de l'histoire ! Dans une de ses premières geôles, dit Evguenia Guinzbourg, arrêtée à Kazan en 1937, le froid était si vif que « vos cheveux collaient au mur ». Elle pense du reste souvent aux femmes des décembristes et cite de mémoire les vers de Nekrassov à propos de Marie Volkonskaïa : « Avant d'embrasser mon mari, j'ai posé mes lèvres sur ses chaînes. »

Méfiante au début, la population locale, des colons russes installés au milieu des autochtones, découvre rapidement qui elles sont et quels étaient les buts des décembristes. « J'ai appris de ton serviteur pourquoi tu es allée chercher l'empereur, dit un jour un vieillard à Pauline Annenkoff. Une grande chose, matouchka, Dieu te protège, je sais moi ce qu'ils voulaient : ces messieurs voulaient notre liberté, la liberté des paysans. » On les aide et, en remerciement, elles apprennent à lire aux paysans, y compris aux femmes et aux filles, ce qui était révolutionnaire à l'époque.

… Un concert clôt notre visite. Les costumes, les attitudes et même les voix des chanteurs manquent peut-être un peu de grâce et d'élan, mais ce sont les œuvres de musiciens qu'aimait Marie Volkonskaïa, Chopin, Schubert, Glinka et Alexandre Varlamov, et la visite de sa maison nous a mis dans un tel état de sympathie pour elle et ses souffrances, et plus généralement de sympathie historique, qu'on en oublie vite le caractère artificiel et presque gênant de cet intermède musical. Rien ne peut mieux nous aider à comprendre ce qu'il fallait de courage, de force, pour reconstituer un salon de culture pétersbourgeois — européen — dans ces solitudes glacées, à 6 000 kilomètres de la capitale… Un cercle d'idées, de poésie, de musique, après les années effroyables dans des geôles ou des isbas enfumées, malpropres et glaciales, parmi les Cosaques et des colons russes, non loin des yourtes bouriates !

… Il m'apparaît de plus en plus clairement, dans la maison des décembristes, que la Sibérie est un « front », une « frontière » mouvante, progressive, de la présence européenne. Et cette fois, ce n'est pas un front de guerre, de conquête et de colonisation forcée, c'est la greffe sur un sol étranger des idées libérales venues d'Europe — la culture, la musique et les livres. L'exil ici se retourne en liberté. C'est un défi au pouvoir, un triomphe complet sur ce tyran brutal qu'on appelait le « passe-bonheur » tant il était violent et cruel. Dans ce refuge, entre ces murs tendus de tissu clair, un piano, des tableaux, une femme chante. Dehors, à défaut de la totale émancipation qu'on a rêvée pour eux, on apporte à ces paysans un peu de médecine, on apprend à lire à leurs enfants. Triomphe dans ces solitudes d'une Europe qui n'est pas l'Europe conquérante ou colonisatrice, mais l'Europe des Lumières, concrétisation du rêve chimérique qui avait soulevé la jeunesse de ces nobles exilés.

Le pianiste maintenant joue un impromptu de Schubert

que Marie Volkonskaïa aimait particulièrement. Et c'est alors qu'une idée vous vient, qui se transforme en une certitude : la vie de ces femmes exilées aura été incomparablement plus riche et douée de sens que le destin qui leur était assigné, celui de leurs mères. Un destin classique d'aristocrate russe, des fils qui entrent à l'Académie militaire, des filles qu'il faut marier, quelques mois par an dans un domaine rural où on s'ennuie, quelques voyages aux eaux de Baden, quelques passions secrètes, le jeu, les jeunes officiers ? ou d'autres encore plus secrètes et aussi décevantes, et la vieillesse qui vient, auprès d'un époux qui vous trompe avec des danseuses de l'opéra…

…

En sortant, dans la lumière qui décline, douceur de ces rues aux maisons basses, tout semble couvert d'une fine poussière à l'odeur de pollen. Avant de prendre le train pour Oulan-Oude, dîner rapide au restaurant Snejinka, le « Flocon de neige ».

On ne pense pas du tout à la neige en ce moment à Irkoutsk.

21 heures. J'ai un peu plus de temps qu'à notre arrivée pour regarder la gare. Je n'avais pas noté les deux formidables propylées qui encadrent son entrée monumentale, eux-mêmes surmontés d'une coupole massive et d'ornements de pierre non moins massifs. De part et d'autre, deux constructions plus basses, longues d'une cinquantaine de mètres, sont, comme les tours d'entrée, crépies de jaune pâle sur une base d'un vert tonique. Le pouvoir, le pouvoir impérial, est bien là, nul ne peut en douter. Depuis des siècles, il a imposé sa marque dans ces régions, bien avant la construction du Transsibérien : sur le tableau de Dobrovolski, on

voit avec netteté à gauche les « Portes de Moscou », un arc de dix-neuf mètres de haut construit entre 1811 et 1813 en l'honneur du dixième anniversaire du règne d'Alexandre Ier. Ces portes énormes étaient visibles de loin et servaient d'entrée principale à la ville ; elles ont aujourd'hui disparu, mais les autres villes de Sibérie ne manquent pas de ces arcs de triomphe commémorant un anniversaire ou une visite du tsar. L'un des derniers a été édifié à Oulan-Oude, où nous nous rendons maintenant, pour le passage du futur Nicolas II en 1891.

La nuit tombe. Foule, escaliers géants, passerelles au-dessus des voies, c'est l'heure. Voici la longue suite de wagons et tout au bout, de nouveau, l'accueil joyeux de nos *provodnitsas* : *Vach'dom !* « Votre maison ! » Fourbus et heureux, nous nous jetons sur nos étroites couchettes, les pieds posés sur nos grosses valises, dans un fouillis indescriptible de vêtements, de livres, de chaussures. Puis nous poussons tout ça tant bien que mal dessous. (Comment fait G. G. avec son monstre de métal brillant ?) Sur la tablette de fenêtre, des noix de cèdre, des verres, une montre, un ou deux livres, des cailloux du Baïkal, des fleurs séchées, une bouteille de jus de fruits entamée, un carnet de notes. Tout cela oscille au rythme du train qui s'accélère, dans un concert de craquements et les grincements de la ferraille. Nous contournons par le sud le Baïkal, la « mer sacrée » du peuple bouriate : fini le pur bloc de diamant liquide, c'est une mer lisse, sombre, parcourue de reflets rouges dans les derniers rayons du soleil. Le contournement du lac a été la plus difficile des sections du Transsibérien, il n'a été réalisé qu'au prix des plus grandes difficultés, des milliers de détenus et de paysans y ont perdu la vie.

Je suis du regard longtemps la courbe montagneuse qui finit par s'effacer. Il faut encore préparer son sac pour demain, et essayer de dormir un peu. Le train arrive avant 4 heures du matin. Une fois roulé dans la couette, et ça prend un peu de temps, on éprouve une sensation de repos admirable, comme si le mouvement lui-même entraînait la fatigue, la faisait glisser du corps, agissant comme un puissant massage général du dos, de la nuque, des jambes : il n'y a qu'à se laisser couler, et on coule. Roulée elle aussi dans sa couette sur la couchette parallèle à la mienne, dans la faible lumière des lampes de lecture, M.d.K. cite une phrase de Nicolas Bouvier : « On croit qu'on va faire un voyage, mais bientôt c'est le voyage qui vous fait, ou vous défait. » La fatigue, l'immensité, l'espace, le décalage horaire, tout cela nous emporte et la sensation est encore plus forte la nuit, quand les arrêts dans les gares nous réveillent à peine et que le train reprend son mouvement coulé, oscillant. On est hors de soi, disait hier S. G., et en même temps au plus profond de soi.

Autoportrait dans le train.

Jeudi 10 juin : Oulan-Oude

4 heures du matin : bienvenue en terre bouriate ! Traînant de gros sacs, le cou scié par la courroie des appareils photo, le poids des caméras, un groupe d'ours mal réveillés, mal léchés, déboule dans le petit jour sur le quai de la gare d'Oulan-Oude, « Oulan la Rouge » depuis 1934, anciennement Verkhneoudinsk, « Haute Ouda ». Une petite question hier soir dans le train est restée sans réponse : doit-on prononcer « Bouriatie » avec un *t* ou comme avec deux *s* ? Je penche pour le *t*. Le Transsibérien est arrivé en 1900 sur ces confins du monde asiatique. Nous aussi en ce jour de juin, un peu plus d'un siècle après, nous avons l'impression d'être au bout du monde ; nous ne sommes pourtant qu'à 4 700 kilomètres de Moscou, et il nous en reste encore autant jusqu'à Vladivostok, mais l'Asie s'est beaucoup rapprochée.

À quelques dizaines de kilomètres seulement de la Mongolie, cette ancienne république soviétique fait partie aujourd'hui de la Fédération de Russie. Ç'a été pendant longtemps le carrefour des voies marchandes entre l'Europe et l'Asie, une plaque tournante sur la « route du thé » longue de 10 000 kilomètres, une étape pour les caravanes venues d'Asie vers les foires de Tobolsk, de Tioumen, de Nijni Novgorod. Le voyage prenait à l'époque plus d'un an. Composée pour un quart de Bouriates, pour le reste d'Ukrainiens, de Biélorusses, de Tatars, et surtout de Russes à 70 %, elle a conquis son statut de république autonome parce que sa capitale Oulan-Oude est majoritairement bouriate. C'est un exemple de ce melting-pot culturel, linguistique, ethnique qu'est la Russie d'aujourd'hui sur ses confins, langues mêlées, russe et bouriate, religions mêlées, bouddhisme, chamanisme et orthodoxie, et même ultra-orthodoxie. Mais l'URSS elle-même était-elle autre chose qu'une mosaïque de peuples, précairement unifiée, et sa chute en 1991 n'a-t-elle pas entraîné l'éclatement de l'empire ? Si elle ne veut pas à son tour éclater, la Fédération de Russie doit établir des rapports pacifiés avec des peuples et cultures allogènes : comme nous l'avons vu, dans la capitale du Tatarstan, Kazan, où la population est à 50 % russe.

… Naturellement, à 4 heures du matin, mon sac accroché à l'épaule, j'ai d'autres choses en tête… Je voudrais redormir un peu (c'est prévu) et, avant, au moins jeter un œil sur le grand monument de Lénine, l'énorme tête qu'on aperçoit déjà entre des immeubles, au-dessus d'une rangée d'arbres. Ce n'est pas vraiment le moment de s'attarder sur la question nationale et son règlement, tout au plus peut-on prévoir d'y revenir au retour. C'est ce que j'ai fait, me souvenant alors d'un texte de Staline, qu'on saluait dans certains milieux autrefois (je veux dire au Parti communiste) pour sa profondeur et sa lucidité, et dont le titre est « Le marxisme et la question nationale », un article de 1913. (On en a reparlé au moment de la guerre de Yougoslavie.) Sur cet article le jugement de Trotski est plutôt positif, c'est, dit-il, « sans aucun doute, le travail théorique le plus important de Staline ; plus exactement, c'est le seul ». Pendant la révolution d'Octobre, membre du Politburo, Staline avait été nommé « commissaire du peuple aux Nationalités » ; son point de vue était alors celui de Lénine : « autodétermination et égalité entre les peuples ». Dans son combat pour la destruction du tsarisme, le nouveau pouvoir ne pouvait en effet se passer du soutien des nationalités opprimées. Mais quand il devient secrétaire général du Comité central, en avril 1922, malgré l'égalité formelle proclamée entre les républiques, Staline prône la domination russe à l'intérieur du nouvel État fédératif. C'est sa première confrontation sérieuse avec Lénine. Les nationalités sont, dit-il, une « communauté stable, historiquement formée, de langue, de territoire, de vie économique et de formation psychologique, manifestée par une culture commune », mais elles doivent demeurer dans la dépendance de la langue, de la culture et du pouvoir russe.

Avec ce détour par la pensée de Staline — je dois bien être la seule aujourd'hui à le faire ! — je retarde sans doute un peu trop notre arrivée à Oulan-Oude. Mais j'avais prévenu : qui lit ce récit, lit le récit de deux voyages, non pas d'un seul. Et doit accepter de remonter dans le temps, bien en deçà de Staline et de Lénine, bien en deçà des premiers ostrogs cosaques (on n'est plus obligé de traduire, le lecteur est maintenant familier de ce mot), au moins jusqu'à Gengis Khan. Sinon, à quoi bon errer dans les rues d'une ville, sur les routes d'un pays dont on ne sait rien ? Se retrouver en Bouriatie, c'est quelque chose qui va tout de même un peu au-delà des commentaires cool et sympa de Lonely Planet : c'est retrouver les traces de l'empire des steppes, c'est voir comment s'est écrite une page de la conquête russe de la Sibérie... Mélange pacifique de populations indigènes de culte chamanique et de nomades mongols de culte bouddhiste tibétain, les Bouriates sont passés au XIIe siècle sous une domination mongole qui dura près d'un siècle. Gengis Khan les a « placés sous son étendard », comme disent les livres d'histoire, avec d'autres tribus mongoles des territoires de Baïkalie et de Transbaïkalie. À sa chute, les princes bouriates décident de se placer sous la tutelle de l'Empire russe et deviennent des officiers de son armée. Quatre siècles plus tard, l'Empire russe fait son entrée dans ces lointaines contrées; en 1647, un fortin est bâti sur l'Angara supérieure; en 1648, un autre à Bargouzin et un autre à Selenga. En 1666, un détachement cosaque élève une isba au confluent de la Ouda et de la Selenga. Étapes classiques; un centre de perception d'impôts, l'iassak, prélevé sur les autochtones — c'est le même mot qui désigne le code promulgué par Gengis Khan au début du XIIIe siècle —, puis une base militaire cosaque, enfin un relais pour la progression des Russes vers l'est. La dépendance et la soumission de la Bouriatie continuent...

Naturellement, durant la période soviétique, la situation est progressivement aggravée par les trois termes de la stalinisation à outrance : collectivisation, sédentarisation, purges. Résumé et bilan de l'époque stalinienne en Bouriatie : le mot « mongol » est supprimé. Aujourd'hui, vingt ans après la chute de l'URSS, les Bouriates sont-ils plus bouriates que russes ou le contraire ? Ont-ils droit à la reconnaissance de leurs religions (ils en ont deux), de leur langue, de leurs traditions ?

Je n'en sais rien quand je débarque à Oulan-Oude, en ce matin de juin 2010. Mais suffit maintenant ! Allons dormir. Au passage, notre hôtel est juste en face, la « grosse tête de Lénine », haute de huit mètres sur un socle qui en fait à peu près le double. Comme il n'est encore que 4 h 30 du matin, je prends vite ma clef, je monte dans ma chambre, je ferme les rideaux, et je me rendors quelques heures. Cependant, dès mon réveil, je n'y tiens plus et je me précipite à la fenêtre. Est-elle aussi impressionnante que sur les photos ? Oui. Et même davantage. Déjà sur les photos, ronde et massive, dominant tous les arbres et même les immeubles derrière, elle avait de quoi flanquer la frousse… Mais en vrai, comme disent les enfants, c'est infiniment pire. Cela dit, j'ai toujours éprouvé une terreur sacrée, une véritable panique, à la vue de statues géantes, surtout fragmentées. Ça m'est arrivé lors d'un de mes tout premiers voyages à Rome, dans la cour du palais des Conservateurs : devant le pied et la main géants de Constantin, pourtant bien inoffensifs, j'ai été obligée de sortir.

Lénine et moi.

Le lendemain, je demande à H.N. de me photographier au pied du monument : moins pour attester que « j'y étais » que pour donner l'échelle, et aussi afin d'être pendant un instant dispensée de le voir puisque je lui tourne le dos. C'était une blague polonaise, entendue à Varsovie : D'où a-t-on la plus belle vue de la ville ? Du Palais de la culture — ce jumeau stalinien des « Sept Sœurs » géantes de Moscou. Pourquoi ? Parce que c'est le seul endroit d'où on ne le voit pas...

Lénine, lui, on le voit de partout, même quand on lui tourne le dos, son ombre fait un orbe menaçant sur le sol, malgré des arbres qu'on a vainement plantés autour, je suppose après 1991. Me revient une phrase de Brecht, justement à propos de Lénine : « Il pensait dans la tête des autres et dans sa tête d'autres que lui pensaient. » J'aime bien Brecht, mais je ne comprends pas comment j'ai pu à une certaine époque approuver cette phrase : l'idée fait horreur d'imaginer vos propres idées roulant dans ce métal creux, et d'avoir dans sa propre tête les pensées de cette météorite de bronze... Météorite convient bien. Ce bloc-Lénine installé en 1970 sur la place centrale d'Oulan-Oude pour le centenaire de sa naissance est vraiment « chu d'un désastre obscur ». Le pire, c'est quand on l'a un peu oublié et que soudain on voit la demi-sphère supérieure de cet énorme crâne surgir entre des arbres, au-dessus d'un immeuble.

Vingt-cinq mètres au total. Ce n'est pas le plus grand des monuments qu'on a édifiés à Staline, Lénine, ou parmi les derniers, Kim-Il-sung... Ce qui le rend si terrifiant, c'est qu'on n'en a que la tête. « Staline veille sur vous », disait la légende d'un tableau dont j'ai vu une copie dans le hall du Younost. Penché sur son papier, le stylo en main (peut-être est-il en train d'écrire « Le marxisme et la question nationale », ou bien de parapher une liste d'exécutions récemment reçue d'une ville de province ?), dans la lumière douce de sa lampe Art déco, il aurait plutôt l'air inoffensif d'un auteur américain de polar travaillant la nuit quand ses enfants et sa femme sont endormis. Lénine, lui, ne dort ni ne veille. Le menton en avant, la barbiche raide, le regard de ses yeux fixes passant juste très au-dessus de notre tête, il ne regarde rien, et ça n'en est pas plus rassurant. Il est là. Ou du moins, sa tête sans corps, pas si mal sculptée que ça, son expression est vigoureuse, avec ses beaux méplats du bronze ; mais moi, au pied de son socle, j'entends surtout ces mots : tu n'as aucune chance, moucheron, tu as vu celle-là ? Il n'a pas de mains, mais « celle-là » c'est, on l'imagine bien, une gifle-goulag proportionnée à cette grosse tête.

Terrifiant, dérisoire, le culte des Sauveurs suprêmes ? En Corée du Nord, les portraits du Guide et de son fils sont livrés avec une boîte à l'arrière contenant le chiffon qui doit servir à l'essuyer et à rien d'autre.

À 8 h 30, la salle à manger de l'hôtel Baïkal est remplie de touristes chinois et je suis bien en Chine si j'en crois le bruit national que fait mon vis-à-vis en aspirant au ras du bol, faute de nouilles absentes du menu, une kacha au lait, succédant à des crêpes arrosées d'un cappuccino. Il est difficile de juger des manières de table, on a vite fait d'être dégoûté. Ce que je me permets de juger, en revanche, chez mon commensal chinois, et très sévèrement, c'est sa manière extrêmement brutale de jeter un ordre à une femme, probablement la sienne, qui se lève et s'en va aussitôt, probablement pour l'exécuter, car elle revient très vite. Ça, c'est universel : rabrouer les femmes vous sépare à mes yeux de l'humanité, quelle que soit votre « culture ».

Je fais quelques allers-retours entre le buffet et ma table, croisant, saluant, embrassant au passage l'un puis l'autre de mes camarades de voyage, progressivement descendus à la salle à manger. Ce voyage, décidément, est une merveille : il fait naître de nouvelles amitiés ou en confirme d'anciennes, réveillant la vieille époque, oubliée, bénie, où *on avait des camarades*. (Je ne parle pas du Parti, encore que, mais du lycée, de l'École normale.) Les accueillant à ma table ou les rejoignant à la leur, je reprends une tranche ou deux de salami, des fruits, des légumes crus, du yaourt, de la confiture d'airelles et puis je ne sais quoi encore !... Moi qui me surveille plutôt d'ordinaire... Nous sortons ensuite faire un petit tour dans la rue, tout en jetant (moi du moins) des regards en coulisse vers la Grosse Tête. Puis nous achetons quelques provisions de bouche, au cas où et pour éviter les petits déjeuners au wagon-restaurant, dans un petit self-service Spoutnik, ce qui veut dire « compagnon » (satellite), tout le monde se souvient de la chienne Laïka, peut-être moins du titre d'un des premiers récits autobiographiques de Gorki, *Moï spoutnik « Mon compagnon »*, une histoire très dure d'amitié, de trahison, d'oubli. Je l'ai en version bilingue, j'ai commencé à le lire en russe, j'ai beaucoup de mal, je ne suis pas allée très loin.

Il est 10 heures, rassemblement devant le bus. Faut-il l'avouer ? Je n'éprouve aucun désir particulier de voir le grand Datsan d'Ivolguinsk. Davantage, la région où il est édifié, toute proche des montagnes de Mongolie... Je sais bien que c'est la religion d'une partie des Bouriates, mais un temple bouddhiste ne suscite pas en ce moment en moi beaucoup plus d'intérêt que le temple cambodgien devant lequel je passe le dimanche matin dans mes promenades à bicyclette au bois de Vincennes. Dans cette partie orientale de la Sibérie, je ne me sens toujours pas en Orient. Mais on dirait que ça te fait plaisir ? (Je me dis toujours tu quand j'ai un reproche à me faire.) Est-ce que par hasard tu ne serais pas, depuis le début de ce voyage, contente, trop contente de ne jamais avoir en Russie, ni même en Sibérie, à quitter l'Europe ? Est-ce qu'il ne serait pas temps de te dépayser un peu ? Mais justement, dans ce voyage, se « dépayser » n'est pas à l'ordre du jour : non que je n'y aie pas été prête, mais ça ne s'est jamais présenté. Pas même devant la grande mosquée Kul Sharif à Kazan, car elle était installée (je ne dirais pas intégrée) dans un paysage hautement russe, c'est-à-dire européen. Russie d'Europe, Russie d'Asie, je vois de moins en moins la différence. J'ai déjà dit que c'était la grande découverte de ce voyage : à chaque grand fleuve que j'ai traversé (il me reste encore l'Amour), je suis entrée dans un nouveau territoire subtilement relié à l'ancien par les ponts ferrés du XIXe siècle mais sans jamais changer de pays. De culture. De civilisation.

D'ailleurs en ce moment le bus passe à travers un décor des années soixante - soixante-dix, petites HLM dans le style des « khrouchtchéviennes » des faubourgs d'Ekaterinbourg. Oulan-Oude est ici une ville russe, et plus précisément, avec son plan en damier, ses rues en angle droit, une ville russe « coloniale », extérieure à l'empire, puis intégrée à celui-ci. « Colonial » nous fait penser à de l'exotisme, à un casque de liège, à un roman de Francis de Croisset ou de Marguerite Duras, aux guerres de la décolonisation. Ici, c'est autre chose : cette « conquête de l'Est » dans la continuité spatiale d'un même continent ressemble plutôt à la conquête de l'Ouest américain. Aux dépens, évidemment, de ceux qui l'habitaient déjà. Mais une colonisation est une guerre dont les traces le plus souvent s'effacent, et on mesure sa réussite à leur degré d'effacement, même si l'ancien peuplement, par endroits devenu majoritaire, revendique comme aujourd'hui une reconnaissance légitime… En attendant, je continue de me sentir « chez moi » à 5 000 kilomètres de ce que d'habitude j'appelle ainsi. Sans pouvoir le définir plus précisément. Il est facile de savoir ce qu'est le chez-moi, quand on est en Inde, ou en Chine : c'est l'exact opposé de ce qu'on voit. Mais quand le sentiment du « chez-moi » se prolonge à travers mutations et métamorphoses, quand le paysage s'élargit comme on n'en avait jamais vu, quand la végétation est différente et semblable en même temps, mêmes blés, mêmes feuillages, mais plus sombres ou plus clairs, quand les villes sont toutes marquées de la même modernité technologique, on se dit : je sens que je suis toujours chez moi, mais c'est quoi, chez moi ? Est-ce que c'est seulement la forme extérieure des choses, ou une façon secrète, immédiate, de les appréhender ? Au fond tout se résume peut-être à cela : à quels signes avons-nous affaire en voyage ? Et lequel de nos moi y répond ?

… Du reste, j'oublie ma question, *I am changing my mind*, comme on dit plus radicalement en anglais, quand, sortis de la ville, nous voyons se découper au loin les premières montagnes de Mongolie. Oulan-Bator n'est qu'à 600 kilomètres, voici l'Asie ! Allons ! Oublions un temps l'arc de triomphe du futur tsar Nicolas II ! Assez de Russie, assez d'Europe ! Me voici reprise par le démon de l'exotisme, dont la morsure est délicieuse… En effet, plus on s'éloigne de la ville, plus le paysage prend de l'ampleur et de la majesté, plus il est clair que nous sommes en train de quitter l'Europe. Une steppe jaune couvre des montagnes au relief arrondi, entre lesquelles on aperçoit de vastes vallées aux pentes douces, en entonnoir. L'appel des lointains pourrait bien se faire entendre si, dans les derniers villages, les fenêtres sculptées des maisons ne rappelaient avec insistance la présence d'une forte communauté autrefois venue de Russie : la « russisation » n'est pas un vain mot. L'empreinte bouriate parfois est totalement effacée. Le sous-sol est riche cependant de traces historiques et préhistoriques de leur présence, il y a partout des sites archéologiques, pas encore exploités, nous dit Z., notre guide.

Arrivée au monastère, qui occupe un vaste espace dans une plaine désertique entourée de montagnes. Ouvert en 1946, après que les monastères bouddhiques eurent tous été fermés et les lamas fusillés ou envoyés au goulag, Ivolguinsk fut à l'époque soviétique l'unique centre du bouddhisme en URSS. C'est aujourd'hui un ensemble de bâtiments aux toitures retroussées, vernies, de couleurs vives, cerné d'un grand mur d'enceinte, et précédé d'une cour où on vend des souvenirs, mais aussi des produits de fabrication locale, gilets, chaussons de cuir fourré et brodé, anneaux d'argent, etc. Partout des temples d'importance inégale, mais je ne suis pas capable de distinguer des monastères récemment construits de ceux, plus âgés de quelques siècles, que j'ai vus dans la Chine du Nord-Est ou à Java. À travers des chantiers de construction très bruyants, des moinillons en robe bordeaux vont rapidement d'un temple ou d'un lieu d'études à l'autre. À l'intérieur du grand temple, j'achète quelques pieuses babioles, je regarde des Bouriates prier, puis s'éloigner de l'autel ou de la statue du Bouddha à reculons. L'une des figures du Bouddha, destinée à terrifier le mal, est en effet terrifiante.

Après les quelques généralités de rigueur sur l'histoire passée et l'histoire récente de cette partie de la Mongolie, notre guide en vient à ce qui fait la particularité d'Ivolguinsk, le but et le clou de toutes les visites : le corps intact du douzième khambo lama, mort il y a plus de quatre-vingts ans, et qui, « d'après certains scientifiques », serait toujours en vie. Il paraît qu'il respire et que ses cheveux continuent de pousser — à une vitesse extrêmement lente. Peut-on le voir ? Non, on ne peut pas, sauf sept jours par an. C'est dommage, je chercherai sur l'Internet...

Je trouve facilement à mon retour deux photos de lui, l'une où il est vivant, en noir et blanc, et l'autre, mort-vivant, en couleurs. Il s'appelait Dashi-Dorzho Itigilov, il a joué un grand rôle dans le bouddhisme bouriate, le 19 mars 1917, le tsar le décore de l'ordre de Saint-Stanislas. En 1926, « la doctrine rouge venant de débarquer », il conseille aux moines de quitter la Russie, mais choisit pour sa part d'y rester. Après sa mort en 1927, son corps en position du lotus est placé dans une boîte de pin et il est enterré dans un bumkhan (cimetière réservé aux lamas) de la localité de Khukhe-Zurkhen (« cœur bleu foncé » en langue bouriate). Il avait demandé que des moines rouvrent régulièrement sa sépulture ; on le fait à plusieurs reprises et, à chaque fois, on constate que la décomposition n'a pas eu lieu. Un spécialiste est appelé en consultation et lequel ! Vladislav L. Kozeltsev, l'« expert » du centre des technologies biomédicales chargé du corps de Lénine. Il donne du phénomène une explication assez banale : « Le sel dans le cercueil peut avoir ralenti le processus de dégradation du corps. » Mais il n'exclut pas que les moines aient eu recours à des techniques secrètes de momification.

C'est une façon un peu primitive d'en conclure à la sainteté ; dans notre tradition, l'équivalent, c'est l'odeur de roses s'échappant d'une sépulture ouverte. On sait que, dans *Les*

Frères Karamazov, le corps du starets Zosime pue comme n'importe quel autre, à la grande déception de ses fidèles. Dans la tradition chrétienne, on ne signale en fait qu'un seul cas de corps ayant été épargné par la décomposition, c'est celui de Marie, mère du Christ. Ce qui lui a permis, dit un texte de catéchèse, lorsque son fils l'a appelée, de pouvoir « monter au ciel corps et âme ». Cela ne veut pas dire, ajoute l'ouvrage probablement destiné aux enfants, qu'elle a « décollé à la verticale comme un avion » (ce mouvement serait d'ailleurs plutôt celui d'un hélicoptère) : cela veut dire qu'« elle est allée vers Dieu ». Il se trouve que, il y a une vingtaine d'années, en voyageant dans l'Inde du Nord et en lisant Alexandra David-Néel, j'ai accumulé tout ce que je pouvais sur les techniques de méditation poussée, avec modification de la respiration, échauffement excessif du corps... J'en ai même fait le sujet d'un roman. Mais je n'ai rien trouvé sur la conservation post mortem... Toujours est-il que la figure du lama conservé, banale quand il était en vie, est assez repoussante sur la photo couleur : ronde, bouffie, plus jaune que son génotype ne le commande, elle a l'air d'un gros œuf d'autruche à la coquille molle, légèrement aplatie sur le devant.

Laissons là l'énigme d'Ivolguinsk, beau titre (classique) pour un roman policier, et revenons à des questions d'aujourd'hui, plus brûlantes et plus politiques. Forcément, depuis vingt ans que l'URSS est tombée (vingt ans en décembre 2011), on parle beaucoup de « la nouvelle tolérance » et de « la renaissance de la culture bouriate ». Avec les Touvas de Sibérie méridionale et les Kalmouks, à l'ouest de l'Oural. (Lénine avait des origines kalmoukes du côté de ses grands-parents paternels, ça se voyait sur son visage, les sculpteurs l'accentuent sur ses bustes et statues), les Bouriates sont le seul peuple de Russie de culture bouddhiste. Une autre partie d'entre eux est de tradition chamanique : les deux religions sont en bonne condition, le bouddhisme est « florissant » et le chamanisme, nous dit notre guide, « toujours vivant ».

Vivant — et réaffirmé. Je note alors (incorrectement et de plus j'ai du mal à me relire, l'autocar nous secoue effroyablement) le nom de Roberte Hamayon, grande spécialiste du chamanisme. Dans un article d'elle publié par la revue *Diogène* en 2001/2 (en ligne) et que je conseille vivement de consulter, on peut lire plusieurs remarques très originales : ce que la chute de l'URSS a ouvert aux Bouriates, c'est un espace d'émancipation « au moins imaginaire ». La réappropriation de leur identité est passée par la redécouverte d'une épopée, largement répandue en Mongolie et au Tibet, celle du guerrier Geser. Une grande célébration s'est ainsi tenue en juillet 1995 à Oulan-Oude, une réserve naturelle y a été créée, des sanctuaires, et le millénaire célébré en 1999. On a même donné à cette occasion le nom de Geser à une vodka de fabrication locale... Il s'agit, dit Roberte Hamayon, d'une « attente messianique » au sens de Gerschom Scholem, l'« appel à un passé idéalisé pour en tirer une vision idéalisée de l'avenir ». Non d'une revendication guerrière ou politique. C'est une bonne nouvelle, ça m'étonnerait que cela vire au terrorisme et au kamikaze ceinturé d'explosifs...

À la sortie, près du parking des autocars d'où on a une vue vers le sud sur les montagnes de Mongolie, j'achète cette fois un gilet, des moufles et des mules de peau fourrée.

12 heures. La visite au « village des vieilles croyances » où nous devons déjeuner donnera lieu rapidement à la seule dérive touristique un peu trop appuyée de notre voyage...

Mais comment y échapper ? Le tourisme est souvent la seule ressource de pays pauvres, qui n'hésitent pas à soumettre les lieux et l'histoire elle-même à la marchandisation, à la « scénarisation ». Le monde devient un gigantesque parc à thèmes où les habitants eux-mêmes se prêtent à une reconstitution du passé. Costumes, chants et danses traditionnels, repas gastronomiques et folkloriques… Il paraît que, moyennant une forte somme, on peut dormir une nuit dans une cellule de goulag du Grand Nord sibérien…

C'est, en plus inoffensif, ce qui nous attend au village des vieux-croyants de Tarbagataï (« chaîne des marmottes », c'est aussi le nom de montagnes situées au Kazakhstan). Nous faisons halte : sur le bord de la route, dans un paysage grandiose, des boissons nous ont été préparées en pleine solitude, je m'en étonne d'abord, mais ma vigilance cède devant la beauté du site. Puis un homme monte à bord, en costume traditionnel, chemise russe de couleur flamboyante, boutonnée sur le côté, en un très vilain nylon. Et se met à dire d'une voix forte un commentaire sur l'exil des vieux-croyants dans cette région. Z. traduit.

La route tourne, déserte, descend une forte pente, s'engage dans la plaine et un village surgit soudain : la vue de ses maisons rustiques sans étage, alignées, de sa petite église blanche sur le fond des steppes vallonnées absolument désertes a quelque chose de saisissant. S'il n'y avait partout des voitures et des antennes, on se croirait revenu au temps de la première installation des vieux-croyants dans la région d'Abakan. Je l'ai dit, je ne mesurais pas l'importance du raskol dans l'histoire russe, mais maintenant je vois que nous les avons rencontrés tout au long de notre route, riches marchands de Moscou, comme Savva Morozov dont je n'ai pas eu le temps de revoir l'extravagant palais hispano-mauresque, industriels dans l'Oural alliés paradoxaux des bolcheviques pour l'exécution du tsar. Et, à l'autre bout de l'échelle, dans la taïga, l'ermitage où vécut quarante ans, totalement coupée du monde, la famille d'Agafia.

Le village de Tarbagataï date de 1765, ceux qui le peuplent aujourd'hui sont les descendants des milliers de vieux-croyants envoyés par Catherine II en Sibérie. Près de huit mille d'entre eux s'installèrent dans cette région délaissée même par les autochtones, avec pour seul bagage un soc de charrue en fer. Au milieu de peuples qui leur étaient hostiles, ils ont survécu et prospéré. Ils sont maintenant les habitants légitimes d'un pays qui n'était pas le leur.

Notre autocar s'arrête devant un ensemble d'isbas décoré à l'ancienne, nous entrons. La cour elle-même est un peu trop peinte, de coqs, de rameaux de fleurs, dans ces rouge et vert vif qui sonnent un peu trop folklorique. Mais nous sommes si bien disposés ! Tout le monde est habillé « vieux-russe », femmes, jeunes et vieilles, hommes, jeunes garçons. Un puits au centre de la cour, et encore des peintures sur les cloisons de bois. Un déjeuner nous attend dans une grande salle avec des bancs de bois, le repas est exquis, la vodka de même… Et un peu plus tard, sans trop réfléchir, D. F. et moi nous nous prêtons à une parodie de mariage plaisante et assez ridicule, dont j'ai un peu honte dans les heures qui suivent. C'est bien la première fois, et j'espère la dernière de ma vie, où j'aurai encouragé la consommation touristique et « kitsch » du monde ancien. Nous jouons bravement le jeu. D. F. en chemise rouge vif, et moi feignant la timidité d'une jeune vierge. *Mat' ! Ia baïous'*, « Mère, j'ai peur ! », et une des femmes feint de me rassurer. Quelques danses, fin de l'épisode, je me débarrasse avec soulagement de mon sarafane coloré et de l'« enfant » de couleur foncée, dont j'ai subrepticement accouché sous les rires (un châle marron roulé), tandis que W. N'S. en revendiquait plaisamment la paternité.

La rue principale du village, droite et triste, serre un peu le cœur quand on pense aux mois de rude hiver qui doivent l'envelopper de neige, de nuit, de brume… Nous remontons vers le musée ethnographique. Juste à côté, une église, où je n'entre pas, je voudrais parler un peu en particulier avec notre guide. Je suis préoccupée par ce qu'on me dit, au hasard de nos haltes. Ainsi, à Krasnoïarsk, sans que je lui demande rien, une femme : J'avais seize ans quand Staline est mort, je me souviens bien, nous étions totalement abasourdies, ma mère et moi ! Comment ! Il y avait eu toutes ces horreurs et nous n'en avions rien su ! Ça n'a guère l'air vraisemblable, dis-je à notre accompagnatrice qui réagit vivement : Évidemment que ce n'est pas vrai, évidemment que c'est impossible ! On savait tout ! Elle-même est plus jeune, c'est son grand-père qui a disparu dans les purges de 1937.

Petite déception : le musée ne concerne que les vieux-croyants, il n'y a rien sur les populations locales, Bouriates ou Mongols. Les objets qu'on y montre sont d'une inventivité incroyable par les matières employées, fer battu, bois, écorce de bouleau tressée. Et par la technique : ainsi d'une machine à repasser, et d'un moulin très ingénieux pour écraser les baies de cèdre. Mais aussi, frustes et rudes, beaucoup d'outils paraissent incommodes, difficiles à manier, presque dangereux, on doit s'y pincer les doigts, s'y écraser la main. Aucun alambic : l'alcool était interdit aux vieux-croyants.

Sur le chemin, fatiguée, assez contrariée de m'être prêtée à la comédie de tantôt, je m'endors profondément. Au réveil, ça va mieux. Je me chante tout bas une comptine de ma façon, la complainte du petit Mongol piqué par un insecte : « Est-ce une puce d'yourte / Ou bien un pou d'yack ? » (Je n'ai pas cessé, durant ce voyage, de composer d'absurdes limericks, telle cette ode à la « mauvaise pensée » que je dédie aux enfants de M.d.K. : « J'aime pas les bêtes », à laquelle je rajoute une strophe de temps en temps. « Le renard sent pas bon / L'âne n'a point d'hygiène / Y n'met pas d'pantalon / Si vous croyez qu'ça l'gêne ».)

19 heures. Rapide passage à l'hôtel pour nous rafraîchir, puis, nous retrouvant dans le hall, nous décidons (F. F., D. F., H. N. et moi) de sécher le dîner pour visiter un peu la ville. Le temps est parfait : doux, lumineux, la nuit est encore loin. Sans un regard pour la Grosse Tête, nous passons sous l'arc de Nicolas II. Toute la ville descend doucement vers une agréable zone piétonne, pourvue de magasins et de cafés en terrasse. Un type s'installe à notre table, je ne demande pas mieux, ce serait l'occasion de causer un peu avec un autochtone, avec l'aide de H. Mais il n'a pas vraiment l'air d'être dans son assiette et nous avons finalement beaucoup de mal à nous en défaire. Qu'est-ce qu'il veut ? Qu'on lui paie à boire ? Ou qu'on l'aide à trouver des femmes, lui aussi ? (Il jette des regards appuyés à toutes celles qui passent.) C'était le cas d'un homme assez jeune, il y a quelques jours, dans le train. Nous revenions du wagon-restaurant ; de sa couchette, il nous fait signe de nous asseoir avec lui. Il se tient penché en avant, les mains entre ses genoux, il raconte qu'il est moldave, qu'il se rend à Vladivostok retrouver son frère qu'il n'a pas vu depuis quinze ans, H. N. traduit : « Et puis, il dit qu'il voudrait des femmes. » Quand nous repassons, le lendemain, il nous fait signe de nouveau. Malheureusement, nous n'avons pas de femmes à disposition.

De nouveau, je reprends avec H.N. notre conversation sur la Russie comme prolongement de l'Europe et, de nouveau, cette idée me plonge dans une joie sombre, tourmentée… Partout, donc, l'Europe : conquérante, colonisatrice, civilisatrice ? Sauf quelques heures à Ivolguinsk, on ne la quitte pas. *On ne peut quitter l'Europe :* le train la pousse devant lui dans sa lente progression, obstinée, vers l'est. Je m'inquiète d'en éprouver une espèce de satisfaction. Est-ce que je ne suis pas en train de retomber dans le vieux préjugé ethnocentrique qui faisait de l'Europe l'archétype de la civilisation et, selon Husserl ou Heidegger, un site « par-dessus Orient et Occident », passant « à travers l'Européen » ? Peut-être aucun Européen ne peut-il entièrement y échapper, même s'il s'est corrigé par le voyage, la fréquentation d'autres peuples et une sévère interrogation sur soi. Et puis, c'est peut-être tout simplement la vérité, sans jugement de valeur : la Russie est une Europe prolongée, projetée hors de son sol natif… Il y a, c'est une évidence, « de l'Europe » bien au-delà de ses frontières historiques et géographiques. C'est une certaine manière de concevoir les villes, de leur confier le soin d'organiser et d'humaniser les campagnes, c'est une tradition de libre confrontation entre les idées, les croyances, les modes de vie. Une place éminente donnée aux livres, à la culture. Arrachée, conquise après des siècles de luttes contre le poids de l'absolutisme et la domination des religions. Avec sa contrepartie, une arrogance, une façon de se croire le centre du monde et de vouloir en convaincre tout le reste, serait-ce par la force.

En Russie, l'Europe représente depuis longtemps un projet, des valeurs, des idéaux, des principes… C'est ce qui constituait la « Maison commune européenne fondée sur la solidarité » dont parlait Gorbatchev, l'homme sur lequel je ne parviens à me faire une idée : abusivement porté aux nues par l'Occident, et ensuite injustement décrié ? Dans son discours du 6 juillet 1989 à Strasbourg, il évoquait « une Europe unie, pacifique et démocratique, gardant tout son caractère hétérogène et fidèle aux idéaux humanistes universels ». Et la « chance unique qui est offerte aux Européens, celle de jouer dans l'édification d'un nouveau monde un rôle qui soit digne de leur passé, de leur potentiel économique et spirituel ». Vladimir Poutine semble très en retrait dans son appel lancé le 26 novembre 2006 dans la *Süddeutsche Zeitung* : il s'agit seulement pour lui d'une « communauté économique harmonieuse de Lisbonne à Vladivostok ».

Mais est-ce que les Russes en veulent davantage ? La peur de l'omnipotence américaine et du développement chinois les pousse-t-elle vers l'Europe ? En tout cas certains Français le souhaitent, aussi parce que l'Europe a besoin de la Russie. Bernard Guetta le souligne dans un article de *Libération* en mars 2010 : « Il faut s'allier à la Russie, parce que la Russie est indispensable à la solution des crises internationales les plus brûlantes, que l'Europe et les États-Unis ont tout intérêt à l'attirer à leurs côtés plutôt qu'à la rejeter vers la Chine. » Et Jean-Pierre Chevènement : « La Russie est une nation indispensable à la paix sur notre continent et à l'équilibre du monde. »

Alors, européenne, la Russie ? Oui, indubitablement, selon la formule d'Hélène Carrère d'Encausse : « La Russie est un pays d'Asie présent en Europe et un pays d'Europe présent en Asie. » « Un grand pays européen que sa géographie a situé *aussi* en Asie », ajoute-t-elle.

... Notre promenade s'arrête à l'entrée du parc Medveditsa (*medved*, c'est l'ours, donc l'« Oursonnière » ? — il se peut que ce soit le nom de la rivière, plusieurs le portent dans le bassin du Don). Toute une jeunesse semble s'y être donné des rendez-vous pas forcément innocents : drogue peut-être, alcool sûrement, beaucoup de sacs d'où dépasse un goulot. La cathédrale Hodiguitria et sa flèche dorée brillent dans la nuit, ses toits bleu indigo tranchent sur la verdure en masse et le ciel qui commence à s'obscurcir. « Hodiguitria », du grec *hodigos*, « qui montre la route » (c'est le nom d'une image de la Vierge désignant de la main son enfant). Élégante quoique d'une taille impressionnante, récemment restaurée, l'église avait bien failli tomber en ruine, elle servait de musée à tout un tas d'objets religieux, souvent bouddhistes.

Vendredi 11 juin : Oulan-Oude, suite

Oulan-Oude que nous devons quitter en fin d'après-midi est notre dernière escale, mais nous sommes encore bien loin de l'arrivée, et ce n'est pas moi qui le regrette ! Encore près de 3 000 kilomètres, deux jours et demi et trois nuits de train avant Vladivostok…

10 heures : conférence de presse. Les questions sont presque incompréhensibles à cause de la sonorisation — et de ma fatigue. Une femme se lève pour dire ces mots en français, après elle parle russe : « Enchantée pour moi de voir vous. » (Je pense la même chose.) C'est un auteur bouriate, elle a un très beau visage. Quelqu'un dit que les vieux-croyants sont une curiosité maintenant, et qu'un jour ils braderont toute cette culture ; je me dis : est-ce que ce n'est pas déjà en train de se faire ? est-ce que je n'y ai pas contribué en me prêtant à ce jeu, hier ? Toute la planète en est frappée, je pense à ce roi d'un petit État himalayen : peu de temps après son ouverture à l'étranger, les moines vendaient aux touristes leurs moulins à prières et le roi s'était mis lui-même à porter des chaussettes Burlington sous son habit traditionnel… Puis la femme joue au piano un rythme chamanique : écho aux danses sur la Volga près de Kazan.

Et puis soudain, une voix s'élève, on traduit aussitôt, c'est une voix grave, par le ton et par les propos, elle dit : « Tout est difficile aujourd'hui, aujourd'hui pas seulement au niveau matériel mais au niveau humain. » Qu'a voulu dire exactement cette voix, que je n'ai même pas identifiée ? N'est-il pas clair que je vais partir sans être sûre de l'avoir exactement comprise ? Soudain j'en ai assez de ne pas pouvoir m'approcher d'une réalité qui demeure insaisissable. Plus que jamais en cet instant, je voudrais gagner du temps, parler russe, ou trouver un interprète fiable, rester ici quelques jours, seule. Ce que je viens d'entendre n'est-il pas la clef de cette Russie que je cherche peut-être vainement ? Est-ce qu'en Russie on ne ressentirait pas plus vivement qu'ailleurs ce que nous ressentons tous, aujourd'hui, cette crise « pas seulement au niveau matériel mais au niveau humain » ?

J'y pense souvent, de façon parfois obsédante. Des conditions inédites de développement, de sécurité, de santé, de bonheur même nous sont données, dans les pays développés évidemment : mais nous sentons en même temps que quelque chose ne va pas « au niveau humain ». Qu'il est peut-être en train de se passer en ce moment dans l'histoire du monde *quelque chose de terrible*, dont nous ne prenons conscience que partiellement. Une destruction très profonde, grave, dangereuse, qui affecte en nous cette fibre par laquelle nous pouvions faire passer de l'un à l'autre des sentiments essentiels, la pitié, la compassion, la compréhension. Une atrophie de ces *capteurs d'humanité*, en somme, dont les hommes ont besoin pour survivre. Ces dispositions fondamentales, la nécessité les avait forgées, car nul ne pouvait y survivre sans la solidarité, l'attention aux autres ; dans des sociétés où la liberté, le confort, la sécurité sont à peu près assurés, on croit qu'on n'en a plus besoin. C'est faux : on meurt de leur absence (c'est le sens du très beau roman, *La Porte,* de l'écrivain hongrois Magda Szabó).

Tout cela a sûrement à voir avec ce que je sens partout : le regret de la période antérieure, non pas exactement, ou seulement, de la période du communisme, car personne ne peut regretter celle-ci dans son ensemble. Mais d'un temps plus ancien où les « capteurs d'humanité » étaient remis chaque jour en route par l'extrême urgence. Comme le dit Oulitskaïa à propos d'un de ses personnages dont la générosité naturelle semble aujourd'hui disparue : « elle venait d'un avenir qui n'était jamais arrivé ». Je n'aime pas tout ce que dit Oulitskaïa, mais cette phrase est formidable : « un avenir qui n'était jamais arrivé ». Un avenir qui devait régner lorsqu'on aurait dépassé les tribulations et les horreurs du communisme réel ; une société vers laquelle se tournaient tous les espoirs, une société où les humains auraient enfin entre eux des rapports véritablement humains. Qu'il ne soit jamais arrivé, cet avenir, c'est probablement une tragédie. Pas seulement pour la Russie.

...

C'est peut-être à cela que pensait la voix qui a dit : il y a quelque chose qui ne va pas « sur le plan humain ».

11 heures : rendez-vous à l'université. Comme d'habitude, nous courons, nous sommes en retard, impossible de trouver l'amphi... Et puis, décidément, je suis en grande période de doute : c'est un rendez-vous que j'aborde avec la certitude que je ne saurai pas en profiter. Quelques minutes en tête à tête avec deux, trois étudiants, un professeur, nous en apprendraient sûrement davantage aux uns comme aux autres.

Une longue table, quatre ou cinq écrivains français, des regards amicaux, des sourires, je prends quelques photos. Chacun de nous expose ses projets, sa manière de travailler. Ce qui m'importe à moi, c'est de bien faire comprendre que l'écrivain n'est pas un être d'exception. Sa vie importe moins que ses livres. Comme le disait récemment Javier Cercas, dans une rencontre où j'étais avec lui, « si l'écrivain est plus intéressant que son œuvre, alors ce n'est pas un bon écrivain ». Écrire, ce n'est pas un don, ou une supériorité, c'est un état d'attention au monde — et par monde j'entends aussi les livres, et les morts.

Une femme alors demande la parole, je la reconnais. Elle m'avait abordée à la fin de la conférence de presse, je n'avais pas compris si elle était étudiante, professeur, auteur. Pressée de quitter la salle, je lui avais imprudemment proposé de nous suivre à l'université pour continuer la conversation, ce qu'elle a fait. Cela nous vaut maintenant une question qui ne nous embarrasse pas le moins du monde, mais visiblement les professeurs et les traductrices : comment se fait-il que la France, ce grand pays, tolère des manifestations comme la Gay Pride ? Et, subsidiairement, est-ce que personnellement nous sommes pour ? Réponse unanime : Oui ! (Pour ma part, je n'en suis pas folle mais, naturellement, je ne peux tolérer qu'on l'interdise.) Le débat n'a pas le temps de s'engager, du côté russe on estime que c'est hors sujet. D'où la protestation de notre part : oui à une Gay Pride à Oulan-Oude devant la tête de Lénine !

Il est clair que cette femme a posé tout haut une question que beaucoup se posent tout bas, et manifesté sans complexe un rejet que d'autres partagent certainement. Du temps de l'URSS, comme actuellement en Chine communiste, *il n'existait tout simplement pas d'homosexuels*. (De là un déni des ravages du sida.) Ce puritanisme soviétique à la limite de l'homophobie, ou la justifiant, n'a pas disparu avec le changement de régime, et c'est cela qui nous sépare, sur le plan comme on dit « sociétal », des pays européens sortis récemment du communisme. En interdisant la Gay Pride, le maire de Moscou, Iouri Loujkov, démis depuis (mais pas pour cette raison), n'avait-il pas qualifié les homosexuels d'« œuvre de Satan » ? En 2008, à Brno, en Moravie, la première « Lesbian and Gay Pride » tchèque avait été interrompue par cent cinquante extrémistes de droite. Et aux dernières nouvelles (15 février 2011), la préfecture de police de Budapest a retiré son autorisation pour la marche annuelle de la Gay Pride hongroise, prévue pour le mois de juin, invoquant des « perturbations excessives pour la circulation » dans la capitale hongroise.

En Russie, la dépénalisation de l'homosexualité date de 1993, mais lorsqu'en 2007 on a voulu en fêter le quatorzième anniversaire, de très violentes manifestations ont eu lieu. Et, comme toujours, les trois monothéismes ont fait bloc : l'évêque orthodoxe, Daniel Yuzhno-Sakhalinsk, a comparé l'homosexualité à la lèpre et a mis en garde la population contre la « propagande du vice ». Le président de la Direction spirituelle centrale des musulmans de Russie, le mufti Talgat Tajuddin, a déclaré : « Le prophète Mahomet a ordonné de tuer les homosexuels, car “leur comportement conduirait à la fin de l'espèce humaine”. » Quant à Berl Lazar, grand rabbin de Russie, il n'est pas en reste : « Comme figure religieuse, je dois avant tout dire que notre religion interdit catégoriquement l'homosexualité. »

À 13 heures, nous déjeunons dans le train d'une délicieuse *solianka* (prononcer « salianka »). Si vous voulez, je peux vous communiquer la recette que je me suis fait donner : en gros, c'est une sorte de pot-au-feu, ce qui fait la différence, c'est la crème fraîche. Et les saucisses coupées en morceaux.

L'idée de passer deux jours entiers et trois nuits dans le train me ravit tout en m'inquiétant un peu : j'ai peur de voir la fatigue me tomber dessus, et de dormir tout le temps. Mais ce ne sera pas du tout le cas. L'université roulante va battre son plein : lectures, enregistrements dans le compartiment où s'est établi France-Culture, morceaux de films tournés par E. K., traductions du russe, déjeuners au wagon-restaurant, vodka et photographie. Et je vais sûrement regretter ces manières libres et affectueuses que nous avons naturellement entre nous pour nous souhaiter bonne nuit, ou en nous croisant le matin la brosse à dents en bouche... Pour les petits cigares (en voyage, je n'obéis plus à aucune consigne, de régime ou d'abstention), c'est sur la plate-forme du wagon de queue, étroite, bruyante, naturellement enfumée, où je retrouve quelques addicts bien plus accrochés que moi, qui pourrais très bien me passer de fumer, mais je ne sais pas, ça fait partie du voyage, de la camaraderie... Et c'est de nouveau la vue mélancolique des deux côtés de la voie, et les rangées de sapins qui disparaissent dans la lumière du couchant. L'horizon se referme, la Russie a disparu, la Sibérie s'étire à l'infini, nous allons vers la mer du Japon. Oui, Tchekhov a raison, la Sibérie a « un charme inexprimable » qu'on ne parvient pas à oublier ensuite. Sibir ! Sibir ! Même quand on s'y rend à regret, dans la peine et la douleur, une magie opère.

Dîner dans le train, très tôt. Sommeil, après une heure de béatitude dans le balancement des roues. Je suis parvenue à m'envelopper parfaitement dans ma couette, à glisser sous mes pieds le sac qui prendrait trop de place entre les banquettes, à loger dans le filet étroit mon portable calé par un volume de Mandelstam, ma montre, et mes lunettes accrochées par une branche.

L'une des choses les plus heureuses du voyage, c'est la capacité retrouvée (ou découverte) de se limiter, d'avoir peu de besoins, peu de confort, de s'en trouver libéré et parfaitement content.

Samedi 12 juin et dimanche 13 juin :
dans le train

Longues journées dans le train. Le temps, l'espace – je ne fais plus très bien la différence – se dilatent à l'extrême, au long des neuf fuseaux horaires que nous traversons successivement, et le voyage finit par se transformer en une sorte d'expérience initiatique (d'où les bouffées d'angoisse du début qui maintenant ont complètement disparu... – C'est peut-être pour cette raison que tant de Russes s'imbibent à mort, dès les premiers tours de roue). L'expression peut surprendre, elle n'est pourtant pas trop forte. Tout prend un air de nécessité. Placées sous une lumière qui en souligne les contours, les rend plus vifs et vous rend plus heureux, les choses vous reviennent avec un visage neuf, ou qu'on avait oublié.

Vision triste, ou gaie ? Il n'y a pas tellement de différence, elles sont là, un point c'est tout... Les villages apparaissent, puis disparaissent, l'herbe est verte, les murs sont bleus, les tombes s'enfoncent paisiblement dans un fouillis de verdure, tout est bien. La végétation régulière, fournie, jamais luxuriante, de ces grandes étendues ne semble ni sauvage ni cultivée, elle couvre de grandes prairies où il n'y a personne, ni hommes ni bêtes. Soudain un, deux jardins apparaissent, signe vital de la présence humaine puis, contre une palissade ou un mur de rondins, une vieille voiture qui semble être encore utilisée, ou une petite isba « pattes de poule », comme celle de la sorcière Baba Yaga, ou peut-être est-ce une ruche ? Il faut bien redescendre dans le temps, dans l'histoire. L'apparence répétitive, presque hors du temps de ces espaces désertés, dissimule l'âpre curiosité dont ont fait l'objet durant l'histoire son incompréhensible étendue, son climat, ses habitants, sa faune, sa flore et les richesses de son sous-sol.

Ce sont des Européens — des voyageurs, de savants explorateurs souvent français — qui ont découvert, « inventé » la Sibérie « moderne », ce compagnon indissociable de la Russie, qui ancre la Russie à l'est. Parmi les premiers, l'abbé Jean Chappe d'Auteroche dont un de nos guides a prononcé hier le nom que je n'ai pas reconnu — et pour cause, j'ignorais tout de lui... J'en sais un peu plus maintenant. Quel destin ! Il était né en 1722 à Mauriac dans le Cantal, et il est mort à San José (Californie mexicaine) en 1769. Dix ans auparavant, l'Académie des sciences l'avait élu comme membre adjoint et, l'année suivante, désigné pour aller observer en Sibérie le passage de Vénus sur le Soleil — à Tobolsk, précisément, au cœur de l'ancien khanat de Sibir... Il met un mois, à travers mille difficultés, pour faire le voyage en traîneau de Saint-Pétersbourg à Tobolsk (2 670 kilomètres). Ce n'est pas tant que ça, il est allé plutôt vite. De retour à Paris en août 1762, il écrit son *Voyage en Sibérie*. Ce qu'il dit du gouvernement russe et de ses méthodes est assez négatif pour que son livre fasse l'objet, en 1771, d'une réfutation commandée par Catherine II, publiée sous le titre d'« Antidote ou examen du mauvais livre superbement imprimé, intitulé : *Voyage en Sibérie*, etc. ».

Ceux qui ont connu ces poêles d'autrefois, dits « Mirus », en fonte émaillée, avec leurs petites ouvertures garnies de feuilles translucides qui parfois éclataient ou se brisaient par l'effet de la chaleur, seront heureux d'apprendre que c'est à l'abbé Chappe d'Auteroche qu'on en doit la découverte sous le nom de « verre de Moscovie ». Ah que ça m'aurait plu, cette expression, « verre de Moscovie », quand je lisais *Michel Strogoff* à plat ventre sur la carpette de ma chambre colorée par le reflet rouge des flammes du Mirus ! Avec l'abbé d'Auteroche, je vous convoque tous ici une dernière fois pour vous saluer, ô Jacks Londons du Grand Est, explorateurs un peu givrés, ethnologues sans méthode mais non sans préjugés, minéralogistes vêtus de peaux de rennes ! Et avec vous vos plus belles découvertes : les bijoux des kourganes, les paillettes d'or dans les fleuves, les filons argentifères brillant dans le flanc des coteaux.

Car aujourd'hui tout a changé : on est définitivement sorti du monde enchanté des livres pour petits garçons (et pour petites filles). Les filons sont à peu près taris, ne reste plus que le souvenir de la Kolyma, de la mortalité effrayante qui régnait dans les mines d'or, à cause du cyanure et de l'acide qu'on utilisait pour l'extraire. Les zeks creusaient le permafrost quatorze heures par jour. Selon l'historien Robert Conquest, 30 % mouraient durant la première année, tous les autres la deuxième. *Kolyma znatchit smert*, « Kolyma égale mort », disait-on à l'époque. On s'y rendait par voie maritime, depuis Vladivostok — peut-être Mandelstam était-il sur le chemin de la Kolyma lorsqu'il mourut. (Le dernier témoin qui crut l'avoir reconnu a parlé d'un homme à demi fou cherchant de la nourriture parmi des os et des chiffons pourris.)

C'est dans les bassins de l'Amour et de la Lena qu'il y a encore un peu d'or ; de grandes compagnies se sont constituées pour son exploitation. Mais surtout, ce sont les immenses réserves de pétrole qui suscitent aujourd'hui la convoitise. Et peut-être les plus grands risques pour la Sibérie. Il faut avoir eu la chance d'assister à la conférence donnée par Yvette Vaguet, géographe à l'université de Rouen, sur le thème : « Sibérie arctique : villes et nomades du pétrole », le mardi 30 novembre 2010. Moi, non, je n'y étais pas. C'est dommage, car c'était justement le sujet de sa conférence : les profondes transformations territoriales et urbaines que l'exploitation du pétrole va faire subir à toute cette région. Les accords signés en 2009 avec le Japon sont inquiétants à cause des dangers pour l'environnement : « Le pétrole brut produit sur place à l'avenir approvisionnera les marchés d'Asie du Nord-Est, dont le Japon », une fois achevé l'oléoduc russe Sibérie orientale - Pacifique. Une catastrophe écologique s'est déjà produite il y a dix ans, en Sibérie occidentale (*Libération* du 7 août 2001) : « Conséquence de l'exploitation intensive du pétrole en Sibérie occidentale, une zone grande comme sept fois la superficie de Moscou, soit entre 700 000 et 840 000 hectares de toundra, a été polluée par les fuites massives d'hydrocarbure. » Les recherches mettent aussi en danger certaines espèces, dont les baleines grises. Dépêche de l'AFP du 24 juin 2010 : les scientifiques de la Commission baleinière, réunis au Maroc, ont demandé leur suspension.

Naturellement, tout ça, une fois de plus, je l'ai su après. Pour l'heure, le balancement du train m'absorbe entièrement. Il entre si profondément en moi, que, descendue aux stations, je vacille comme un marin à quai. Des nuées blanches roulent au-dessus des étendues monotones coupées de grandes flaques d'eau, mes yeux errent sans s'y arrêter sur de grands rideaux de bouleaux blancs qui s'ouvrent brusquement sur une colline couverte de mélèzes, sur un chemin qui se perd, sur un fleuve, son cours vaste, gonflé. Rien en Europe ne peut donner idée de la beauté de ces fleuves, du volume de leurs eaux… La vue remonte vers les grands trains de nuages, le vent balaie l'herbe rase, aux poteaux de bois obliques pendent de longs fils électriques reliant entre elles de pauvres maisons d'un bois lavé par la pluie et le gel. Je suis étendue, le dos calé par mes oreillers, par moments je somnole, bonheur intense d'*être là* en me réveillant. J'en ai la conviction, ce que je vois n'est qu'une apparence. Mais la joie du voyage l'emporte, une fatigue délicieuse, et l'attente de l'arrivée sur une mer inconnue.

Petite fête au wagon-restaurant pour le grand prix que vient de recevoir O. R., averti par SMS. Quand je reviens dans mon compartiment, rien ne semble avoir changé, simplement, avec le jour qui descend, les arbres paraissent plus sombres et les troncs des bouleaux plus clairs. Les mêmes maisons apparaissent, mais cette fois avec une lampe qui s'est allumée sous un auvent, les sillons parallèles dans les petits jardins font penser à de grands métiers à tisser. Puis la nuit tombe tout à fait, dehors c'est l'obscurité profonde, trouée soudain d'une lumière à une fenêtre, ou dans une serre éclairée et probablement chauffée. Sentiment de précarité, d'urgence, douloureux et réconfortant, comme l'est toujours le spectacle d'un combat pour la survie : on se réjouit de voir que des hommes peuvent résister à des situations extrêmes et en même temps une espèce de note mélancolique se fait entendre, un à quoi bon ? Le store est baissé, balancement de ma couchette, nuit comme toutes les précédentes, bonne, douce, égale, reposante malgré un réveil à chaque gare, mais je me rendors.

Au matin, douche de ma façon, voir plus haut, et café soluble dans mon verre plus ou moins bien rincé. Mais « à la gare comme à la gare ! ». Tout est simple dans ce train, fruste même et cependant parfait. Plusieurs fois par jour les couloirs sont passés à l'aspirateur et les toilettes nettoyées à fond. Nos deux *provodnitsas* se montrent avec nous d'une sollicitude et d'une patience remarquables. L'une d'elles me fait même un compliment : elle aime les Français « parce qu'ils sont gentils et parce qu'ils sont propres ».

Samedi, toujours

W. N'S. me lit sa « sirène du Baïkal », puis je la lis à mon tour, nous passons beaucoup de temps à nous lire mutuellement, c'est l'un des charmes de cette résidence d'écrivains sur roulettes. Je m'y plais beaucoup et je redoute le moment où il faudra la quitter. Même si notre voyage d'écrivains ressemble parfois à un « voyage organisé » (organisé, merci à nos amis russes, il l'est d'ailleurs parfaitement), en réalité il en diffère parce que cette expédition collective n'est pas une exception dans notre vie ordinaire, mais plutôt son prolongement sous d'autres espèces. Ce qui ne marche pas dans les « voyages organisés », et les rend parfois très pénibles, c'est que certains n'arrivent pas à mettre leur vie habituelle entre parenthèses. Il n'est pas rare d'entendre sur un site archéologique lointain où les a conduites un autocar climatisé, tandis que le guide s'évertue sous un soleil de plomb à faire renaître des dieux disparus, quelques dames d'un certain âge commenter les agissements, les succès ou les déboires conjugaux de leurs enfants et petits-enfants…

Mais nous, avec nos baladeurs, nos iPhone, nos plaisanteries douteuses, et cette forme particulière d'immaturité propre aux écrivains, aux artistes en général, nous vivons à peu près comme en temps ordinaire. Laissant, pour certains, la famille et les enfants, pour d'autres leurs préoccupations de santé ou leurs obsessions sexuelles, nous nous sommes vu ramener à l'essentiel : des petits carnets, de la musique, des conversations, des livres, des heures passées sur des mots, un peu de vodka, de la séduction feutrée, pour rire ou plus sérieusement… La promiscuité acceptée, l'attention constante portée à des choses nouvelles, à des livres nouveaux, à des sons, à des voix étrangères, tout cela me ramène pour ma part à une époque que j'ai beaucoup aimée, joyeuse et inquiète, celle des années de formation.

Ne voulant pas renoncer trop vite à cette exception bénie, je me livre à des calculs compliqués pour repousser mon retour à Moscou, prolonger mon séjour à Vladivostok et en repartir directement pour Paris. On me fait observer que je risque fort de rater la correspondance, car l'avion d'Extrême-Orient arrive à Domodiedovo tandis que l'avion pour Paris part de Cheremetievo, situé à 50 kilomètres dans la direction opposée, ce sont des heures d'embouteillage à prévoir. Je sens bien que je vais devoir renoncer. Et je me plonge encore une fois dans le spectacle d'images douces, campagnardes, paisibles, un homme ramène ses chevaux, des gens semblent rentrer chez eux comme on rentre dans sa banlieue. Nous venons de quitter Morotsa. Pour mon futur récit, je photographie la liste des gares dans le couloir (je ne m'en servirai pas). Puis je reprends le petit volume bilingue de Mandelstam qu'on nous a donné au départ, édité à Moscou en 2008, et qui porte en titre ce vers : « J'ai appris la doctrine des adieux. » Le peu de russe que je sais me donne envie de proposer une autre traduction, puisque *naouk*, ici traduit par « doctrine », signifie aussi « science ». Quant au russe *rasstavany*, traduit ici par « adieux », il signifie aussi

« séparations ». Je propose donc : « J'ai appris la science des séparations. » J'aime mieux ça. Puis je m'essaie à une lecture à voix haute (je suis seule dans le compartiment) en m'aidant des accents toniques que S. a marqués au crayon sur ma page. Je m'arrête enfin sur le beau poème où Ulysse « riche d'espace et de temps » s'apprête à quitter son vaisseau aux voiles fatiguées (1917).

— Moi aussi, qui vais atteindre Vladivostok après-demain pour aussitôt le quitter, je me sens « riche d'espace et de temps ».

…

Déjeuner au wagon-restaurant, soupe de poissons assez bonne, au retour le Moldave nous arrête encore une fois. Finalement, ce n'est pas un, mais plusieurs frères à qui il va rendre visite. Et cette fois, peut-être parce que cela ne lui vient que le soir, il ne nous demande pas de lui trouver des femmes… Aller-retour, son voyage lui prendra presque trois semaines, rien qu'en déplacement. Un homme assis en face de lui, avec une femme et un petit garçon, n'a cessé de nous lancer des regards irrités, H. lui demande ce qui se passe, l'homme explique : ce n'est pas nous qui l'irritons, ni notre présence dans ce train, au contraire. Ce sont des gens dans le train qui lui font honte, il a honte que nous voyions ce spectacle : des Russes montés à Moscou et qui « s'arrangent pour ne pas dessoûler de tout le voyage ». (Mon hypothèse est donc peut-être la bonne : un gouffre métaphysique à combler, mais je n'ose pas imposer à H. de la lui traduire.) Il secoue plusieurs fois la tête en soupirant. Je propose mon gâteau au chocolat encore emballé à son petit garçon après avoir demandé l'autorisation à sa mère qui me l'accorde en souriant. Cette fierté des Russes me frappe et me touche, ce désir de donner de la Russie une bonne image, et c'est ce qui explique pourquoi ils ont l'air parfois de nous surveiller. Je comprends maintenant que cela signifie : qu'allez-vous penser de nous ?

Vers 17 h 30, ce qui ne signifie plus rien pour nous, puisque nous changeons d'heure tous les jours, la nouvelle est tombée : pas moyen de rester à Vladivostok. Tant pis. Je me remets à mon exercice de russe, je traduis très lentement les deux vers de *Tristia* qui concluent le poème : « Ô que de notre vie l'assise est misérable ! Et combien pauvre est le langage de la joie ! » À 10 heures et demie je me couche, je tire le store, je mets mon masque et mes boules Quies, je sais maintenant faire tenir autour de moi ma couverture et je ne sors plus de ma couchette comme la Loire de son lit... Avant de m'endormir, je me redis le récit que m'a fait V. E., l'un de nos accompagnateurs. « Dans un wagon, maman apprend petite fille : "bon' jour" (il détache le *n*, comme au féminin). Apprend pour qu'elle dise aux Français quand ils passent ! J'ai pensé : cette histoire, c'est pour Danièle... » Je m'entends très bien avec V. Je lui ai demandé le prénom de son père pour le saluer plus cérémonieusement de son nom et de son patronyme. Son père a fait « la Grande Guerre patriotique » sur le front de la Volga, et il s'est miraculeusement retrouvé indemne après avoir sauté sur une mine. Son grand-père était apiculteur. Lui-même a connu des étapes difficiles dans sa vie. Vie classique d'un Russe entre deux âges. Nous avons échangé des mails au Nouvel An.

Dimanche 13 juin

Dans le train, toujours. Encore une heure de plus, depuis longtemps j'ai renoncé à régler mon portable, mon appareil photo. Petit déjeuner en chambre : kéfir, que je partage avec F. F., pain et fromage, café soluble. Jamais le train ne m'a paru rouler si lentement, lui qui déjà dépasse rarement les 80 kilomètres à l'heure. Je ne m'en plains pas, au contraire, je n'ai nulle hâte d'arriver.

Qu'est-ce que c'est que ce grand bâtiment en très mauvais état ? Une usine électrique abandonnée en pleine solitude ? C'est bien le mot qu'il faut, dans son emploi ancien, pour désigner ces endroits « éloignés de la fréquentation des hommes », comme dit Littré. Un temps infini passe avant qu'on voie apparaître une rangée de maisons basses, perdues entre des prairies bordées de quelques arbres, saules ou peupliers. Solitudes, au pluriel surtout, le mot est parfait. Y compris dans ses connotations anciennes, l'idée d'un éloignement volontaire du monde à des fins spirituelles, morales, mystiques. Peu d'expériences conviendraient davantage pour réfléchir un peu sur soi et sur le monde que plusieurs hivers (ou même un seul) en Sibérie. (Je n'avais pas encore lu Sylvain Tesson.)

Ce mot me revient encore quand, quelques jours plus tard, à l'aéroport de Moscou, j'achète une splendide boîte nacrée, qui m'a plu pour sa lueur derrière les toits (du couchant, de l'aurore ?). On peut y lire ces mots, en très petits caractères : « Fedoskino. Optina Poustyn ». « Fedoskino » est un style de boîtes laquées. *Poustyn*, c'est une « solitude », justement, un « désert » comme on disait au XVIIe siècle. Et Optina, c'est le monastère où tant de Russes ont fait retraite, dont Tolstoï qui s'y rend la première fois en 1881.

C'est exactement ce qu'a été pour moi la Sibérie : un lieu de solitude(s) peuplé de remords, de souvenirs, d'anticipations, de rêves.

13 heures. Tandis que nous déjeunons au wagon-restaurant, le train s'arrête à Birobidjan. Écrit au fronton de la gare, en russe et en yiddish, « Birobidjan » est à la fois le nom de la capitale et celui de l'« oblast juif autonome », décidé en 1928, fondé en 1934, en russe : *Evreïskaïa avtonomnaïa oblast*, en yiddish : *yidishe avtonome gegnt*. Ce nom est associé en général à des images pénibles, à l'idée que la création d'un État juif dans des zones terriblement reculées cachait une déportation de fait. « Déportation » cependant est excessif, « transfert » ou « éloignement » (vers des lieux extrêmement difficiles et isolés, il est vrai) conviendrait mieux. Cette « entité politique pour le peuple juif » devait permettre aux Juifs soviétiques de « disposer d'un territoire pour pouvoir s'y exprimer en tant que nationalité soviétique » — retour au fameux article de Staline. C'était aussi une alternative clairement affichée au projet sioniste « nationaliste bourgeois ». Dans un article de la revue *Regard sur l'Est*, Gabrielle Chomentowski écrit ceci : pour détourner les Juifs de la Palestine, « les autorités s'efforcè-

rent de stimuler l'immigration vers la RAJ (Région Autonome Juive) en proposant la gratuité du voyage, en organisant des plans destinés au développement de la région ou en installant des entreprises industrielles. Entre 1946 et 1948, des milliers de Juifs soviétiques s'installèrent au Birobidjan. À la fin de 1948, la population juive de la RAJ s'élevait à 30 000 âmes. Ces initiatives s'accompagnèrent d'un renouveau de la culture yiddish : après la fermeture des écoles yiddish lors des purges des années trente, la langue yiddish redevint obligatoire dans les écoles, les tirages du journal yiddish, le *Birobidjan Shtern*, augmentèrent et une maison d'édition yiddish vit le jour ». Mais tout change en 1948 avec la création d'Israël : « Redoutant que la communauté juive ne se montre déloyale après la création d'Israël, et mû par un antisémitisme outrancier, Staline lança une campagne qui culmina avec la dénonciation d'une prétendue conspiration des médecins Juifs. Il y eut beaucoup de déportations et même d'exécutions parmi l'élite du Birobidjan. »

Après la mort de Staline, la population juive décroît et la majorité des Juifs qui restaient dans l'oblast émigra après la chute de l'URSS en 1991.

Depuis le matin nous attendons avec impatience d'aborder l'Amour, le cinquième et dernier des grands fleuves que le Transsibérien traverse, ensuite nous obliquerons vers le sud et ce sera la fin du voyage. Mais calmons-nous : malgré ce que m'a dit un Russe : « L'Amour ? Le seul fleuve qui parle français ! », et bien que son apparence soit des plus majestueuses, son nom l'est beaucoup moins, et surtout moins poétique. D'origine turque ou bouriate, il signifie « le boueux ». En fait son nom bouriate nous importe peu. Les plaisanteries fusent, pas toujours du meilleur goût : Comment ! tu n'as encore jamais connu l'Amour ? Ou encore, car son estuaire est vaste et se dédouble en affluents : « Tous ensemble dans les bras de l'Amour… » Et quand nous croisons un convoi de citernes, une voix dit : « Après l'amour, les citernes sont pleines… »

Aucun de nous n'a envie d'arriver au terme du voyage. Beaucoup regrettent aussi de n'avoir pas obliqué plus tôt vers Pékin. Au moment où nous sommes passés à Khabarovsk, je me suis dit que j'aurais dû prendre la ligne qui en remontant vers le nord rejoint le BAM, le « Baïkal-Amour », lequel s'arrête en face de l'île de Sakhaline… Mais, maintenant que nous avons traversé l'Amour, il n'y a plus de retour en arrière possible, Khabarovsk s'est éloigné et, après un coude imposé par les antagonismes sino-russes, nous filons plein sud, laissant sur notre droite la Chine du Nord. Je me contenterai de relire, à mon retour, le récit que Tchekhov a laissé de son voyage à Sakhaline.

De nouveau le soir tombe, notre dernier dans le train. Décidément, nos hôtes russes multiplient les attentions à notre égard ! Un panier de fête arrive, poulet entier, poisson fumé, vodka, gâteaux… Et même du sel dans de petites boîtes d'allumettes, comme pour les pique-niques bon enfant d'autrefois. C'est ça aussi, la Russie : une mafia arrogante, multimillionnaire, et les restes encore vivants du monde d'autrefois, de sa simplicité sans chichis… Nous allons de compartiment en compartiment pour dévorer notre festin ensemble mais nous voyons bien que nous avons les yeux plus grands que le ventre — nous décidons d'en offrir une grande partie à nos deux *provodnitsas* qui acceptent avec de sobres remerciements.

Demain matin, Vladivostok : nous allons dormir encore

une fois sur notre étroite couchette dans le *sibir* mélodieux et grinçant des roues… Après toutefois un tri sévère et le rangement de nos affaires : cette fois nous ne laisserons rien dans le train et j'en ai le cœur serré.

Lundi 14 juin : Vladivostok

6 h 30 : arrivée dans la brume. J'ai dormi profondément et, lorsque M.d.K. me réveille, tout le monde est déjà dans le couloir, valise au pied. Je me prépare à la hâte, heureusement les cadeaux que nous avons reçus, des livres, des CD, vont rester là, le train les ramènera à Moscou, d'où les services de notre ambassade nous les feront suivre. (Ils sont tous autour de moi en ce moment.) Dehors, c'est l'accueil habituel, avec orchestre. En face de la gare ferroviaire (1912), la gare maritime (1951), « Morskoi Voksal ». Lénine nous attend dans la gare, comme un peu plus tard sur le quai ses compagnons, l'énorme groupe de bronze des soldats, hommes et femmes, de l'Armée rouge victorieuse.

À l'extérieur et à l'intérieur, de grandes inscriptions commémoratives, des plaques, des locomotives témoins, nous nous photographions mutuellement devant la colonne qui porte le chiffre « 9 288 kilomètres ».

À Vladivostok dont je ne sais rien, seulement l'étrangeté de sa situation tout au bout d'un pédoncule, et dont le nom même est évocateur d'un lointain absolu, m'attend la confirmation de ce que je pressens depuis des kilomètres déjà : ce cap qui s'avance dans la mer du Japon est le « finistère » de l'Europe, sa pointe extrême. C'est une pure création russe, relativement récente, puisqu'elle n'a pas beaucoup plus d'un siècle et demi, le premier enfant y est né en 1863... En y ouvrant en 1859 le premier poste naval, le comte Mouraviev-Amourski le baptise du nom de « Vladi-vostok », sur le modèle de la forteresse russe de Vladikavkaz, « le seigneur qui règne sur le Caucase ». « Seigneur de l'Est », c'est parfaitement clair, cela signifie bien le Seigneur *qui règne sur l'Est* : l'Orient ne figure là que dans des chaînes, il ne règne pas, on règne sur lui. Ville fortifiée, défensive, protégée par un système de murailles élaboré entre 1870 et 1880. Reliée à Shanghai et Nagasaki dès 1871 par une ligne télégraphique.

Et au reste du monde, la Russie, l'Europe, par le Transsibérien, terminus aujourd'hui de notre voyage, l'un des deux points de départ d'un chantier de vingt-cinq ans commencé par les deux bouts...

Vacillant sur le quai sous le poids de la grosse valise qui m'encombre, je sens qu'il m'est très difficile de quitter le train, d'en finir avec cette espèce d'élan immobile qu'il me communiquait depuis presque trois semaines. Je m'éloigne pour qu'on ne voie pas les larmes qui se mêlent sur mon visage aux gouttelettes de la brume dans une forte odeur de rails chauffés et d'air marin. Nous faisons des adieux touchants à nos *provodnitsas*, elles aussi en larmes, je les photographie sur les marches du wagon... C'est une chose qui m'attache tellement à la Russie, cette survivance dans le monde moderne des modes anciens de sentir et de s'exprimer ! Pleurer quand on se quitte, ce n'est pas un sentimentalisme déplacé : c'est la conscience, profonde, innée, tragique, de l'irréversible. Nous ne nous reverrons jamais. L'expérience unique que nous avons partagée ne se reproduira pas. Et c'est le symbole de notre vie : jamais rien ne s'y reproduit à l'identique. Quelque chose a eu lieu, a pris, a existé, et on le rompt de force, violemment. S'en séparer est proprement déchirant.

Sur le quai, un dernier regard à notre dernier orchestre : devant une locomotive témoin, de splendides marins dans leurs uniformes sombres.

10 heures. Installation hâtive à l'hôtel, toujours dans une brume qui persiste, compacte, collant au visage, avec des relents d'écume, de métal et de charbon. Nous n'avons pas de temps à perdre, quelques heures seulement pour une visite hâtive. Le quai est tout proche, avec ses bateaux de guerre anciens qui se détachent de plus en plus clairement

sur le fond d'une brume marine qui s'allège, transparente, nacrée, odorante… (Je ne fais pas trop la différence avec les nouveaux, je ne connais la marine de guerre que par les films sur la Seconde Guerre mondiale). Derrière nous, de belles façades 1900 ou Art déco, ou dans le « style Neva » : là étaient les appartements édifiés pour les officiers venus de Saint-Pétersbourg. La présence russe et le peuplement russe de cette région sont toujours d'actualité : ouvrant des manœuvres de la marine fin juin 2010, quelque temps après notre voyage, le président Dmitri Medvedev a souligné la nécessité de « *repeupler l'Extrême-Orient* ». Un objectif qu'il qualifie de « stratégique » et plus important que la Sibérie. Ce qui n'a pas plu, on s'en doute, au Japon.

Groupe de bronze commémorant la prise de Vladivostok le 25 octobre 1922 par un détachement de l'Armée rouge.

Le port est dominé par un groupe de bronze commémorant la prise de la ville, le 25 octobre 1922, par un détachement de l'Armée rouge : à ce moment s'achève la conquête russe commencée par Iermak. Le détachement était commandé par Ieronim Ouborevitch, c'était la fin de la guerre civile et de l'Armée blanche (on n'a pas oublié l'image des cadavres gelés de ses soldats s'enfonçant au printemps dans les eaux du Baïkal). En 1937, Ouborevitch est condamné à mort et exécuté pour trotskisme et activités contre-révolutionnaires. Et, comme beaucoup, réhabilité en 1957. (Sur les photographies, il n'a pas un visage très sympathique.)

Marins et soldats, les combattants de bronze sont figés dans une posture excessive, héroïque, dramatisée. Il y a des femmes aussi, mais sur l'autre face du monument, tournant le dos à la mer — et à la victoire, malgré leur expression et leur attitude décidée. Du coup, forcées à regarder en arrière et non en avant, elles deviennent comme les gardiennes involontaires de ces choses qui s'apprêtent à disparaître (ou qu'on s'apprête à faire disparaître), un symbole des regrets, de l'adieu au révolu, retrouvant au passage la place qu'on leur assigne traditionnellement, ce à quoi évidemment les auteurs du monument n'avaient pas pensé…

Un peu plus loin, toujours en bronze, les ornements mâles de l'énorme tigre de Sibérie, symbole de la ville depuis 1883, attirent le regard par leur volume : l'usage veut que les femmes y portent la main. Je m'exécute : à ma grande confusion, tout en haut de la route escarpée, des ouvriers applaudissent et rient. Ce sont des ouvriers chinois ou coréens. Chinoises ou coréennes aussi, un groupe de femmes chargées du balayage des rues. L'une d'elles nous salue de la main légèrement levée, comme un chef d'État débonnaire, ou qui veut le paraître (Mao saluait ainsi). Si j'ai bien compris, ces travailleurs asiatiques, chinois ou coréens, ne sont pas très heureux ici : un article d'Alain Devalpo, paru dans *Le Monde diplomatique* en avril 2006, s'intitule « Travailleurs nord-coréens pour enfer russe ». L'auteur y raconte que, pour payer sa dette à Moscou, le régime de Pyongyang n'hésite pas à vendre à la Russie une main-d'œuvre taillable et corvéable à merci. « Cela fait plusieurs décennies que des bûcherons nord-coréens grignotent la taïga de l'Extrême-Orient russe, notamment dans la région de l'Amour. » Le manque de main-d'œuvre est en effet très grand en Sibérie orientale et les liens avec la Corée du Nord se sont maintenus après la chute du régime soviétique. Un vol hebdomadaire relie Vladivostok à Pyongyang, et la voie ferrée entre les deux pays a été rouverte. Pendant longtemps, le régime envoyait en Russie des condamnés, maintenant ce sont des « travailleurs libres » au nombre d'environ dix mille qui, munis d'un visa de travail, franchissent la frontière chaque année. Les conditions de travail dans les forêts de la taïga sont très rudes : – 60° l'hiver, des horaires de seize heures de travail par jour, un seul jour de repos par semaine. À Vladivostok, où de nombreux Coréens travaillent dans le bâtiment, les conditions sont un peu moins difficiles. Et de toute façon, en Corée du Nord, on peut mourir littéralement de faim.

On nous guide maintenant vers le sous-marin S-56, qui aurait détruit dix navires japonais pendant la Seconde Guerre mondiale. J'y pénètre avec les autres, l'entrée est un musée, avec des objets, des photographies, des affiches.

Comme ces affiches nous touchent encore ! Sur l'une d'elles, une femme brandit une feuille de mobilisation. Une grande inscription barre l'affiche : « La mère patrie (*rodina mat'*) appelle ! » Elle est d'une grande efficacité dramatique, typique du style de l'époque : une veste et un châle rouges, sur le fond des baïonnettes, un visage sévère, un bras rejeté en arrière, des cheveux apprêtés sans art, comme il convient à une femme du peuple… Je fais demi-tour, devant l'entrée proprement dite, une ouverture ronde, assez étroite (en tout cas trop pour une claustrophobe comme moi). J'attendrai les autres, et je fouille pendant ce temps dans un carton, où sont entassés, sans ordre, des fiasques, des quarts de marin copiés de l'époque soviétique, avec le nom de Lénine en gros, et de grosses étoiles rouges… Un dernier monument, sur le quai, un bas-relief à la gloire des combattants de la Grande Guerre patriotique, marins et soldats : de l'élan, des obliques vigoureuses, de beaux visages taillés en à-plat, dans le style constructiviste, épuré.

Dans une petite église où nous ne nous attardons pas, le tonneau d'« eau bénite » (*svata voda*, « eau sainte », en caractères slavons ornés) est de même forme et de même taille que le tonneau de kvas qu'on trouve à tous les carrefours. Plus tard, de la forteresse, la vue sur les découpures de la baie ranime mon regret de ne pas prolonger mon voyage, et je ne reste pas longtemps dans les salles étroites d'un assez ennuyeux musée où s'alignent des bustes de Lénine, d'une matière indéfinissable de couleur orangée.

Déjeuner. Et, à 15 h 30, rencontre à la bibliothèque Mouraviev-Amourski, l'histoire de la colonisation ne nous lâche toujours pas : Nicolas Mouraviev-Amourski est ce « rassembleur des terres russes » (que Medvedev évoquera au cours de la même visite fin juin 2010), le responsable de l'expansion en Extrême-Orient (Dali Vostok) mais auparavant de la répression, en 1831, de l'insurrection polonaise. (Cela dit, c'est le même qui avait recommandé au tsar d'abolir le servage, ce qui lui valut de sa part une réputation de libéral.) On nous attend sur le perron. Des jeunes filles en costume traditionnel, présentant le pain et le sel, des sourires, des visages roses de joie : notre visite est un événement. Tout le monde ici a fait un effort de toilette, beaucoup de blouses de taffetas, de costumes tailleurs. Je réussis à agrandir la photographie que j'ai prise de leur groupe : c'est bien ce que je me rappelais, la bibliothèque porte aussi le nom d'A. P. Tchekhov. Je préfère ça.

Enfin, une ultime conférence de presse : j'espère que ce n'est pas trop visible mais, après trois semaines de ce rythme, la fatigue nous rend mornes et sans éclat et je vois bien que nous ne répondons pas comme il faudrait aux questions. Je reviens à l'hôtel si lasse que, rencontrant N. qui monte dans un taxi, je ne lui demande pas où elle va. J'apprends le soir qu'elle est allée voir le monument à Mandelstam, déplacé dans un quartier éloigné après quelques manifestations d'hostilité, assez clairement antisémites. Cuisant regret, mais c'est trop tard.

À 20 heures, au restaurant, déjà les choses ont changé, quelques-uns sont déjà partis. Une espèce de gêne ou de tristesse, ou tout simplement la fatigue qui s'est accumulée pèsent sur l'excellent dîner au Versailles, dans un décor français classique. La salle aussi est assez froide, un peu trop grande. D. F. fait une petite allocution d'adieu. Vers 10 heures, je monte dans ma chambre, ma fenêtre donne sur la mer qu'on ne voit pas, mais dont la brume monte jusqu'à moi. Malgré mon épuisement, je n'ai finalement pas envie de dormir, je pense que la Chine, constamment longée les derniers jours dans le train, est maintenant juste de l'autre côté de la frontière, et que le Japon en face est à moins de quelques centaines de milles. Mais je me sens trop mélancolique, ces rêveries géographiques ne me consolent pas. J'appelle Mandelstam à mon secours, moi aussi « je connais la science des séparations » !

Finalement, j'ai juste le temps de photographier par la fenêtre le nom de mon hôtel, rayonnant de ses caractères rouges dans la brume, Gastinitsa Vladivostok, je m'écroule sur mon lit.

De nouveau les larmes me viennent. Je me sens abandonnée, privée de tout, coupée d'un vaste rêve.

Mardi 15 juin : Vladivostok-Moscou

Au petit matin, fatigue persistante, j'ai des trous de mémoire impromptus. Je suis prête avec un peu d'avance, et je consulte une dernière fois une des grandes cartes de Russie que j'avais glissées dans mes papiers, l'autre est restée collée dans le couloir du train. Le corps entier du pays long et gros, difforme, me semble celui d'un animal, sa queue courte se retroussant au-dessus de la Carélie, ses pattes de derrière plongeant dans la mer Caspienne, son gros ventre de ruminant descendant bas vers la frontière de la Mongolie. Son museau avance une courte trompe dans la mer d'Okhotsk, Sakhaline pend comme une cloche à son cou. Ses pattes de devant sont repliées sous lui, et je me sens posée sur l'extrémité noire d'un sabot, dont la détente me projetterait par-delà l'île de Hokkaido. Toute mon attention faiblissante et maniaque se fixe sur le dos de cette bête puissante qui bondit d'une mer à l'autre, d'un bout à l'autre de l'univers. Comme le taureau Zeus, emportant sur son dos l'imprudente vierge Europe !

Je n'ai de goût à rien, je tombe de sommeil. Comme je sors faire quelques pas après le petit déjeuner, l'air frais cependant me revigore. Brume rougeoyante du matin, odeurs, sons métalliques, de l'air vif encore. Je croise alors V. et A. qui reviennent de leur baignade matinale, la serviette sur l'épaule, le visage heureux, et brandissant une bouteille de vodka. On charge nos bagages. Puis l'autocar démarre, et nous quittons Vladivostok que j'ai à peine vu, et que probablement je ne reverrai jamais.

10 heures : aéroport. Au bout de quelques instants d'ascension, nous entrons dans le plein soleil artificiel de l'altitude, à demi allongés car nous avons la chance d'être surclassés, encore un effet de la bienveillance russe à notre égard... Vision très nette de la terre, de la neige et des rivières gelées dans la région de Vorkouta vers 12h45. Sibir ! Sibir ! Étendues glacées coupées de fleuves miroitants, une dernière fois le goulag. Puis nous passons l'Oural et, bien que ce soit seulement un symbole, c'est tout de même comme si une porte se refermait derrière nous et sur le voyage. J'essaie de me plonger dans *Michel Strogoff*, je note quelques-unes de ses phrases savoureuses : « Une région que l'homme dispute chèrement aux tipules, aux cousins, aux maringouins, aux taons et même à des milliards d'insectes microscopiques. » Les paysans pour s'en défendre se couvrent le visage d'un masque fait d'une vessie enduite de poix. Tchekhov dit en avoir été recouvert sur l'échelle d'un bateau en route pour Sakhaline, il a eu aussitôt le visage en feu, il y aurait de quoi, écrit-il, « mourir ou devenir fou ».

Délicieux repas à bord, et courts sommeils de même. À 14h45 (12h45 heure française), lorsque nous arrivons à Moscou, nous avons regagné sept heures sans nous en apercevoir. La circulation nous bloque deux heures sur l'autoroute entre l'aéroport et le centre. Près de l'entrée de Moscou, coincée entre une voie rapide et une petite forêt, comme un dernier rappel d'une époque révolue, l'entrée d'un sovkhoze décati est tristement annoncée par une faucille et un marteau décolorés. Juste en face, ou presque, un magasin Auchan. On nous fait descendre, D.F. et moi, à l'ambassade, où nous allons dormir.

Quel chemin nous avons parcouru depuis la première soirée de fin mai ! La « maison Igoumnov » (on ne sait pas trop pourquoi Hervé Alphand, qui y avait été attaché financier en 1936, lui trouvait une ressemblance avec « la maison de l'éléphant au zoo ») accueille ce soir des espèces d'explorateurs fourbus, dont les expressions ont quelque chose de changé, nos hôtes s'en étonnent même ! et qui sont incapables de dire pourquoi… J'apprends durant le dîner que la maison Igoumnov, avec ses murs épais, son toit en térem, et son rez-de-chaussée d'opéra, est devenue après 1917 un centre médical d'étude du cerveau. Qu'on y a rassemblé, découpé et classé des cerveaux d'hommes célèbres, Lénine, Maïakovski, Stanislavski, Gorki, Pavlov, en espérant trouver le secret de la génialité et, éventuellement, préparer la création du surhomme.

Dans les heures qui suivent, mes repères peu assurés depuis deux ou trois jours flottent encore davantage, il est vrai qu'il y a plus de vingt-quatre heures que nous n'avons pas dormi. La vibration du train, la pressurisation de l'avion, la stupeur d'avoir été conviée à une telle aventure se traduisent sur mon visage par un sourire silencieux, constant.

Mercredi 16 juin : Moscou-Paris

Le matin du 16 juin, jour de notre départ, je refuse de sortir, je me contente de regarder la large rue sous mes fenêtres, et de faire quelques photographies d'objets et de tableaux dans les salons de l'ambassade. À peine quelques heures du reste, et c'est déjà le moment de rejoindre l'aéroport. En chemin, je reconnais de la voiture la place du Manège, et la bibliothèque Imeni Lenina, « Du nom de Lénine », où A.V. m'avait emmenée en 1977. C'est là que dans le début des années soixante, secrétaire d'Aragon, il avait fait des recherches pour l'*Histoire de l'URSS* que celui-ci s'apprêtait à publier, parallèlement à l'*Histoire des États-Unis* d'André Maurois. Cela donne le vertige de voir les choses sans y être vraiment, sans poser un instant le pied dans les rues, comme dans un film ou dans un rêve. Plus loin, de grands magasins luxueux, et plus loin encore, mais visible de partout à cause de sa taille, l'horrible statue de Pierre le Grand par Tsereteli. Vingt-cinq mètres de hauteur, monument déplacé à un tsar qui détestait Moscou ! À l'origine, il devait être dédié à Christophe Colomb et offert à Miami, qui l'a refusé, le jugeant monstrueux.

Il a été classé en 2008 par le site Virtual Tourist parmi les

« dix bâtiments les plus affreux du monde ». On a même essayé de le faire sauter, sans succès. Peut-être maintenant que Loujkov a lui-même sauté ?

Dans l'avion, je sens la mélancolie revenir, je ne me fais pas à l'idée de rentrer, je me sens de nouveau coupée d'un vaste rêve… Je dors un peu, l'avion oblique vers l'Europe du Nord, je m'absorbe dans de monotones rêveries que m'inspire le décalage horaire. Vaut-il mieux courir après le soleil qui se couche pour gagner du temps ? Ou aller au-devant du soleil qui se lève pour hâter l'avenir ? Chacun est le symbole d'une tentation ou même d'un projet politique : découvrir un Nouveau Monde à la poursuite du soleil (au XVIe siècle), inventer un Monde Nouveau, en allant au-devant de lui.

Mais, pour l'heure, je ne veux ni l'un ni l'autre. Un autre voyage m'attend, un voyage immobile : le récit que je vais faire. Qui va durer beaucoup plus longtemps mais se terminera aussi — ici même, à l'instant, à l'autre extrémité d'une Europe que le Transsibérien m'a rendue augmentée de treize millions de kilomètres carrés et de neuf fuseaux horaires.

À bord du Transsibérien

Les écrivains :

Patrick Deville, Jean Echenoz, Mathias Énard, Dominique Fernandez, Sylvie Germain, Guy Goffette, Maylis de Kerangal, Kris, Minh Tran Huy, Jean-Noël Pancrazi, Olivier Rolin, Danièle Sallenave, Eugène Savitskaya, Wilfried N'Sondé.

Ainsi que :

Cédric Aussire et Claire Levasseur de France Culture, David Caviglioli, Isabelle Lefort, Hugo Natowicz, journalistes, Élisabeth Kapnist, cinéaste, Ferrante Ferranti, Taddeus Kubla, photographes, Julie Pouillon, Sergueï Vladimirov, comédiens, Vassili Elisseiev, Roman Kraus, Natacha Livandovskaia, Andreï Zvezdnikov, interprètes, accompagnateurs, et Nina Litvinets, vice-présidente de l'union russe du Livre.

Mes remerciements vont aux organisateurs de ce « Transsibérien des écrivains » : pour la partie française, à CulturesFrance, à Paul de Sinety, à Nicolas Chibaeff, commissaire des « Années croisées France-Russie 2010 », à Jean de Gliniasty, ambassadeur de France à Moscou. Et, pour la partie russe, aux traducteurs, accompagnateurs, guides, interprètes, trop nombreux pour que je les nomme tous, qui ont été à chaque moment les compagnons attentifs, efficaces et savants de ce voyage.

Œuvres de Danièle Sallenave (suite)

Aux Éditions Actes Sud

LES ÉPREUVES DE L'ART.

Aux Éditions des Femmes

VILLES ET VILLES.

Aux Éditions Bayard

L'AMAZONE DU GRAND DIEU.

Aux Éditions Michalon

LETTRES MORTES.

Aux Éditions Stock

CARNET DE ROUTE EN PALESTINE OCCUPÉE.

Aux Éditions Textuel

À QUOI SERT LA LITTÉRATURE ?
NOS AMOURS DE LA FRANCE (en collaboration).

Traductions

Roberto Calasso, LE FOU IMPUR (*P.U.F.*).

Pier Paolo Pasolini, LA DIVINE MIMESIS (*Flammarion*).
ORGIE (*Actes Sud*, « Papiers »).

Italo Calvino, SI PAR UNE NUIT D'HIVER UN VOYAGEUR (*Seuil*, en collaboration avec François Wahl).

Composition Dominique Guillaumin, Paris
Achevé d'imprimer
par Normandie Roto Impression s.a.s.
61250 Lonrai, le 12 décembre 2011
Dépôt légal : décembre 2011
Numéro d'imprimeur : 11-4523
ISBN 978-2-07-013641-4 / Imprimé en France

238313